Markus Miller

DIE WELT VOR DEM GELDINFARKT

Wie Sie sich mit finanzieller Selbstverteidigung Ihr eigenes Fort Knox schaffen

FBV

Bibliografische Information der Deutschen Nationalbibliothek:
Die Deutsche Nationalbibliothek verzeichnet diese Publikation in der Deutschen Nationalbibliografie.
Detaillierte bibliografische Daten sind im Internet über http://dnb.d-nb.de abrufbar.

Für Fragen und Anregungen:
info@finanzbuchverlag.de

2. Auflage 2017

ein Imprint der Münchner Verlagsgruppe GmbH
Nymphenburger Straße 86
D-80636 München
Tel.: 089 651285-0
Fax: 089 652096

Redaktion: Marion Reuter
Korrektorat: Hella Neukötter
Umschlaggestaltung: Manuela Amode
Umschlagabbildung: shutterstock.com/Allgusak; shutterstock.com/OSIPOVEN
Satz: inpunkt[w]o, Haiger (www.inpunktwo.de)
Druck: GGP Media GmbH, Pößneck
Printed in Germany

ISBN Print 978-3-95972-013-7
ISBN E-Book (PDF) 978-3-96092-001-4
ISBN E-Book (EPUB, Mobi) 978-3-96092-002-1

Weitere Informationen zum Verlag finden Sie unter

www.finanzbuchverlag.de

Beachten Sie auch unsere weiteren Verlage unter www.m-vg.de

Inhalt

VORWORT

Das Wort »Geldsorgen« verbinden wir in der Regel damit, dass bei einzelnen Personen oder Familien zu wenig Einkommen oder Vermögen vorhanden ist. Mittlerweile hat dieser Begriff aber auch für eigentlich wohlhabende Bürger eine wichtige Bedeutung bekommen. Ich spreche von der Sorge um die grundsätzliche Stabilität unseres Geldes.

Unsere verschuldeten und inflationären Papiergeldwährungen verlieren in immer größeren Teilen der Bevölkerung stark an Vertrauen. Das belegt unter anderem eine Studie des Meinungsforschungsinstituts TNS Infratest sehr deutlich.

Die Bevölkerung verliert zunehmend das Vertrauen in das Geldsystem

46 Prozent aller Deutschen haben mittlerweile Angst, dass ihr Vermögen durch eine kommende Inflation verloren geht. Jeder Dritte Deutsche gibt in der Studie an, seinen Glauben an die Stabilität des Euro verloren zu haben. Am größten ist der Vertrauensverlust in die eigene Währung bei Bürgern zwischen 40 und 59 Jahren.

Staatliche Regulierungen und notenbankpolitische Eingriffe führen weltweit zu einem Vertrauensverlust in etablierte Währungen. Parallel dazu erlebt die weltweit führende, zentralbankfreie Digitalwährung Bitcoin einen wahren Boom.

Von Henry Ford (1863–1947) stammt das Zitat: »Würden die Menschen das Geldsystem verstehen, hätten wir eine Revolution noch vor morgen früh«. Von 599 Papiergeldsystemen, die in den letzten 1.000 Jahren eingeführt wurden, sind 100 Prozent gescheitert! Die durchschnittliche Lebensdauer einer Währung beträgt dabei lediglich 27 Jahre!

Das schuldenbasierte Geldsystem ist ein latentes Risiko

Ich bin mir bewusst, dass ich, genau wie alle anderen, nichts weiß, bis auf den Fakt, dass unser Geldsystem sehr krank ist. Durch künstliche Eingriffe der Notenbanken wird es aber weiter am Leben erhalten. Aber auch hier kann niemand seriös prognostizieren, wie lange das noch gutgehen wird. Die Welt steht nach meiner Überzeugung vor einem Geldinfarkt.

Je länger die Fehlsteuerungen andauern, desto größer wird der Schmerz

Der große Ökonom Ludwig von Mises hat bereits zu Beginn des letzten Jahrhunderts nachfolgende Feststellung getroffen, die heute so gültig ist wie selten zuvor.

> *»Es gibt keine Möglichkeit, den finalen Zusammenbruch eines Booms zu verhindern, der durch Kreditexpansion erzeugt wurde. Die einzige Alternative lautet: Entweder die Krise entsteht früher durch die freiwillige Beendigung einer Kreditexpansion – oder sie entsteht später als finale und totale Katastrophe für das betreffende Währungssystem«.*

Die derzeitigen Systemrisiken sind so hoch wie selten zuvor in den letzten Jahrzehnten. Deswegen sind und bleiben reale Werte, die frei von Schulden sind, eine ganz wichtige Strategie zur Schaffung Ihres persönlichen Fort Knox. Die Probleme unseres kranken Geldsystems zu analysieren und zu erkennen, ist die eine Seite. Gesunde Alternativen aufzuzeigen ist jedoch viel wichtiger. Praktische Lösungsansätze liegen dabei zusätzlich in der enorm hohen Dynamik des technologischen Fortschritts.

Derzeit werden die Grundlagen gelegt für das Internet des Geldes

Bei allen Problemen gilt mein Blick aber gerade auch den positiven technologischen Entwicklungen, die derzeit eine noch nie dagewesene Dynamik aufweisen. Für mich steht fest: Digitalen Währungen gehört die Zukunft. Sie werden die herkömmlichen Währungen allmählich ablösen. Allerdings werden viele digitale Währungen auch wieder verschwinden. Nicht wenige sind gar als unseriös zu bezeichnen.

Die ursprüngliche Zahlungsverkehrsfunktion von Geld war die Tauschfunktion über Warengeld. Die erste erfolgreiche Währung dieser Art war dabei 1.500 Jahre vor Christus die Kaurimuschel. Dieser fehlte es aber an der wichtigen Eigenschaft, nämlich der Wertaufbewahrungsfunktion.

Gold ist wie ein Geldschein oder Fonds mit einer 1.000-jährigen Erfolgsgeschichte

Dadurch wurden die Edelmetalle, allen voran Gold und Silber, sehr schnell zum ältesten Wertaufbewahrungsmittel weltweit. An dieser Funktion hat sich bis heute nichts geändert. Im Gegensatz zu allen anderen Geldwährungen, von Papiergeld bis hin zu Aktien, haben physische Edelmetalle niemals in der Historie über Tausende von Jahren ihren inneren Wert verloren, auch wenn dieser immer wieder hohen Schwankungen unterworfen war.

Die rational nicht mehr zu rechtfertigenden Eingriffe in die Geldpolitik, allen voran durch die großen internationalen Notenbanken, stellen eine ständige Gefahr für die Systemstabilität unseres derzeitigen Währungs- und Geldsystems dar. Dieses latente Risiko muss nach meiner Überzeugung jeder Bürger bzw. Anleger durch eine persönliche Sachwertstrategie, basierend auf physischen realen Werten, strategisch reduzieren.

Nur Gold ist Geld, alles andere ist Kredit

John Pierpont Morgan, der Begründer von J.P. Morgan war der einflussreichste Banker seiner Zeit. Er lebte und wirkte von 1837 bis 1913. Damals war seine Bank mit ihren Geschäften im Gegensatz zu heute noch sehr nahe an der realen Wirtschaft. Die Kreditvergabe war das Hauptgeschäft. Kredite zu vergeben, ist der Ursprung aller Bankgeschäfte. Genauso schöpfen auch die Notenbanken Geld. John Pierpont Morgan stellte vor mehr als 200 Jahren fest: Nur Gold ist Geld – alles andere ist Kredit! Diese Aussage hat nichts an ihrer Gültigkeit verloren.

Optimieren Sie auch die Rechtssicherheit Ihres Kapitals

Für mich stellt sich angesichts dieser vorherrschenden, künstlich geschaffenen und in Bezug auf die Geldstabilität kranken Rahmenbedingungen nicht die Frage nach der Berechtigung von Edelmetallen im Vermögensmanagement, sondern rein nach der Gewichtung sowie der administrativen und rechtlichen Strukturierung.

Mein Ziel bei der Erstellung dieses Buches war es nicht, ein weiteres, überwiegend theoretisches Werk zu verfassen, sondern eine Gebrauchsanweisung als Praxisratgeber mit umfassenden Handlungsalternativen und Empfehlungen.

Das Grundproblem unseres Geldes liegt nicht in den Funktionen von Bar- oder Buchgeld, sondern im zinsbasierten Geldsystem an sich. Deswegen liegt auch die Lösung und Chance darin, dass Sie selbst eigenverantwortlich Vorsorge treffen. Durch die Schaffung und Kombination alternativer Geldsysteme für die Wertaufbewahrungs- und Zahlungsmittelfunktionen Ihres Geldes. Alle Bausteine, die Sie zu Ihrer finanziellen Selbstverteidigung benötigen, finden Sie in diesem Buch!

Markus Miller
Geschäftsführer
Chefanalyst und Chefredakteur
GEOPOLITICAL.BIZ S.L.U.
Kapitalschutz vertraulich
www.geopolitical.biz
www.kapitalschutz.me

I.
MEINE STRATEGISCHEN VORBILDER: MACHIAVELLI, PARETO UND PARACELSUS

In meinen grundlegenden Strategien und Konzepten haben mich vor allem drei Personen ganz wesentlich beeinflusst. Vor 15 Jahren hätte ich vermutlich noch Harry Markowitz, Warren Buffett und André Kostolany genannt, die ich natürlich alle gelesen habe. Heute sind es allerdings drei Persönlichkeiten der Geschichte, die nur sehr selten mit Geld- oder Finanzthemen in Zusammenhang gebracht werden. Ich spreche von Niccolò Machiavelli, Vilfredo Pareto und Paracelsus.

Portraits von Machiavelli, Pareto und Paracelsus, © picture alliance/CPA Media, picture alliance/dpa, picture alliance/Heritage Images

Jegliches Management und jede Kapitalschutz-Strategie ist auch eine Kunst des Krieges

Ich lasse mich in meinen grundlegenden Recherchen, Analysen, Konzepten und Empfehlungen sehr stark von Militärstrategien und Taktiken leiten und inspirieren. Auch wenn es zunächst ungewöhnlich klingen mag, rate ich Ihnen: Orientieren Sie sich in Ihrem Vermögensmanagement wie im Geschäftsleben mehr an militärischen Grundsätzen und Strategien.

Große Feldherren wie Napoleon Bonaparte, Alexander der Große, Dschingis Khan, Karl der Große oder Hannibal wären nach meiner festen Überzeugung auch perfekte Vermögensmanager und Unternehmer. Derjenige, welcher mich dabei am meisten inspiriert hat, ist Niccolò Machiavelli (1469–1527).

Warum haben geniale Feldherren wie Alexander oder Napoleon weit überlegene Armeen besiegt? Warum waren diese Persönlichkeiten so erfolgreich in der Kriegsführung?

Ganz einfach, weil sie geniale Strategen waren. Ich behaupte ebenso, dass dies auch für die andere Seite gilt. Also ein erfolgreicher Investor wie Warren Buffett wäre durchaus auch ein militärisch erfolgreicher Feldherr, natürlich allerdings nur, wenn er den entsprechenden Idealismus auch in diesem Bereich haben würde.

Vermögensstrategien für den Wirtschafts- und Finanzkrieg oder das tägliche Leben

Ich könnte dies auch unter dem Punkt »Machiavelli für das erfolgreiche und risikoadjustierte Vermögensmanagement der Zukunft« zusammenfassen. Um in Zukunft erfolgreich zu sein oder zu bleiben, halte ich es für unerlässlich, Strategien und Methoden zu adaptieren. Gerade für das Finanz- und Vermögensmanagement können Sie hier die Thesen von Machiavelli adaptieren aus seinem Werk »Dell Arte della Guerra« oder übersetzt »Über die Kunst des Krieges«.

Beispiel: Die Unterscheidung zwischen Strategie und Taktik bei Edelmetall-Investments

Taktische Vermögensanlage (Partizipation an Markttrends, Trading, Beimischung alternativer Edelmetalle wie Silber, Palladium oder Platin): am besten durch physisch hinterlegte ETFs. Hier haben aber auch verbriefte Finanzprodukte, also Wertpapiere wie Optionsscheine, Zertifikate, Knockout-Zertifikate oder auch Sachwerte wie Goldminenaktien oder Goldexploreraktien ihre Berechtigung.

Strategische Vermögensanlage: Hier ist ausschließlich physisches Gold einzusetzen. Selbst physisch hinterlegte Wertpapiere wie Edelmetall-ETFs, besonders einige Gold-ETFs, sind hier zu hinterfragen. Barren oder Münzen sollten physisch ausgeliefert werden und wenn möglich auf unterschiedliche Lagerstellen (Safes, Zollfreilager, Bankschließfächer) verteilt werden.

Über die Kunst des Krieges – Taktik, Strategie, Politik und Militärwesen

Die »Kunst des Krieges« ist zwischen 1519 und 1520 entstanden. Dieses für mich wirklich bewundernswerte Werk von Machiavelli ist eine Abhandlung über Taktik, Strategie, Politik und hauptsächlich das Militärwesen, welches nichts, aber auch gar nichts von seiner Gültigkeit verloren hat. Im Gegenteil. Jedem Kapitalanleger oder Unternehmer empfehle ich dieses Werk als Grundlage jeden operativen Handelns in Bezug auf strategische Entscheidungen.

Die wesentlichen Regeln von Machiavelli auf einen Blick

- Der Zweck heiligt die Mittel.
- Man darf nie seine Absicht zeigen, sondern man muss vorher mit allen Mitteln versuchen, sein Ziel zu erreichen.
- Wenn du stark bist, dann beginne die Schlacht dort, wo du stark bist; wenn nicht, beginne dort, wo du die Niederlage am besten verschmerzen kannst.
- Vernichte deine Feinde vollständig.
- Alle Gewalttaten müssen auf einmal begangen werden, da sie dann weniger empfunden und eher vergessen werden.
- Wohltaten dürfen aber nur nach und nach gewährt werden, damit sie besser gewürdigt werden.
- Man kann eine Schlacht nicht vermeiden, wenn der Feind sie unbedingt schlagen will.
- Im Krieg vermag Disziplin mehr als blinde Wut.
- Ein Machthaber, der den, der irrt, nicht straft, sodass er sich nicht mehr irren kann, wird für unfähig und feige gehalten.
- Freundschaften unter Herrschern werden mit Waffen bewahrt.

Für mich persönlich mit die wertvollste Ansicht Machiavellis ist: »Wenn du stark bist, dann beginne die Schlacht dort, wo du stark bist; wenn nicht, beginne dort, wo du die Niederlage am besten verschmerzen kannst.« Sehen Sie jedes einzelne Finanzprodukt, aber auch jedes (Geschäfts-)Projekt als Schlacht und stellen Sie sich vor jeder Anlageentscheidung diese Frage. Das ist aus meiner Sicht ein aktiver Beitrag zum Risikomanagement und zu gezielten Diversifikationsüberlegungen.

Sie können und dürfen auch im Geld- und Finanzbereich oder im Berufsleben Schlachten verlieren. Aber wenn all Ihr Vermögen in der Schlacht »Lehman Brothers« lag, dann haben Sie beispielsweise den ganzen Krieg verloren. Die grundlegendsten Aussagen der Kunst des Krieges können Sie ebenfalls eins zu eins auf den Schutz Ihres Vermögens, Ihren Beruf, aber auch Ihr Privatleben übertragen!

Die Kunst des Krieges auf einen Blick

- Im Frieden bereite dich auf den Krieg vor.
- Die Kunst des Krieges ist für den Staat von entscheidender Bedeutung.
- Sie ist eine Angelegenheit von Leben und Tod, eine Straße, die zur Sicherheit oder in den Untergang führt.
- Deshalb darf sie unter keinen Umständen vernachlässigt werden.
- Diese Grundlagen erweitere ich um die bewährte Feststellung:
- **Der Feind meines Feindes ist mein Freund!**

Selbst wenn Sie glauben, die Krise ist vorbei und wir haben »Frieden«. Der nächste »Krieg« kommt bestimmt! So traurig dies auch klingen mag, leider ist das die Realität der Geschichte der Menschheit, welche auch in der Zukunft sehr wahrscheinlich so fortgeschrieben wird.

Wenn Sie in diesem Segment eine ähnliche Sichtweise wie ich haben, sollten Sie sich neben Machiavelli vor allem mit den Werken von Sun Tsu, Carl von Clausewitz, Miyamoto Musashi sowie Tsunetomo Yamamoto befassen.

Geld- und Vermögensmanagement nach Pareto und Paracelsus

Aufbauend auf den Grundlagen Machiavellis beruhen meine nachfolgenden Empfehlungen auf der ebenso rationalen wie logischen Erkenntnis, dass es überraschende Ereignisse und Entwicklungen mit weitreichenden Auswirkungen immer wieder geben wird.

Dabei will ich nicht einmal von den »Schwarzen Schwänen«, also scheinbar unvorhersehbaren Ereignissen, sprechen. Ich bin mir bewusst, dass ich kein Prophet oder Hellseher bin, sondern Analytiker.

Deswegen rate ich auch Ihnen ganz grundlegend: Orientieren Sie sich an dem, was real und zeitraumbezogen in der Politik, der Wirtschaft, im Rechts- und Steuerbereich, der Gesellschaft sowie an den unterschiedlichsten Märkten passiert; nicht an den – beispielsweise gerade zum Jahreswechsel – immer wieder so zahlreichen Vorhersagen für die Börsenentwicklungen im kommenden Jahr mit zeitpunktbezogener Sicht auf das jeweilige Jahresende.

Setzen Sie auf flexible und dynamische Strategien statt auf Prognosen

Die Welt dreht sich immer schneller und das sage ich nicht als Floskel. Eine zeitpunktbezogene Prognose als Grundlage für Investmententscheidungen kann meiner Meinung nach gar nicht rational und schon gar nicht seriös sein. Der eindimensionale Aufbau eines Portfolios mit der Erwartung, dass der DAX langfristig auf 20.000 Punkte steigt, ist für mich ebenso nicht empfehlenswert wie die überwiegende Ausrichtung Ihres Vermögens auf einen Börsencrash, eine Währungsreform oder einen Systemzusammenbruch.

Ich orientiere mich als Analytiker daher in weiterer Folge an den Erkenntnissen zweier Persönlichkeiten der Geschichte, die in der Kapitalanlage nach meiner Einschätzung kaum Beachtung finden. Ich spreche von Vilfredo Pareto und Paracelsus. Paracelsus ist für mich ein Vorbild im strategischen wie auch taktischen Anlage- und Risikomanagement. Pareto ist für mich ein ganz grundlegender Ratgeber für die strategische Konzeption von Wertpapierdepots im Hinblick auf meine Core-Satellite-Konzepte.

Core-Satellite-Strategien + Pareto-Konzept

Sogenannte Core-Satellite-Strategien basieren ganz grundlegend auf dem Pareto-Prinzip. Vilfredo Pareto (1848–1923) war ein italienischer Ingenieur, Ökonom und Soziologe. Das Pareto-Prinzip – auch als 80:20-Regel bezeichnet – besagt, dass Unternehmen mit 20 Prozent ihrer Kunden 80 Prozent ihres Umsatzes machen. Auf ein Portfolio bezogen bedeutet das, dass 80 Prozent der Renditen mit nur 20 Prozent des Investments erzielt werden.

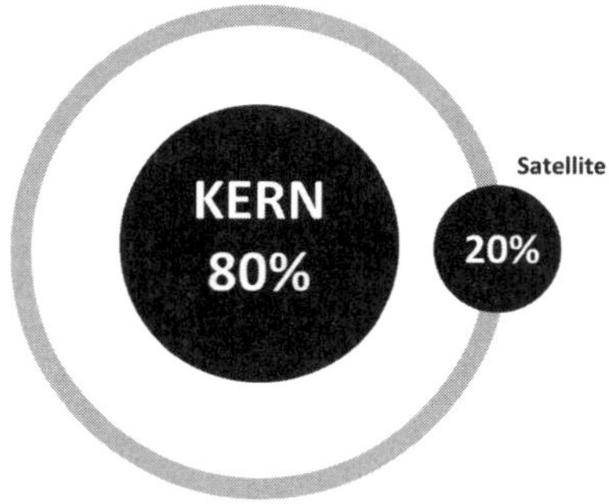

Verfolgen Sie Core-Satellite-Strategien, © eigene Darstellung

Dazu investieren Sie als Anleger 80 Prozent Ihres Wertpapierdepots in eine Basisstrategie als den sogenannten »Core«-Anteil und 20 Prozent in reale Sachwertanlagen, basierend auf Edelmetallen wie Gold und Silber, Minenaktien, strategischen Metallen und Energiebeteiligungen mit einem höheren Risiko, den »Satelliten«. Als Anleger erreichen Sie durch diese Aufteilung – die ich in meinem Magazin »Kapitalschutz vertraulich« fortlaufend publiziere – eine weit bessere, weil breitere Risikostreuung und erhöhen Ihre Rendite.

Vorbild Paracelsus: Auch in der Kapitalanlage ist alles Gift oder Medizin, rein die Dosis macht den Unterschied!

Diese Risikodiversifikation entspricht einer weiteren Philosophie, an der ich mich orientiere: den bewährten Lehren des Schweizer Arztes Paracelsus (1493–1541). Seine grundlegende Weisheit »Alles im Leben ist entweder Gift oder Medizin, der Unterschied ist rein die Dosis« ist ideal auf Kapitalanlagen zu übertragen.

Jedes Investment kann zum Gift werden, wenn ein Klumpenrisiko entsteht. Ausgewogene und breit gestreute Investitionen hingegen werden zu Medikamenten Ihrer Kapitalanlagen, die in ihrer Gesamtheit Renditen steigern und Risiken reduzieren.

II.
DIE WELT AUS DEN FUGEN UND VOR DEM GELDINFARKT

1 Warnsignal! Wenn es ernst wird, muss man lügen

Wenn es ernst wird, muss man lügen« ist selbstverständlich keine Empfehlung von mir, sondern eine dokumentierte Aussage von Jean-Claude Juncker auf einer Abendveranstaltung zur Eurokrise in Brüssel im April 2011.

Der luxemburgische Politiker Jean-Claude Juncker ist ein Mann, der Europa bereits seit Jahren in wesentlichen Bereichen der Euro-Politik geprägt hat. Ausgehend von Europas »Hauptstadt« Brüssel mit all ihren bürokratischen Gremien und Kommissionen, die nicht von einer Bevölkerung gewählt wurden. Im Jahr 2009, nach den absehbaren Folgen der Finanzkrise rund um den Zusammenbruch von Lehman Brothers, hat Juncker festgestellt: »In der christlichen Soziallehre heißt es, Eigentum verpflichtet. Also verpflichten wir das Eigentum.«

Diese damalige Aussage war für mich der Anlass, die ersten Berichte zu möglichen, geplanten Enteignungen von Privatanlegern und Bürgern zu machen. Im Klartext bedeutet die Aussage Junckers: Wir planen, Eigentümer zukünftig zu enteignen. Nicht einmal vor dem Hintergrund der Gesetzeslage, sondern mit dem Scheinargument der christlichen Nächstenliebe!

Teilweise wurde das damals belächelt oder als realitätsfern bewertet. Spätestens seit den Entwicklungen in Zypern und den neuen EU-Enteignungsgesetzen für Bankkunden sind wir aber längst in dieser Realität angekommen. Diese Zwangsmaßnahmen wären selbst durch unser Grundgesetz gedeckt!

Ich verweise hier auf den Artikel 14 unseres Grundgesetzes (GG)

(1) Das Eigentum und das Erbrecht werden gewährleistet. Inhalt und Schranken werden durch die Gesetze bestimmt.
(2) Eigentum verpflichtet. Sein Gebrauch soll zugleich dem Wohle der Allgemeinheit dienen.

> *(3) Eine Enteignung ist nur zum Wohle der Allgemeinheit zulässig. Sie darf nur durch Gesetz oder auf Grund eines Gesetzes erfolgen, das Art und Ausmaß der Entschädigung regelt. Die Entschädigung ist unter gerechter Abwägung der Interessen der Allgemeinheit und der Beteiligten zu bestimmen. Wegen der Höhe der Entschädigung steht im Streitfalle der Rechtsweg vor den ordentlichen Gerichten offen.*

Denken Sie immer an die Worte Junckers aus dem Jahr 1999

Noch eindrucksvoller, oder besser gesagt erschreckender, sind für mich die Worte Junckers, die bereits aus dem Jahre 1999 stammen. Vor der Euro-Einführung, dem 11. September und weit vor der Finanz- und Eurokrise. Damals wurde Jean-Claude Juncker wie folgt in einem Spiegel-Bericht zitiert:

> *»Wir beschließen etwas, stellen das dann in den Raum und warten einige Zeit ab, was passiert. Wenn es dann kein großes Geschrei gibt und keine Aufstände, weil die meisten gar nicht begreifen, was da beschlossen wurde, dann machen wir weiter – Schritt für Schritt, bis es kein Zurück mehr gibt.«*

Mir kommt es heute so vor, als wären diese damaligen Worte Junckers in der Tat genau das Programm zur Euro-Einführung und Europapolitik gewesen.

Muss Deutschland für die Schulden anderer Länder aufkommen?

Im gleichen Jahr 1999, als Juncker seine entlarvende wie leider aber auch öffentlich viel zu unbeachtete Aussage traf, machte die CDU/CSU eine Informationskampagne für den Euro.

Fit für Europa – Stark für die Zukunft?

Verbunden war diese Kampagne mit einer »Aufklärungsbroschüre« mit dem Namen »Fit für Europa – Stark für die Zukunft« zu den großen Chancen, die der Euro mit sich bringt. Die Risiken wurden in dieser Broschüre vollkommen vernachlässigt, beschönigt oder schlicht und einfach falsch dargestellt. Von bewussten Lügen möchte ich hier nicht sprechen, aber die grobe Fahrlässigkeit oder auch Naivität der Aussagen ist für mich heute schlicht und einfach erschreckend.

Was kostet uns der EURO?

a) Muß Deutschland für die Schulden anderer Länder aufkommen?

Ein ganz klares Nein! Der Maastrichter Vertrag verbietet ausdrücklich, daß die Europäische Union oder die anderen EU-Partner für die Schulden eines Mitgliedstaates haften. Mit den Stabilitätskriterien des Vertrags und dem Stabilitätspakt wird von vornherein sichergestellt, daß die Nettoneuverschuldung auf unter 3% des Bruttoinlandsprodukts begrenzt wird. Die Euro-Teilnehmerstaaten werden daher auf Dauer ohne Probleme ihren Schuldendienst leisten können.

Eine Überschuldung eines Euro-Teilnehmerstaats kann daher von vornherein ausgeschlossen werden.

Originalauszug aus der CDU-Broschüre »Fit für Europa – Stark für die Zukunft« (1998), Screenshot http://www.theintelligence.de/index.php/politik/deutschland/4804-euro-da-gab-es-doch-einmal-eine-eindeutige-erklaerung.html

Wahlversprechen in Broschüren sind auch nur bedrucktes Papier!

Lassen Sie sich den Auszug aus der damaligen CDU-Broschüre eine lehrreiche Warnung sein, die Sie zumindest sensibilisiert, wenn es wieder heißt: Der Euro, Europa oder die Bankeinlagen sind sicher! Die Aussage »Die Spareinlagen sind sicher« von Angela Merkel und Peer Steinbrück war eine bewusste Lüge, um die Bevölkerung zu beruhigen, oder besser gesagt zu beschwichtigen.

Auf Basis dieser Lüge konnte die Kernschmelze unseres Finanzsystems infolge eines Vertrauensverlustes der Bevölkerung nochmals verhindert werden. Die Gefahr nimmt jedoch immer stärker zu, dass das Volk das kranke Geldsystem zunehmend versteht! Das ist ein Risiko, aber auch eine Chance für Sie als Anleger, der frühzeitig eine Vorsorge trifft vor dem kommenden Geldinfarkt!

2 Geld ist die wichtigste Sprache der Menschheit

Geld hat in Bezug auf seine Nutzungsmöglichkeiten drei wesentliche Grundeigenschaften: die Wertaufbewahrungs-, die Wertmessungs- und die Zahlungsmittelfunktion. Je stärker ein bestimmtes Gut diese drei Eigenschaften erfüllt, desto besser wird es als Geld angesehen. Die Kommunikationsfunktion des Geldes ist uns hingegen bislang kaum bewusst.

Geld besitzt eine Kommunikationsfunktion in unserem Wirtschaftssystem

Geld ist das Medium, das unsere gesellschaftliche Entwicklung seit Jahrtausenden beeinflusst. In der Studie »Gutes Geld« des Frankfurter Zukunftsinstituts wird Geld heute als die einzige Sprache definiert, die weltweit verstanden wird. Unser zunehmend digitaler Lebensstil wird in absehbarer Zeit zu einem anderen Geldsystem führen. Basierend auf digitalen Währungen mit neuen Chancen, aber auch Risiken.

Geldsystem: Wie schöpfen und nutzen wir Geld in der Zukunft?

Früher oder später werden gravierende Strukturreformen in der Politik, Wirtschaft und Gesellschaft Europas zu Änderungen in unserem Geldsystem führen. Je später dies geschieht, desto höher ist die Gefahr, dass diese Strukturreformen mit einer Währungsreform auf dem Rücken der Völker Europas einhergehen werden. In Europa gibt es vieles, das uns trennt.

Von unterschiedlichen Sprachen und Mentalitäten der Bürger bis hin zu Steuern, Wirtschafts- und Vermögensverhältnissen. Ein Medium aber (zwangs-)vereint uns alle: der Euro. Aus diesem Grunde liegt in unserem gemeinsamen Geld auch der Generalschlüssel zum Tor der Probleme und der Lösungen. Auch wenn der Euro die aktuelle Krise überlebt, kann es jederzeit zu gravierenden Änderungen im Geldsystem kommen. Erste Anzeichen dafür gibt es bereits, vor allem in Island oder den skandinavischen Ländern. Aber auch in der Schweiz.

Nachhaltige Wege aus einer Krise: Island statt Griechenland?

Im Gegensatz zu den fortlaufenden »Wasserstandsmeldungen« aus Griechenland habe ich zu Entwicklungen in Island in den breiten Medien kaum etwas gelesen. Während in Griechenland mit allen Mitteln ein Staatsbankrott und der Euro-Austritt verhindert werden sollen, hat Island die Staatspleite bereits hinter sich. Sieben Jahre ist der finanzielle Zusammenbruch des isländischen Staates mittlerweile her.

Island hat im Gegensatz zu den Euro-Ländern Portugal, Spanien oder Griechenland infolge der letzten großen Finanzkrise im Jahr 2008 die Banken und das Finanzsystem nicht mit staatlichen Rettungsschirmen künstlich gerettet. Der isländische Staat traf vollkommen unkonventionelle, harte Maßnahmen: Die in Schieflage geratenen Banken wurden fallen gelassen, zahlreiche Banker wanderten ins Gefängnis und Schulden wurden einfach nicht mehr zurückbezahlt.

Zu Beginn des Jahres 2009 waren 80 Prozent der Unternehmen und rund 30 Prozent der privaten Haushalte pleite! Die Isländische Krone als Landeswährung stürzte ab, der freie Kapitalverkehr wurde eingeschränkt. Das Land wurde grundlegend saniert auf Kosten der Bürger, Unternehmen und Gläubiger.

Island plant eine Währungsreform hin zu einem Vollgeldsystem

Ende März 2015 wurde im stark krisengebeutelten Island im Parlament ein Report vorgelegt mit dem Arbeitstitel »Ein besseres Geldsystem für Island«. Sollte dieser Vorschlag umgesetzt werden, würde das eine Revolution im bestehenden Finanzsystem bedeuten. Der Vorschlag sieht vor, dass den Geschäftsbanken die Möglichkeit der Geldschöpfung entzogen wird.

Bankkredite müssen vollständig aus Geld bestehen, das durch die Notenbank gedeckt sein muss. Ein Vollgeldsystem also. Auch in der Schweiz gibt es heute bereits eine Volksinitiative zur Umsetzung eines Vollgeldsystems. Angesichts dieser Rahmenbedingungen empfehle ich Ihnen, dass Sie selbst bereits heute – zumindest für Teile Ihres Geldes – ein eigenes, privates Vollgeldsystem schaffen.

Gold ist Geld, alles andere ist Kredit!

Die ursprüngliche Zahlungsverkehrsfunktion von Geld war die Tauschfunktion über Warengeld. Die erste erfolgreiche Währung dieser Art war dabei 1.500 Jahre vor Christus die Kaurimuschel. Dieser fehlte es aber an der wichtigen Eigenschaft, nämlich der Wertaufbewahrungsfunktion. Dadurch wurden die Edelmetalle, allen voran Gold und Silber, sehr schnell zum ältesten Wertaufbewahrungsmittel weltweit. An dieser Funktion hat sich bis heute nichts geändert.

Im Gegensatz zu allen anderen Geldwährungen, von Papiergeld bis hin zu Aktien, haben physische Edelmetalle niemals in der Historie über Tausende von Jahren ihren inneren Wert verloren, auch wenn dieser immer wieder hohen Schwankungen unterworfen war.

»Gold ist Geld, alles andere ist Kredit!« Das Zitat des legendären US-Bankers J. P. Morgan ist heute so gültig wie vor 120 Jahren. Deswegen gilt mein Augenmerk gerade auch den physischen Edelmetallen. Das reale Geld in Form von Gold und Silber ist Chance und Risikoausgleich der zunehmenden Bargeldlosigkeit.

3 Kaiser Nero – der erste Währungsbrandstifter!

Ich bin ein sehr geschichtsinteressierter Mensch. Ich glaube nicht, dass sich Geschichte grundsätzlich wiederholt, aber in vielen Fällen reimen sich Entwicklungen immer wieder im Laufe der Zeit. Eine aktuelle Maßnahme, welche ich als mit die größte Gefahr für unsere Geldwertstabilität betrachte, ist das sogenannte »Quantitative Easing«. Übersetzen kann man den Begriff mit »monetärer Lockerung«.

Hinter diesem harmlos klingenden Wort verbirgt sich die Strategie einer expansiven Geldpolitik der Notenbanken. Zentralbanken kaufen dabei mit neu gedrucktem Geld einfach Anleihen (Schulden) ihrer Staaten auf. Die Geldmengen steigen dadurch massiv an, ohne dass eine entsprechende höhere, reale Gegenleistung dem gegenübersteht.

Die Geschichte qualitativer Lockerung und Repression

Für mich ist der Begriff der »quantitativen« Lockerung vollkommen falsch gewählt. Jede quantitative Lockerung führt letztendlich zu einer qualitativen Verschlechterung. Die Qualität, also die Kaufkraft unseres Geldes, wird immer weniger, je mehr davon künstlich geschaffen wird.

Auch zu Zeiten als Währungen noch einen Goldstandard hatten, kam es bereits immer wieder zu derartigen Entwicklungen. Regierungen, oder besser gesagt Könige und Kaiser, konnten damals nicht einfach beliebig Geld drucken oder es virtuell schöpfen wie heute. Sie haben aber aus der Not heraus ebenfalls ihre Geldmengen dadurch erhöht, dass sie die Qualität des Goldes als Zahlungsmittel gezielt verschlechtert haben.

Die Edelmetallanteile von Goldmünzen wurden beispielsweise gerade in wirtschaftlichen wie politischen Krisenzeiten zunehmend durch Beimischungen von Kupfer oder anderen Metallen verwässert. Dadurch konnten mehr Münzen produziert werden, welche jedoch einen weit geringeren Wert hatten.

Derartige Maßnahmen der Qualitätssenkung wurden meist ohne Wissen des Volkes umgesetzt. Dennoch ließ die Kaufkraft des Geldes immer mehr nach. Alle Imperien, die ihre Edelmetallwährungen in der Qualität durch Buntmetalle schwächten, gingen eines Tages unter. Die Gefahr, dass dieser Teil der Geschichte sich auch in unserer Zeit wiederholt, ist aus meiner Sicht sehr hoch. Nicht durch Beimischung von Buntmetallen in Edelmetallmünzen, sondern durch die ausufernde Schaffung und Schöpfung von digitalen Währungen und Papiergeld aus dem Nichts ohne realwirtschaftliche Deckung.

Kaiser Nero war einer der ersten Währungsbrandstifter der Geschichte

Nero ist in die Geschichtsbücher eingegangen als einer der umstrittensten Kaiser des Römischen Reiches. Viele verbinden den großen Brand Roms mit seinem Namen. Ob er diesen Brand wirklich selbst gelegt oder veranlasst hat, ist unter Historikern sehr umstritten.

Aus meiner Sicht und nach meinem bescheidenen Wissen, das ich mir jedoch sehr intensiv angelesen habe, sprechen die rationalen Fakten eher dagegen. Nero als Brandstifter Roms dürfte somit ein geschichtlicher Mythos sein. Ein anderer Aspekt ist aber für mich sehr klar belegbar.

Nero führte die erste wesentliche Münzverschlechterung im Römischen Reich ein

Caesar produzierte 50 vor Christus die ersten Goldmünzen, die als »Aureus« bezeichnet wurden. Der »Aureus« war eine goldene Einheitsmünze. Unter Kaiser Nero wurden die Münzen in ihrer Qualität erheblich verschlechtert.

Dieser Prozess setzte sich dann zunehmend fort. Das einst so glorreiche römische Münz- und Geldwesen verfiel unter den darauf folgenden Kaisern immer stärker. Der Goldgehalt wurde durch fortlaufende Kupferbeimischungen dabei nach und nach weiter heruntergesetzt.

Die Silbermünzen in der Mitte des 3. Jahrhunderts nach Christus enthielten beispielsweise nur noch einen Silberanteil von rund 5 Prozent. Der aus den »Asterix und Obelix«-Heften bekannte Sesterz bestand übrigens zuerst aus Messing, mit sinkendem Zinkgehalt danach nur noch aus einer Kupferbronze.

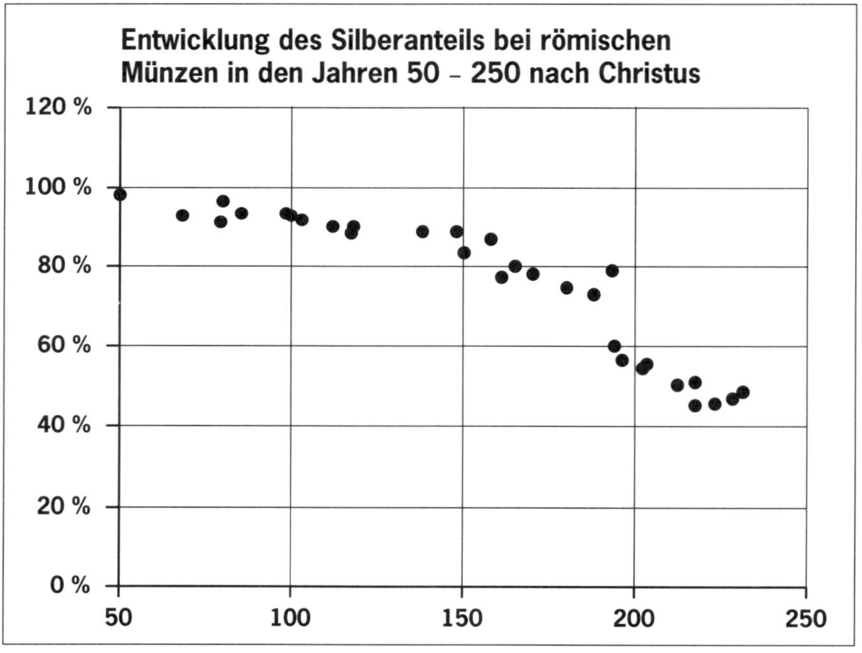

Entwicklung des Silberanteils bei römischen Münzen in den Jahren 50–250 nach Christus, © eigene Darstellung, Quelle: Rolf Nef, Tell Gold & Silber Fonds

Fazit: Rom ist ein mahnendes Vorbild der Einführung einer einheitlichen Währung

Das Römische Reich und vor allem das römische Geldwesen haben für mich eine hohe Faszination. Die damaligen Entwicklungen der Bildung einheitlicher Wirtschafts- und Währungsräume sind für mich aber auch warnende Beispiele für unsere heutige Zeit.

Rom vollzog bereits ein »Qualitative Easing«

Das Römische Reich kannte und benutzte bereits das Mittel staatlicher und finanzieller Repressionen über das Steuersystem. Vergessen Sie nie, dass die EU auf den Römischen Verträgen vom 25. März 1957 basiert und römisches Recht ein grundlegender Bestandteil unseres heutigen Systems ist.

Rom war selbst im Steuersystem ein Vorreiter. Welche Steuern man im Römischen Reich zu bezahlen hatte, hing im Wesentlichen davon ab, über wie viel Grundbesitz man verfügte und wo man wohnte.

4 Geldsystem: Die Wertaufbewahrungsfunktion ist wichtiger als die Zahlungsmittelfunktion

Unser Geldsystem muss und wird sich in naher Zukunft grundlegend verändern und weiterentwickeln. Die technologische Dynamik ist stark wie nie zuvor. Ein Wandel unseres bestehenden Geldsystems wird nach meiner Überzeugung nicht nur aufgrund der derzeitigen Giralgeldschöpfung (Buchgeldschöpfung) in Form massiver Geldmengenerhöhungen durch Kreditvergabe der Noten- und Geschäftsbanken, die rein schuldenbasiert sind, erfolgen, sondern wegen der stark steigenden Dynamik des technologischen Fortschritts.

Vollkommen unabhängig von den weiter zunehmenden staatlichen Bargeldverboten. Es ist letztendlich eine vollkommen plausibel zu prognostizierende Entwicklung, dass geprägte Metallmünzen sowie Papier- und Plastikgeld zunehmend verschwinden und ihre Zahlungsmittelfunktion dadurch verlieren werden.

Geld hat drei wesentliche Grundfunktionen

Geld hat in Bezug auf seine Nutzungsmöglichkeiten drei wesentliche Grundeigenschaften: die Wertaufbewahrungs-, die Wertmessungs- und die Zahlungsmittelfunktion. Je stärker ein bestimmtes Gut diese drei Eigenschaften erfüllt, desto mehr wird es als Geld angesehen.

Unser zunehmend digitaler Lebensstil wird in absehbarer Zeit zu einem anderen Geldsystem führen, basierend auf digitalen Währungen mit neuen Chancen, aber auch Risiken. Das größte Risiko derzeit ist, die Augen vor diesen Entwicklungen zu verschließen.

Zunehmende Bargeldverbote bringen auch ein Bargoldverbot mit sich

Ich kenne viele »Goldfans«, die das ganz anders sehen und rein auf physische Münzen oder Barren setzen und dabei auch die Zahlungsmittelfunktion im Auge haben. Für mich ist es allerdings ein Irrglaube anzunehmen, dass eines Tages in einer Systemkrise im Supermarkt mit kleinen Goldbarren oder Silbermünzen bezahlt werden kann. Das ist lediglich ein Marketingmythos, der von Edelmetallhändlern gefördert wird, um ihre Kleinbarren und Münzen mit hohen Preisaufschlägen zu verkaufen.

Rein auf physische Goldmünzen oder Bargeld im Eigenbesitz zu setzen, ist für mich keine intelligente und zukunftsfähige Strategie. Wenn nur noch kleine Transaktionen mit Bargeld gemacht werden dürfen, bekommen Sie auch Ihr Gold nicht mehr in den Umlauf. Es kommt praktisch zu einem Bargoldverbot.

Ich unterscheide mich von diesen Kritikern unseres derzeitigen Geldsystems vor allem dahingehend, dass ich die Vorteile der elektronischen Welt des bargeldlosen Zahlungsverkehrs mit den Vorteilen der physisch hinterlegten Welt der realen Werte – allen voran Gold und Silber – heute schon kombiniere.

Die Wertaufbewahrungsfunktion unseres Geldes ist in akuter Gefahr

Wichtiger als die Zahlungsmittelfunktion des Geldes ist die Wertaufbewahrungsfunktion. Die Kaufkraftstabilität eines physischen 100-Euro-Bargeldscheins ist grundsätzlich identisch mit den elektronischen Bits und Bytes eines 100-Euro-Buchgeldguthabens auf der Bank. Aus diesem Grunde hat elektronisches Geld in Relation zu Bargeld keinerlei Nachteile in Bezug auf die Wertaufbewahrungsfunktion.

Kombinieren Sie traditionelle Werte mit modernen Funktionen

Das Grundproblem unseres derzeitigen Finanzwesens liegt nicht in den Funktionen von Bar- oder Buchgeld, sondern in unserem bestehenden Geldsystem. Deswegen liegt auch die Lösung darin, dass Sie selbst Vorsorge treffen: durch die Schaffung alternativer Systeme für die Wertaufbewahrungs- und Zahlungsmittelfunktionen.

Das Zahlungsverkehrssystem von Goldmoney und BitGold **www.goldmoney.com** ist für mich derzeit die beste Möglichkeit, diese Wertaufbewahrungsfunktion von Gold in Anspruch zu nehmen, bei gleichzeitiger Nutzung aller modernen Zahlungsverkehrsfunktionen.

5 Von der Geldwäsche über die Geldfunktion zur Geldschöpfung auf Schulden

Großbritannien schafft ab dem Jahr 2016 das Papiergeld ab. Allerdings führt das weder zur Einstellung des Bargeldes, noch wird es bei den Briten eine Hartgeldwährung basierend auf Gold oder Silber geben. Die Pfundscheine der Zukunft werden lediglich rein aus Plastik, oder besser gesagt aus Polymer, gefertigt.

Die Umstellung der alten Banknoten im Vereinigten Königreich hat mit dem Austausch der 5-Pfund-Scheine begonnen. Nicht mehr die Queen, sondern der legendäre Premierminister Winston Churchill ziert die 5-Pfund-Banknoten aus Polymer.

Die neue 5-Pfund-Banknote aus Kunststoff
Screenshot https://www.thenewfiver.co.uk/

Immer mehr Staaten stellen auf Banknoten aus Kunststoff um

Großbritannien folgt mit dieser Maßnahme Ländern wie Australien, den Fidschi-Inseln, Kanada, Neuseeland, Mexiko oder Singapur. Diese Staaten haben bereits Banknoten aus Plastik eingeführt. Ein Vorteil der neuen Geldscheine ist dabei, dass diese waschmaschinentauglich sind. Der Begriff der »Geldwäsche« bekommt dann im wahrsten Sinne des Wortes eine vollkommen neue Note.

Papiergeld aus Plastik ist langlebiger und fälschungssicherer

In der Tat werden die Plastikscheine aufgrund ihrer Materialeigenschaften hygienischer sein als das derzeitige Papiergeld. Die Waschmaschinentauglichkeit bzw. die Hygiene ist allerdings nur ein kleiner Nebeneffekt. Für die Umstellung auf Plastikgeld sprechen zwei ganz wesentliche Gründe. Banknoten aus Polymer haben eine rund sechsmal so lange Lebensdauer wie Papiergeld. Darüber hinaus werden die neuen Plastikscheine noch schwerer zu fälschen sein als herkömmliche Banknoten aus Papier.

Die Banknote der Zukunft besteht aus Bits und Bytes

Für mich steht außer Frage, dass sich unser Geldwesen in naher Zukunft allein aufgrund der Dynamik des technologischen Fortschritts massiv verändern wird. Geldscheine aus Papier oder geprägte Münzen aus Metall werden als Tauschobjekte aus dem Alltag immer weiter verschwinden. Gleiches wird auch für die Banknoten aus Plastik gelten. Das Geld der Zukunft besteht daher weder aus Papier noch aus Polymer, sondern aus Bits und Bytes.

Ich möchte in diesem Zusammenhang nochmals ausdrücklich betonen, dass sich virtuelles Geld in Form kryptografischer Schlüssel, wie es beispielsweise bei der elektronischen Währung Bitcoin der Fall ist, in Kombination mit einer realen Hinterlegung, beispielsweise durch die Rückdeckung mittels physischer Edelmetalle, nicht ausschließen. Derartige Überlegungen und Entwicklungen gibt es heute bereits beispielsweise durch das Unternehmen Goldmoney/BitGold.

Die Geldschöpfung ist das Problem, nicht die Geldfunktion

Nicht die technische Herstellung und Handhabung unseres Geldes ist das Hauptproblem für seine Sicherheit und Stabilität, sondern die Art und Weise der Geldschöpfung, die jeglichen Bezug zur Realwirtschaft verloren hat. Die Geldschöpfung unseres derzeitigen Geldwesens erfolgt rein auf Basis von Schulden.

6 Die Zinsgeschäfte der Banken sind am Ende

Die Europäische Zentralbank verlangt von Banken derzeit einen Strafzins von –0,4 Prozent. Dadurch steht das Zinsgeschäft der Banken vor dem Aus. Zahlreiche Banken beginnen nun, mit einer hohen Kreativität an den Gebührenschrauben zu drehen.

Kontoführungspreise werden teilweise massiv verteuert, Servicegebühren eingeführt und Preise für Schließfächer deutlich angehoben. Diese Maßnahmen werden ergriffen, um indirekt die Strafzinsen an die Kunden weiterzugeben. Erste Banken geben die Negativzinsen in Form von Verwahrgebühren bereits direkt an ihre Privatkunden weiter.

Straf- oder Negativzinsen werden als Verwahrgebühren deklariert

Mit der Raiffeisenbank Gmund am Tegernsee hat bereits im letzten Jahr eine weitere Genossenschaftsbank Minuszinsen bei Privatkunden – ab einer Anlagesumme von 100.000 Euro – eingeführt. Diese Belastungen werden dabei nicht Straf- oder Negativzinsen genannt, sondern mit dem weit freundlicher klingenden Wort »Verwahrgebühren« im Preisverzeichnis der Bank umschrieben.

Sollte die künstliche Negativzinspolitik der EZB über einen längeren Zeitraum Bestand haben oder die Minuszinsen sogar noch weiter in den negativen Bereich erhöht werden, ist es nur noch eine Frage der Zeit, bis weitere Banken diese Belastungen an ihre Kunden weitergeben müssen, um selbst überlebensfähig zu bleiben.

Banken zehren derzeit noch von ihren Zinsreserven aus der Vergangenheit

Aktuell können viele Banken – ähnlich wie Lebensversicherungen – die Negativzinsen in ihrer eigenen Zinsbilanz noch kaschieren durch Bestände an Altanleihen mit hohen Zinszahlungen aus der Vergangenheit. Wenn diese Veranlagungen allerdings nach und nach auslaufen, verschärfen sich die Probleme der Banken im Zinsgeschäft weiter. Gleiches gilt für Kostensenkungen durch Rationalisierungsmaßnahmen und das Schließen von Filialen. Das weitere Einsparungspotenzial ist hier bald erschöpft.

Das Zinssystem ist durch Zentralbankeingriffe erodiert

Eine Statistik der Bank of America Merrill Lynch führt uns das Ergebnis der Notenbankpolitik der vergangenen Jahre überdeutlich vor Augen:

107 Jahre: So lange dauert es, um die Ersparnisse auf einem amerikanischen Festgeldkonto mit einer Laufzeit von einem Jahr zu verdoppeln.

1.387 Jahre: So lange dauert es, um die Ersparnisse auf einem deutschen Festgeldkonto mit einer Laufzeit von einem Jahr zu verdoppeln.

6.932 Jahre: So lange dauert es, um die Ersparnisse auf einem japanischen Festgeldkonto mit einer Laufzeit von einem Jahr zu verdoppeln.

12,9 Billionen US-Dollar: So hoch ist das Volumen an ausstehenden Anleihen weltweit, deren Rendite zurzeit bei weniger als 0 Prozent liegt. Das sind bereits 29 Prozent des Gesamtvolumens an Anleihen. Neben den ungedeckten Finanzderivaten sind diese Schwundanleihen die Mutter aller Blasen.

–1,1 Prozent Rendite: Das ist derzeit die niedrigste negative Rendite der Welt, bei einer Schweizer Staatsanleihe mit einer Laufzeit von drei Jahren.

Historische Analyse – Es funktioniert: In den USA wurde von 1942 bis 1980 über drei Phasen der finanziellen Repression die Schuldenlast von 122 Prozent des Bruttoinlandsprodukts BIP auf 35 Prozent abgetragen. Sparer wurden dadurch quasi enteignet, das Geld bzw. die Landeswährung des US-Dollar massiv entwertet.

7 Guthabengebühren statt Negativzinsen – Instant Payments statt Bargeld

Zwei weitere Beispiele für die Bankenlandschaft im Umbruch. Mit der Hamburger Sparkasse, der größten Sparkasse Deutschlands, hat Anfang 2017 eine weitere Bank Negativzinsen eingeführt. Privatanleger sind davon – derzeit zumindest – noch nicht betroffen. Die Negativzinsen treffen jedoch Geschäftskunden. Die Haspa spricht davon, die Strafzinsen bei Privatkunden so lange wie möglich zu vermeiden.

Banken erfinden neue Preise und Gebühren

Ich stelle fest, dass viele Banken die Negativzinsen auf Umwegen bereits an ihre Kunden weitergeben. Beispielsweise durch die massive Erhöhung von Preisen für die Kontoführung oder stark steigende Gebühren für gewöhnliche Zusatzleistungen wie Kartengebühren. Aber es gibt auch immer mehr Banken, die Negativzinsen heute bereits an ihre Privatkunden weitergeben.

Zunehmend Negativzinsen für Privatkunden

Die Volksbank Hamburg belastet ihren Kunden –0,20 Prozent Negativzinsen. Die Skatbank hat Strafzinsen für Privatkunden in Höhe von –0,25 Prozent, die Raiffeisenbank Gmund gar –0,40 Prozent ebenso wie die Raiffeisenbank Südstormarn Mölln und die Volksbank Stendal. Die Volksbank Raiffeisenbank Niederschlesien eG ist hingegen sehr kreativ und verzichtet auf den Begriff Negativzinsen. Als Privatkunde müssen Sie hier eine Gebühr von +0,01 Prozent pro Monat auf das Guthaben Ihres Kontos bezahlen!

Das Sparbuch ist nach wie vor ein Volksprodukt

Die Hamburger Sparkasse rät ihren besorgten Kunden – die Angst vor Negativzinsen haben – übrigens zu Festgeldern oder Sparbüchern. Hier bestünde keine Gefahr von Strafzinsen. Sparbücher bei der Hamburger Sparkasse werden derzeit mit +0,03 Prozent verzinst.

Ich empfinde es als erschreckend zu sehen, wie viele Bürger in Deutschland nach wie vor ein Vertrauen in Sparbücher, Tages- oder Festgeldkonten haben wider besseres Wissen. Das verdeutlicht leider auch eine aktuelle GfK-Studie. Nur noch 12 Prozent der Befragten beurteilen ein Sparbuch als attraktiv. Dennoch sind nach wie vor rund 40 Prozent der Befragten Besitzer eines Sparbuches.

Strafzinsen sind fairer als Gebühren!

Im Gegensatz zur Hamburger Sparkasse geht eine weitere Bank einen anderen Weg. Mit dem Discountbroker Flatex führte zum 01. März 2017 die erste größere Direktbank Negativzinsen in Höhe von -0,4 Prozent auf alle Kundeneinlagen auf Kontokorrentkonten ab dem ersten Euro ein. Flatex ist zwar deutlich kleiner als die Konkurrenz von der Comdirect oder Consors, hat aber immerhin 180.000 Kunden.

Aus meiner Sicht kommen gerade den Online-Brokern die Strafzinsen sogar sehr gelegen. Für Gelder auf Girokonten entstehen lediglich Kosten. Investieren die Kunden hingegen, steigen auch die Erträge der Online-Broker. Ebenso steigen die Chancen, dass bei Gebührenerhöhungen oder Negativzinseinführungen bei normalen Geschäftsbanken verstärkt Kunden zu Online-Brokern und Direktbanken abwandern.

Ich finde den transparenten und konsequenten Weg von Flatex richtig

Von den Strafzinsen der EZB sind alle Banken betroffen. Die derzeit noch vorherrschende Strategie der überwiegenden Mehrheit der Banken, auf Strafzinsen für Privatkunden aus Marketinggründen zu verzichten und gleichzeitig versteckte und vollkommen intransparente neue Gebührenbelastungen zum Ausgleich zu schaffen, beurteile ich als falsch und unfair gegenüber den Kunden. Die erhöhten Gebühren werden sehr wahrscheinlich bleiben, auch wenn die Zinsen längst wieder in den positiven Bereich gestiegen sind.

Flatex hingegen kommuniziert ganz klar gegenüber den Kunden, dass die Negativzinsen weiter erhöht werden, sollte die EZB diese erhöhen. Gleichzeitig werden die Strafzinsen aber auch gesenkt, falls die EZB wieder zu einer normalen Zinspolitik zurückkehrt. Es kommt dadurch zu keinen versteckten Gebührenerhöhungen zum Nachteil aller Kunden. Somit haben die betroffenen Flatex-Anleger eine transparente Planungssicherheit. Liquide Gelder können alternativ investiert oder disponiert werden, beispielsweise über Geldmarktfonds, die nicht von der Negativzinspolitik betroffen sind.

Instant Payments statt Bargeld

Nicht nur das Zinsgeschäft der Banken ist gravierenden Veränderungen unterworfen. Auch der Zahlungsverkehr steht vor einem gigantischen Umbruch. Als gelernter Bankkaufmann habe ich natürlich in meinen Lehrjahren auch die Grundlagen des damaligen Zahlungsverkehrssystems gelernt. In den 1990er-Jahren war es dabei vollkommen normal, dass gewöhnliche Inlandsüberweisungen mehrere Tage dauerten. Wer damals einen schnellen Geldtransfer wünschte, musste eine kostspielige sogenannte Blitzüberweisung veranlassen.

PayPal oder Bitcoin setzen klassische Banken unter Druck

Die Geschwindigkeit von Banküberweisungen hat in den letzten Jahren erheblich zugenommen. In vielen Fällen kommt es bereits zu taggleichen Gutschriften von Überweisungsaufträgen. Vor allem wenn Überweisungen innerhalb eines Bankensektors wie den Genossenschaftsbanken oder Sparkassen erfolgen. Auch grenzüberschreitende Überweisungen erfolgen im SEPA-Raum mittlerweile sehr schnell über die internationale Kontonummer IBAN.

In Zeiten von Echtzeitkommunikation oder innovativen Zahlungsverkehrssystemen wie PayPal oder Bitcoin steigt jedoch der Druck auf klassische Banken, Überweisungen ebenfalls innerhalb von Sekunden durchzuführen. Hier gibt es eine Entwicklung, die als Nachfolger des IBAN-Systems bereits in den Startlöchern steht. Ich spreche von Instant Payments.

Instant Payments sind Zahlungen in Echtzeit

Instant Payments sind Zahlungsverkehrsvorgänge, bei denen die Empfänger – anders als bei einer klassischen Überweisung – bereits nach wenigen Sekunden über den überwiesenen Betrag verfügen können. Die verbindliche, finale Belastung des Bezahlers sowie die Gutschrift beim Empfänger erfolgt somit nahezu unmittelbar innerhalb weniger Sekunden.

Der Zahlungsverkehrsvorgang ist dabei für beide Parteien sofort einsehbar. Ein Widerruf der Zahlung ist nicht mehr möglich. Instant Payments basieren auf einem System, das jederzeit verfügbar ist. 24 Stunden am Tag, sieben Tage in der Woche und 365 Tage im Jahr. Ab November 2017 sollen in Deutschland Instant Payments im Internet möglich sein. Instant Payments werden nach meiner Überzeugung ein weiterer Baustein zur zunehmenden Digitalisierung des Bargelds sein.

8 Protektionismus: Die globale Welt steht vor Währungskriegen

Die Wahl in den USA war geprägt von Emotionen für Trump und Antipathien gegen Hillary Clinton als Vertreterin des offensichtlich in weiten Teilen des Volkes verhassten US-Establishments. Die Antrittsrede von Donald Trump war ebenso beeindruckend wie überraschend. Viele hatten nach dem giftig geführten Wahlkampf gehofft, dass der neue US-Präsident moderate Worte findet, um ein versöhnliches Signal an die Welt und sein tief gespaltenes Land zu senden.

Das Gegenteil war der Fall. Seine mit Nachdruck gewählten Worte »America First« sind ein deutliches Signal an die Welt. Diesen markanten Worten sind innerhalb kürzester Zeit bereits zahlreiche gravierende Taten gefolgt. Donald Trump sagt, was er denkt, und macht offensichtlich das, was er sagt und im Wahlkampf versprochen hat.

Vom Auftrag für die Planung zum Bau einer Mauer an der Grenze zu Mexiko über die Aufhebung bestehender Gesetze und Verträge wie TTIP oder »Obamacare« bis hin zu den begrenzten Einreiseverboten von Bürgern aus sieben muslimischen Ländern und zum zeitlich unbefristeten Einreiseverbot für syrische Flüchtlinge. Nun gilt es, auf die Fakten und Taten zu blicken, was Donald Trump wirklich umsetzt oder umsetzen kann. Eines ist dabei sicher: Die gigantischen Staatsschulden von rund 20 Billionen US-Dollar, die ihm der scheidende Barack Obama hinterlassen hat, sind eine große Belastung.

205 Jahre für 1 Billion US-Dollar Schulden

Am 22. Oktober des Jahres 1981 überstiegen die US-Staatsschulden erstmals die Marke von einer Billion US-Dollar. Dafür hat das Land 205 Jahre benötigt. Die nächste Verdoppelung auf 2 Billionen US-Dollar benötigte nur noch fünf Jahre! Die Verschuldungsdynamik steigt seither trotz fallender Zinsbelastungen exorbitant an. In der Amtszeit Obamas betrug das Schuldenwachstum über 9 Billionen US-Dollar!

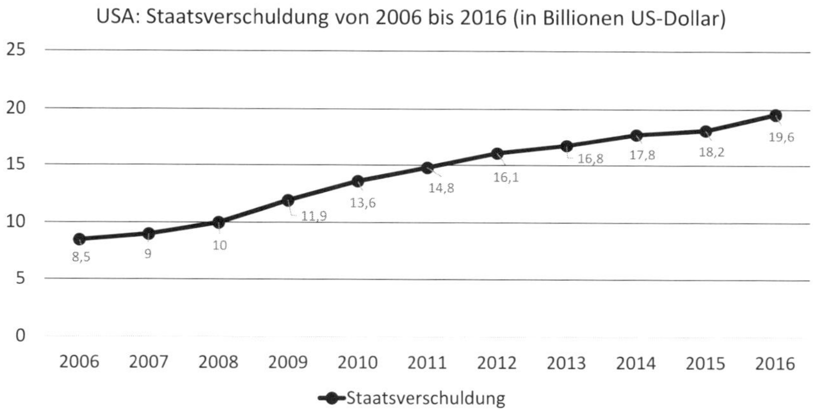

US-Staatsverschuldung 2006 bis 2016 (in Billionen US-Dollar), © eigene Darstellung, Quelle: TreasuryDirect, the balance

Gleiches gilt für das Land. Obama hat ein gesellschaftlich tief gespaltenes Amerika hinterlassen. Für mich sind die geopolitischen Risiken, ebenso wie die Systemrisiken, so groß wie zuletzt vor dem Beginn des Zweiten Weltkrieges, wenn man von der Kubakrise einmal absieht. Wir werden in Zukunft verstärkt Handels- und Wirtschaftskriege sehen, ebenso wie Währungskriege. Aber auch digitale Angriffe und reale militärische Konflikte.

Das Geldwesen steht im Auge des Orkans geopolitischer Veränderungen

In der Geopolitik geht es auch um die Wechselwirkung zwischen wirtschaftlichen und politischen Gegebenheiten. In unserer Geschichte gab es – aufgrund der Globalisierung und Vernetzung unserer heutigen Welt – selten zuvor eine derartige Ansammlung an geopolitischen Risiken wie derzeit.

Geopolitische Risiken lassen sich in vier grundlegende Bereiche aufteilen: wirtschaftliche, politische, gesellschaftliche und ökologische Gefahren. Klimaveränderungen, Naturkatastrophen, Wasserknappheit, ein radikal praktizierter Islam, Terrorismus oder Migration gehören ebenso zu diesen Risikosegmenten wie die zunehmende Verschuldung von Staaten.

Veränderungen in der Wirtschaft oder in der Politik als Grundpfeiler der Geopolitik haben dadurch unmittelbare Auswirkungen auf alle internationalen Finanzsektoren. Von den Zentralbanken über die Börsen und Kapitalmärkte bis hin zu den Geschäftsbanken, den Finanzdienstleistern und Versicherungen.

9 Geld = Kredit: Die Verschuldung der Welt erreicht neue Rekorde

Seit Jahren und Jahrzehnten verschlechtern wir durch eine expansive Geldpolitik, die sich von der Realwirtschaft vollkommen entfernt hat, unser Geld. Der internationale Währungsfonds (IWF) hat vor kurzem wieder einmal Alarm geschlagen. Im vergangenen Jahr haben die weltweiten Schuldenberge einen neuen Rekordstand von fast schon unglaublichen 152 Billionen US-Dollar erreicht.

Laut der statistischen Erhebung des IWF wurden dabei öffentliche Verpflichtungen, Verbindlichkeiten privater Haushalte und unternehmerische Schulden in die Berechnung der Schuldenlasten mit einbezogen. Die nach wie vor großen Kreditverbindlichkeiten des Finanzsektors, der Banken und Versicherungen sind in der IWF-Analyse dabei noch nicht einmal berücksichtigt.

Die Weltverschuldung beträgt 225 Prozent der Weltwirtschaftsleistung

Rund ein Drittel, also 50 Billionen US-Dollar der Schulden, schreibt der IWF den öffentlichen Haushalten zu. Insgesamt liegt die Weltverschuldung bei ungefähr 225 Prozent der gesamten Weltwirtschaftsleistung. Die USA und China – als größte Volkswirtschaften – tragen dabei einen sehr großen Anteil zur Weltverschuldung bei.

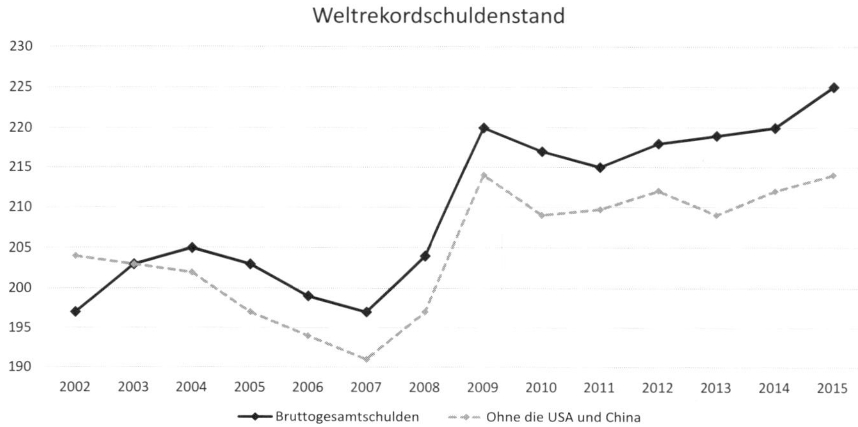

Weltweite Verschuldung als Prozentanteil der weltweiten Wirtschaftsleistung, © eigene Darstellung, Quelle: Internationaler Währungsfonds

Das zinsbasierte Geldsystem ist grundlegend krank

Derzeit lesen wir in zahlreichen Medien von Nullzinsen oder gar Negativzinsen und Strafzinsen. Banken verdienen angeblich im Kreditgeschäft nichts mehr, aufgrund der künstlichen Niedrigzinspolitik der EZB. Wie kaputt das Zinssystem ist, verdeutlichen allerdings nicht nur die Negativzinsen, die Geschäftsbanken an die EZB bezahlen müssen, sondern auch die Überziehungszinsen, die Banken von ihren Kunden verlangen.

Für Dispozinsen oder Überziehungszinsen bei Banken gelten die Nullzinsaussagen nämlich überhaupt nicht. Das zeigt der nachfolgende Blick auf die durchschnittlichen Überziehungszinsen in ausgewählten Ländern der Eurozone.

Systemdefekt: 21,8 Prozent Überziehungszinsen in der Nullzinsphase

Wer sein Konto überzieht, muss bei den meisten Kreditinstituten eine Art Strafe in Form von Überziehungszinsen zahlen. Der durchschnittliche Satz für Überziehungszinsen ist in Deutschland seit Juli 2016 bei 8,61 Prozent konstant. Deutsche Kontoinhaber haben es im Vergleich zu anderen Bürgern in Staaten der Eurozone gar nicht so schlecht.

In Lettland müssen beispielsweise happige 21,8 Prozent Zinsen entrichtet werden. In Estland beträgt der Durchschnittszinssatz 16,31 Prozent, in der Slowakei 14,16 Prozent, in Portugal 13,83 Prozent, in Spanien 10,87 Prozent, in Irland 10,66 Prozent, in Griechenland 8,07 Prozent, in Belgien 7,72 Prozent und in Finnland 6,29 Prozent.

Griechenland mit seiner angeschlagenen Wirtschaft und den maroden Banken hat somit in diesem Kreditsegment der Banken niedrigere Durchschnittszinsen als Deutschland. Das ist schlicht krank!

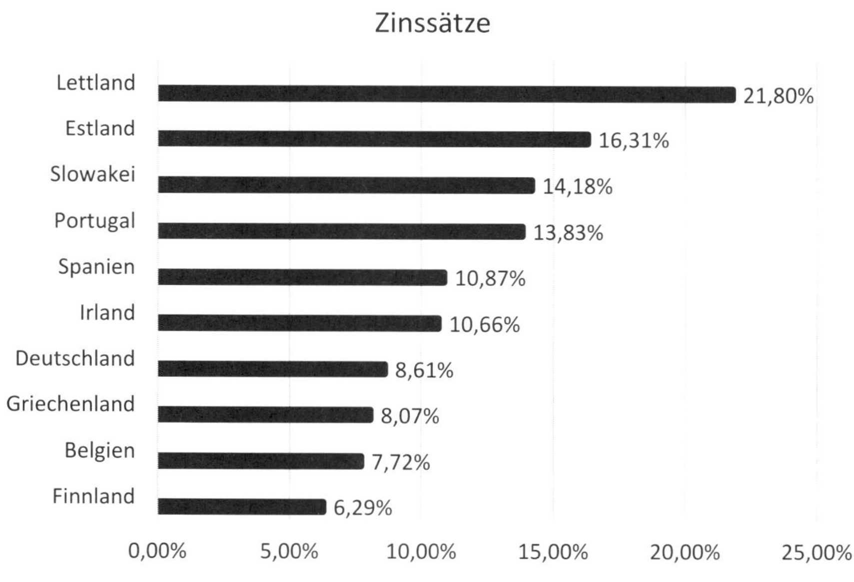

Durchschnittlicher Zinssatz für Überziehungskredite in ausgewählten Ländern der Eurozone im August 2016, © eigene Darstellung, Quelle: Europäische Zentralbank

Versichern Sie sich gegen den rollenden Schneeball!

Diese gigantischen Schuldenberge sind ein immer stärker werdendes Risiko für die Stabilität unseres derzeit noch bestehenden Geld- und Währungssystems. Basierend auf einer ungedeckten Kreditschöpfung aus dem Nichts oder zumindest fern der realwirtschaftlichen Fakten. Das ist vergleichbar mit einem rollenden Schneeball.

Weltweit gibt es aufgrund der hohen Staatsverschuldungen Milliarden und Billionen in Staatsanleihen und finanziellen, staatlichen Zahlungsverpflichtungen. Jede gesetzliche Rentenanwartschaft, Krankenkasse, Sozialkasse, Pflegekasse oder Arbeitslosenkasse basiert auf staatlichen Leistungszusagen.

Die Verschuldungen und Zahlungsversprechen in den großen Volkswirtschaften der USA, der EU, in Japan, Russland und China können nur dann zurückgezahlt werden, wenn die Kaufkraft der betreffenden Landeswährungen massiv abgewertet wird.

Die Währungsabwertung und Geldentwertung ist so sicher wie das Amen in der Kirche

In einem zinsbasierten Geldsystem ist diese Entwicklung so sicher wie das Amen in der Kirche. Das Wort »Abwertung« hört sich zunächst einmal nicht so dramatisch an, ich spreche hier allerdings von einer Abwertung in Richtung des Wertes Null. In den letzten 1.000 Jahren hat kein einziges Papiergeldwährungssystem überlebt.

Bei aller Börseneuphorie der letzten Jahre muss uns bewusst sein, dass auch der massive Aufschwung an den weltweiten Aktienmärkten zu einem großen Teil schuldenbasiert, auf Pump erfolgt ist. Die großen Zentralbanken stehen dabei an der Geldpumpe. Hochverschuldete Staaten bekommen aufgrund der niedrigen Zinsen somit weiter künstlich Luft zum Atmen. Die Probleme werden allerdings immer größer und verlagern sich in die Zukunft.

Die Welt ist mit rund 199.000 Milliarden US-Dollar verschuldet!

Zwischen 2007 und 2014 explodierten die internationalen Staatsverschuldungen um 76 Prozent. Heute ist unsere Welt mit der gigantischen Summe von 199.000 Milliarden US-Dollar verschuldet. In diesem Umfeld gibt es noch fünf Länder auf der Erde, die frei von Staatsschulden sind.

Das sind die British Virgin Islands, Brunei, Liechtenstein, Macau und Palau. Mit dem Fürstentum Liechtenstein ist vor allem eines dieser Länder für Sie als Privatanleger empfehlenswert.

In den Medien lesen Sie täglich von der Euro-Schuldenkrise, vor allem im Zusammenhang mit Griechenland. Alle westlichen Industrienationen sind heute mehr oder weniger stark verschuldet. Mit dieser ausufernden Staatsschuldenblase in Kombination mit der Notenbankpolitik des billigen Geldes wird auch der starke Anstieg der Aktienmärkte begründet. Viele Anleger und institutionelle Investoren vertrauen ihr Geld lieber scheinbar sicheren Unternehmen aus der realen Wirtschaft an als überschuldeten Staaten.

Achtung! Die Unternehmensschulden steigen massiv an

Diese Logik kann sich mittelfristig als Milchmädchenrechnung herausstellen. Sollten Staaten fallen, werden neben den Bürgern auch die Unternehmen massiv leiden. Die Aktienbörsen würden dann deutlich einbrechen. Darüber hinaus belegen die aktuellen Zahlen, dass auch Firmen längst dem Lockruf des billigen Geldes verfallen sind. Die globalen Staatsschulden sind in den letzten Jahren um über 80 Prozent angewachsen. Die Schulden der Unternehmen immerhin um rund 50 Prozent.

British Virgin Islands BVI
Sultanat Brunei
Fürstentum Liechtenstein
Macao
Republik Palau

Die letzten fünf Länder dieser Welt ohne Staatsschulden

Der internationalen Verschuldungsorgie stehen heute lediglich noch fünf Länder gegenüber, die keine Staatsschulden haben: das Überseegebiet des Vereinigten Königreichs der British Virgin Islands in der Karibik, das Sultanat Brunei auf der Insel Borneo in Asien, das Fürstentum Liechtenstein im Herzen Europas, die chinesische Sonderverwaltungszone Macao in Asien sowie die Republik Palau in der Südsee des Pazifischen Ozeans.

10 EU-Europa und Euro werden untergehen

Der Euro hat keine nachhaltige Zukunft, er wird scheitern, das steht für mich absolut fest. Sein Ende oder seine (Währungs-)Reform ist nur noch eine Frage des Zeitpunktes. Laut einer Analyse, die im hierzulande relativ unbekannten Washington's Blog veröffentlicht wurde, weisen die insgesamt 3.400 ungedeckten Währungen, die in den letzten Jahrtausenden in Umlauf waren, eine durchschnittliche Lebensdauer von lediglich 27 Jahren auf. Existieren Währungen länger, unterliegen sie einem gigantischen Kaufkraftverlust.

Die älteste Papiergeldwährung der Welt: 99,5 Prozent Kaufkraftverlust

Das Britische Pfund, bereits im Jahr 1694 eingeführt, existiert beispielsweise auch heute noch. Dadurch verfügt Großbritannien über die älteste noch bestehende Währung der Welt. Bei Währungseinführung entsprach ein Pfund Sterling dem Gegenwert von 12 Unzen Silber. Nach heutigen Maßstäben liegt der Wert des Britischen Pfundes nur noch bei 0,5 Prozent des ursprünglichen Preises. Das entspricht einem Währungsverfall von 99,5 Prozent.

Vincent Cate ist ein hochbegabter Informatiker aus den USA, der im Jahr 1994 nach Anguilla ausgewandert ist. Seine Gründe dafür waren das tropische Klima, die niedrigen Steuern sowie die stabile Regierung. Auf der Karibikinsel gründete er zahlreiche Unternehmen. 1998 legte er aus Protest gegen die Gesetzgebung seine US-Staatsbürgerschaft ab. In seiner fundierten Analyse Paper Money vs. Gold Money hat der Kryptografie-Experte 599 ungedeckte Papiergeldsysteme untersucht, die in den vergangenen 1.000 Jahren Bestand hatten. Die wichtigsten Erkenntnisse sind beeindruckend, aber auch erschreckend.

Kein einziges Papiergeldfinanzsystem hat überlebt!

156 Währungssysteme endeten in der Hyperinflation. 165 wurden durch Kriege ausgelöscht. Allein 95 Währungen haben den Zweiten Weltkrieg nicht überlebt. 278 papiergeldbasierte Finanzsysteme mündeten in einer Währungsunion. Die durchschnittliche Lebensdauer eines ungedeckten Papiergeldsystems beträgt nach den Studien von Vincent Cate gerade einmal 38 Jahre. Der Euro existiert mittlerweile mehr als 16 Jahre. Bis zur Durchschnittslaufzeit der beiden Studien von 27 bzw. 38 Jahren wäre also noch etwas Zeit, aber auch das ist keine Garantie.

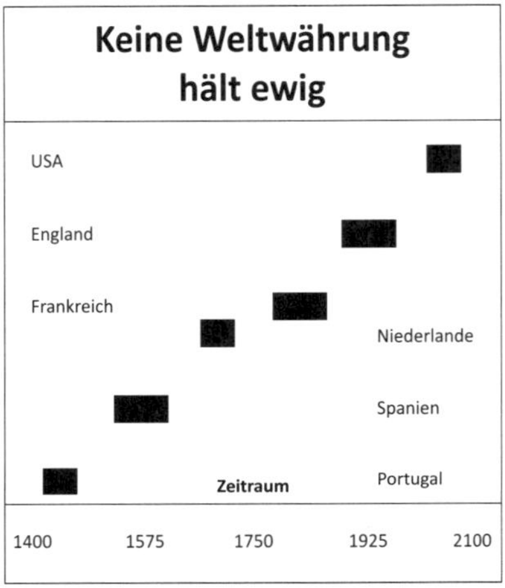

Keine Weltwährung hat nachhaltig Bestand, © qpress

11 Frankreich, Italien, Schweden: drei tickende EU-Zeitbomben

In Nizza kam es am 14. Juli 2016 zu einem weiteren islamistischen Terroranschlag mit weit über 80 Toten. Ich habe vor einigen Monaten geschrieben, dass rund 10.000 Millionäre, aufgrund der sozialen Spannungen, Frankreich verlassen haben.

Allein 7.000 Millionäre haben Paris den Rücken gekehrt

Dieser Trend wird weitergehen. Frankreichs finanzielle und soziale Probleme werden dadurch weiter verstärkt. Diese Entwicklungen sind eine große Gefahr für die gesamte EU und Europa. Nach dem Brexit wäre ein Zusammenbruch Frankreichs nicht verkraftbar für die EU-Systeme und den Euro. Ein weiteres Land mit gigantischen Problemen, vor allem im maroden Bankensektor, ist derzeit Italien.

Rentner und Kleinsparer wurden in Italien enteignet

Ist Ihnen bekannt, dass es auch in Italien viele Tote in den letzten Wochen und Monaten gab, aufgrund sozialer Fehlentwicklungen? Nicht durch medienwirksame Terroranschläge, sondern von der breiten Öffentlichkeit relativ unbeachtet, durch Suizide. Mehrere Bankkunden, darunter zahlreiche Rentner und Kleinsparer, die aufgrund der aktuellen Bankenkrise in Italien ihre gesamten Ersparnisse und ihre Altersvorsorge verloren, haben sich aus Verzweiflung umgebracht.

Ich kann Ihnen leider keine genauen Zahlen liefern. Das liegt daran, dass das italienische Statistikinstitut »Istituto Nazionale di Statistica« seit drei Jahren keine Wirtschaftsselbstmorde mehr gesondert ausweist. Hier wird nach meiner Einschätzung ganz gezielt ein soziales Spannungsfeld mit dramatischen Folgen vor der Öffentlichkeit verborgen.

Fakt ist, dass der Anstieg der Selbstmorde in Italien derzeit so hoch ist wie letztmalig im Zweiten Weltkrieg. Ein nicht unerheblicher Anteil dürfte dabei – ähnlich übrigens wie in Griechenland – auf Selbstmorde zurückzuführen sein, die aus finanzieller und wirtschaftlicher Hoffnungslosigkeit und Verzweiflung heraus erfolgen.

Italien: Der Beginn des Flächenbrandes für das EU-Bankensystem und den Euro

In den letzten Wochen hat der Brexit viele weitere negative Entwicklungen für die Staaten und Banken in Europa überlagert. Eine davon ist die immer schneller tickende Bankenzeitbombe in Italien, wo es derzeit eine nie dagewesene Bankenkrise gibt.

Diese wurde durch den Brexit noch verschlimmert, da die italienischen Banken auf gigantischen Bergen fauler Schulden sitzen. Die positivsten Zahlen gehen dabei von einem Kapitalbedarf von 40 Milliarden Euro aus, die zur Rettung des italienischen Bankensystems benötigt werden.

Die Bank als Selbstmordgrund

Ich habe bereits im Februar 2016 meine Leser vor den bedenklichen Entwicklungen in Italien gewarnt. Damals stand jedoch die Flüchtlingskrise im Mittelpunkt des Medieninteresses. Im Dezember 2015 musste der italienische Staat vier Banken retten. Das Wort »retten« ist dabei allerdings für betroffene Sparer ein Hohn.

Zahlreiche Rentner und Kleinsparer mussten nämlich einspringen und haben 750 Millionen Euro verloren. Infolgedessen kam es unter den verzweifelten Bankkunden, die teilweise ihre gesamten Ersparnisse und Altersrücklagen verloren, zu einer Selbstmordwelle. Nachfolgend finden Sie mein Editorial aus dem Februar 2016 zu diesen dramatischen Entwicklungen, die sich nun massiv verschärfen werden.

Mein Editorial aus »Kapitalschutz vertraulich«, Februar 2016

EURO-Bankensystem: Die Einschläge kommen näher!

Liebe Leserin, lieber Leser,

in Italien kam es aktuell bei scheinbar sicheren Regionalbanken zu einer Entwicklung, die Vorbildcharakter für Banksparer in anderen EU-Ländern haben wird. Bedenklich finde ich, dass in Deutschland keine nennenswerte Berichterstattung über diese Ereignisse erfolgte.

Neue EU-Gesetze führen zu massiven Bankpleiten in Italien

Seit dem 1. Januar kommt die europäische Bankenregulierung zur Anwendung, vor der ich Sie seit Jahren intensiv warne. Banken müssen nun nicht mehr auf Steuerzahlerkosten gerettet werden, sondern können auf Kosten der Eigentümer und Kunden einfach abgewickelt werden.

12.500 Kunden von vier italienischen Regionalbanken und Sparkassen, darunter zahlreiche Rentner, haben jetzt über Nacht die gigantische Summe von 430 Millionen Euro verloren. Teilweise ihre gesamten Ersparnisse. Es ist das erste Mal in der Geschichte, dass Derartiges in Italien geschieht.

PS: Immer mehr Länder fahren Kampagnen gegen Bargeld. Barzahlungsgrenzen von 1.000 Euro haben Italien und Frankreich. In Schweden gibt es eine Initiative zur kompletten Bargeldabschaffung. In der Schweiz hingegen gilt seit 01.01.2016 ein neues Gesetz für Bargeldkäufe mit einer hohen Grenze von 100.000 Franken!

Achtung! Die EU ist eine Haftungs- und Umverteilungsunion

Wenn Sie nun der Annahme sind, die gigantische Bankenkrise in Italien – die seitens der Politik und der Medien heruntergespielt wird, um keinen direkten Flächenbrand entstehen zu lassen – betrifft deutsche oder österreichische Bankkunden oder Steuerzahler nicht, dann ist das ein Trugschluss!

Die EU ist längst eine Haftungs- und Umverteilungsunion. Durch die EU-Verträge, den ESM-Vertrag in Kombination mit seit diesem Jahr in

Kraft getretenen EU-Bankenunion haften die Steuerzahler untereinander ebenso wie die Bankkunden.

Die italienische Regierung hat zur Bewältigung der aktuellen Bankenkrise nur zwei Möglichkeiten. Entweder die Steuerzahler müssen einspringen, oder die Sparer und Anleger werden wie im Dezember 2015 bluten müssen.

Das würde allerdings in Italien zu massiven politischen Spannungen und gesellschaftlichen Verwerfungen führen. Es ist daher sehr gut möglich, dass der Rest EU-Europas, deren Steuerzahler und Bankkunden für die italienischen Versäumnisse mitbezahlen müssen.

Die Europäische Bankenunion ist ein latentes Damoklesschwert

Denn sie beruht auf dem Haftungsprinzip des Europäischen Stabilitätsmechanismus ESM. Das rechtliche Klumpenrisiko, das sich aus der Kombination des automatischen Informationsaustauschs AIA mit dem Umverteilungssystem des ESM und der EU-Bankenunion ergibt, sollten Sie unbedingt reduzieren.

Nicht nur das EU-Bankensystem ist gefährdet, auch Ihr Geld ist direkt von diesen Entwicklungen betroffen. Die Risiken für die Stabilität und den Bestand des Euro als Gemeinschaftswährung sind in den letzten Monaten massiv angestiegen. Sie müssen sich bewusst sein: Die Bankenkrise in Italien betrifft auch Ihr Geld und Ihre Bank in Deutschland!

Schweden: Ein weiteres krankes Land in EU-Europa

Zahlreiche Anleger und Bürger sind nach meinen Erfahrungen der Ansicht, dass die Probleme EU-Europas hauptsächlich im Süden liegen. Nordeuropa, vor allem Skandinavien, sei hingegen solide und stabil.

Im Prinzip ist das sogar richtig, allerdings gibt es in Nordeuropa ein Land, das ich als absolut »krank« bewerte. Ich spreche von Schweden. Schweden hat – neben zahlreichen, politischen Fehlsteuerungen – vor allem in den letzten 40 Jahren eine vollkommen irrational-tolerante, großzügige Einwanderungspolitik verfolgt.

Das schwedische Sozialexperiment sollte eine Warnung für Deutschland sein!

Schweden hat damit ein Sozialexperiment gigantischen Ausmaßes in Gang gesetzt. Das Land hat sich gravierend verändert. Heute gehen allein 58 Prozent aller Sozialleistungen an Migranten. Fast die Hälfte, nämlich 42 Prozent der Langzeitarbeitslosen, sind ebenfalls Einwanderer. Schwedens weltberühmter Sozialstaat steht aus diesem Grund vor dem Kollaps. 26 Prozent aller Gefängnisinsassen und 50 Prozent aller Häftlinge in Schweden, die Strafen von mehr als fünf Jahren absitzen, sind ebenfalls Einwanderer.

Die größte Immobilienblase Europas liegt in Schweden

Weder in Spanien noch in Großbritannien gibt es die größte Immobilienblase in Europa, sondern in Schweden. Schweden hat den größten Immobilienboom in Europa in den letzten Jahren zu verzeichnen. Gleichzeitig ist die Erschwinglichkeit für Immobilieneigentum in Schweden für die Bevölkerung am schlechtesten. Mein Fazit: Würde es eine Put-Option auf ein einzelnes Land geben, würde ich Schweden short gehen! Frankreich, Italien und Schweden sind daher für mich derzeit die größten tickenden EU-Zeitbomben.

12 Garantieprodukte: Eierkocher, Toaster, Sparbuch, Geldschein

In unserem täglichen Leben gibt es zahllose Garantien. Eine Garantie ist die Zusicherung eines bestimmten Handelns in einem bestimmten Fall. Speziell wir Deutschen lieben derartige Zusicherungen und Versprechungen. Jeder Toaster und jeder Eierkocher, den wir erwerben, ist mit einer Garantieleistung versehen. In diesem Garantiewahn sind mittlerweile zusätzlich zu den gesetzlichen Regelungen die kuriosesten »Produkte« entstanden.

Deutschland: Das Land der Vollkasko-Mentalität

Im Handel gibt es Preisgarantien für die Rücknahme oder Preisangleichung, wenn die Konkurrenz billiger ist. Es gibt Zufriedenheitsgarantien, die ein befristetes Rückgaberecht bei Unzufriedenheit mit dem Produkt versprechen. Darüber hinaus gibt es von Reparaturgarantien über Vor-Ort-Garantien bis hin zu Haltbarkeitsgarantien, Ausfallgarantien, Abnahmegarantien, Liquiditätsgarantien, Währungsgarantien, Staatsgarantien, Garantiezertifikaten, Garantiezinsen, Geld-zurück-Garantien oder auch den Einlagensicherungsgarantien der Banken eine Vielzahl an Garantieformen in den unterschiedlichsten Bereichen. Deutschlands Bürger sind zu einer Vollkasko-Mentalität erzogen und grundlegend risikoavers. Aber halten diese Garantien auch, was sie versprechen? Nein!

Garantiezusagen haben keinen absoluten Wert

Alle Garantiezusagen sind scheinbare Sicherheiten, die keinen absoluten Wert haben. Entscheidend für einen Wertansatz ist nämlich die Frage nach den gesetzlichen Rahmenbedingungen, der Rechtsstaatlichkeit sowie der politischen Rechtssicherheit des Landes, in dem die Garantien ausgesprochen werden. Gleiches gilt für das wirtschaftliche Ausfallrisiko des Garantiegebers. All diese Punkte sind immer nur ex post, also aus nachträglicher Sicht zu beurteilen.

Ich garantiere Ihnen zwei Dinge!

Ich bin davon überzeugt, dass wir in einer garantierten Welt der Scheinsicherheiten leben. Ich bin mir bewusst, dass es nicht einmal sicher ist, dass morgen die Sonne wieder aufgeht. Der US-Politiker und Wissenschaftler Benjamin Franklin hat es einmal hervorragend auf den Punkt gebracht: Nur zwei Dinge auf dieser Welt sind uns sicher: Der Tod und die Steuer!

Zinsgarantien bei -3 bis -4 Prozent Sparzinsen?

Deutsche Sparbücher können eigentlich in ihrer Nominalverzinsung nicht in den negativen Bereich kommen. In der Realverzinsung allerdings natürlich schon. Gleiches gilt für kapitalbildende Versicherungen. Deutsche Lebensversicherungen haben derzeit noch einen Garantiezins von 1,25 Prozent.

Zum 01.01.2017 ist dieser Garantiezins weiter gesunken, auf jetzt noch 0,9 Prozent. Aber selbst dieser angebliche Garantiezins könnte sich als massive Fehlkalkulation erweisen, ebenso wie die Kalkulationen bei Sichteinlagen von Banken. Bei 0 Prozent gibt es in unserem Zinssystem nämlich keinen Boden, wie wir aktuell bereits sehen und spüren.

Eine kurze Zeitreise in die Geschichte des Zinses

Historiker haben vor 5.000 Jahren in Mesopotamien die ersten Kreditgeschäfte festgehalten. In Babylon wurden für Kredite 20 Prozent Zinsen bezahlt.

Im antiken Griechenland beliefen sich die Zinsen für Geldleihgeschäfte auf rund 10 Prozent, im Römischen Reich auf rund 8 Prozent und in Byzanz auf 12 Prozent. Die Kaufleute aus Venedig verrechneten rund 6 Prozent. Jahrhunderte bzw. Jahrtausende später, während der Welteroberung durch die holländischen Seefahrer und Händler, notierte das Zinsniveau auf rund 8 Prozent. Während der englischen Welteroberung im 18. Jahrhundert war das Zinsniveau bei rund 10 Prozent.

Wenn wir nach Deutschland blicken, hatten wir im Jahr 1975 durchschnittliche Sparzinsen von 5 Prozent. 1985 waren es lediglich noch rund 3 Prozent. 1995 und 2005 rund 2 Prozent. Im Jahr 2015 hat sich dieses Niveau geviertelt auf noch 0,5 Prozent. 2016 haben wir mehr oder weniger bereits eine Null gesehen.

Es gibt keine Erfahrungswerte für eine Negativzinswelt

Wir leben in einem historisch noch niemals zuvor dagewesenen Finanzzeitalter. Unser heutiges zinsbasiertes Geldsystem ist für mich derzeit so krank wie nie zuvor in der Geschichte der letzten Jahrtausende.

Bei Aktien gilt »Tiefer als null kann eine Aktie nicht fallen«. Für Zinsen gilt das nicht. Ich war vor einigen Monaten auf einem geschlossenen Vortrag eines renommierten Ökonomen, der prognostiziert hat, dass wir in Zukunft negative Sparzinsen von 3 bis 4 Prozent jährlich sehen werden. Eigentlich unglaublich, aber ich würde eine derartige Entwicklung heute auch nicht mehr ausschließen.

Unsere Welt hat seit 5.000 Jahren keine Erfahrungswerte gesammelt, was mit unseren Systemen passiert, wenn wir längerfristig Negativzinsen haben. Niemand wird die Auswirkungen dieser künstlichen Zinspolitik heute seriös prognostizieren können.

Zinseinnahmen sind nichts anderes als Schuldentilgungen. Aufgrund dieser Rahmenbedingungen ist es sinnvoll, sich auf reale Werte zu konzentrieren oder zumindest in Werte zu diversifizieren, die keine Schulden in sich tragen und somit gar keine Garantieversprechen benötigen.

13 Freiheits-Index: Deutschland zwischen Litauen und Ruanda

Ende des Jahres 2014 wurde zuletzt die Studie »Economic Freedom of the World« veröffentlicht. Eine Länder-Rangliste in Bezug auf die wirtschaftliche Freiheit. Diese fundierte Auswertung fasst das Maß der wirtschaftlichen Freiheit von 152 Ländern weltweit in einem Index zusammen.

Die wichtigsten Eckpunkte dieses Freiheits-Index sind dabei rechtliche Rahmenbedingungen und andere Kriterien, die Sie als Staatsbürger und Privatanleger nicht hoch genug wertschätzen können. Die Grafik des Fraser Instituts gibt zusätzlich einen schnellen, globalen Überblick.

Wirtschaftliche Freiheit und Rechtssicherheit sind in Deutschland stark rückläufig

Der Freiheits-Index setzt sich zusammen aus der individuellen Handlungsfreiheit in einem Land, den freiwilligen Austauschbeziehungen, dem freien Wettbewerb und der Sicherheit privater Eigentumsrechte. Deutschland rutschte bei diesen Werten aufgrund der ausufernden Euro-Rettungspolitik in den letzten Jahren immer weiter ab. Es klingt fast unglaublich, aber Deutschland liegt derzeit in diesem Ranking der wirtschaftlichen Freiheit auf Rang 28. Damit befindet sich Deutschland zwischen den Staaten Litauen auf Platz 27 und Ruanda auf Rang 29.

Die Sicherheit der privaten Eigentumsrechte in Deutschland ist in Gefahr

Die Gründe für diese negativen Entwicklungen liegen in der immer stärkeren Einmischung des deutschen Staates in das Wirtschaftssystem durch massive Transfers und Subventionen. Im Gegensatz zur erfolgreichen sozialen Marktwirtschaft der Vergangenheit sind das planwirtschaftliche Maßnahmen.

Zusätzlich ist eine Erosion der wirtschaftlichen Freiheit in Deutschland zu beobachten, und zwar in den sehr wichtigen Bereichen des Rechts- und Eigentumsschutzes sowie der ausufernden Geldpolitik. Die EZB hat ihre so wichtige Unabhängigkeit spätestens seit der Amtsübernahme durch Mario Draghi verloren.

Die aktuellen Entwicklungen in der Flüchtlingskrise sind in der damaligen Studie natürlich nicht berücksichtigt. Diese werden dazu führen, dass Deutschland in der Rangliste noch weiter abfallen wird. Beispielsweise durch neue Gesetze, die die Beschlagnahme von privaten Immobilien für Flüchtlingsunterkünfte ermöglichen. Die beiden Stadtstaaten Bremen und Hamburg haben als erste Bundesländer derartige Eigentumseingriffe bereits verabschiedet.

Steuern auf Kapitaleinkünfte werden stark erhöht

Ein Spitzenverdiener muss heute in Deutschland auf sein Arbeitseinkommen 45 Prozent Einkommensteuern zahlen, ein Multimillionär hingegen auf seine Kapitaleinkünfte lediglich 25 Prozent Abgeltungsteuer.

Die niedrige Abgeltungsteuer sollte ursprünglich verhindern, dass immer mehr Bundesbürger ihr Geld ins Ausland schaffen und nicht ordnungsgemäß versteuern. Durch den automatischen Informationsaustausch, der spätestens ab 2018 weltweit Anwendung findet, ist dieses staatliche Problem gelöst.

Daher kann die Abgeltungsteuer wieder erhöht werden. Ich erwarte mittelfristig auf Sicht von zwei bis drei Jahren entweder eine massive Erhöhung der Abgeltungsteuer auf mindestens 35 Prozent oder deren Abschaffung durch Rückkehr zur Progressionsbesteuerung nach dem persönlichen Steuersatz wie bei den Löhnen und Gehältern.

Immobilien: Grund- und Grunderwerbsteuern werden ebenfalls steigen

Die Beschlagnahmegesetze aus Hamburg und Bremen verdeutlichen, dass gerade Immobilienbesitzer staatlichen Repressalien und Zwangsmaßnahmen relativ ungeschützt ausgeliefert sind. Die Grunderwerbsteuern zahlreicher Bundesländer haben sich in den letzten Jahren bereits annähernd verdoppelt.

Die Grundsteuer, als rein bodenbezogene Steuer (Bodenzins), ist eine der ältesten Steuerarten, die es gibt. Aus staatlicher Sicht ist die Grundsteuer am einfachsten zu erfassen und zu erheben.

Ich erwarte, dass die kommunalen Grundsteuer-Hebesätze in naher Zukunft vor massiven Erhöhungen stehen. Die Finanzlage der Kommunen ist teilweise dramatisch. Die Flüchtlingskrise stellt viele Gemeinden vor zusätzliche finanzielle Herausforderungen. Diese Kosten müssen getragen werden, die zur Verfügung stehenden Mittel des Bundes sind dabei aber begrenzt.

Einzelne Gemeinden haben die Grundsteuern bereits verdreifacht

Es gibt bereits erste warnende Beispiele. Im hessischen Nauheim wurde die Grundsteuer bereits zum 1. Januar 2014 verdreifacht. Ich habe bei meinen Recherchen zahlreiche Gemeinden gefunden, in denen in den letzten Jahren die Grundsteuern verdoppelt wurden.

Wenn wir die Grundsteuersätze aus den USA zum Vorbild nehmen – hier trägt die Grundsteuer 12 Prozent zum Staatshaushalt bei, in Deutschland lediglich 2 Prozent –, dann würde Deutschland vor einer Erhöhung der Grundsteuer um 500 Prozent stehen. Ich beurteile derart massive Steuererhöhungen bei den Grundsteuern als absolut realistisch.

14 Die Rechtsstaatlichkeit in EU-Europa befindet sich im freien Fall

Die Politik, die Eliten und scheinbare Experten wollen derzeit ein für sie privilegierendes System mit aller Macht am Leben erhalten. Sie stellen grob fahrlässig den politischen Willen und die Vorgaben des Establishments zu einem strukturell kranken System über die realwirtschaftlichen Rahmenbedingungen und den Willen der Bürger und Völker Europas zu mehr nationaler Souveränität, weniger EU-Bürokratismus und mehr Selbstbestimmung.

Die EU wird scheitern, weil sie ihre eigenen Regeln sträflichst missachtet

Ich bin ein massiver Gegner der EU-Systeme in der derzeitigen Form und bin absolut davon überzeugt, dass der Euro scheitern wird, wie alle Papiergeldwährungen in der Geschichte unserer Welt. Die EU wird scheitern, weil sie sich an ihre eigenen Grundregeln und Stabilitätskriterien nicht hält. Es gibt ganz gravierende Entwicklungen, die mich in meiner skeptischen Einschätzung bestärken.

Am 7. Februar des Jahres 1992, also vor 25 Jahren, wurde von deutscher Seite durch den damaligen Finanzminister Theo Waigel und Außenminister Hans-Dietrich Genscher ein Vertrag unterzeichnet, der dramatische Folgen für unser Land mit sich brachte. Ich spreche vom Vertrag von Maastricht. Die Unterschrift unter diesen Vertrag in Kombination mit der Euro-Einführung ist für mich der Preis, den Deutschland für seine Wiedervereinigung zu zahlen hatte – maßgeblich vorgegeben durch den damaligen Präsidenten Frankreichs François Mitterrand.

Die berühmten Stabilitätskriterien von Maastricht wurden mittlerweile mehr als 100-mal gebrochen

Die berühmten Stabilitätskriterien von Maastricht wurden mittlerweile mehr als 100-mal gebrochen. Länder wurden aufgenommen, die die Stabilitätskriterien überhaupt nicht erfüllten. Weit gravierender war aber der erstmalige Bruch der Schuldenobergrenze von 60 Prozent des Bruttoinlandsproduktes durch die Regierungen der großen Volkswirtschaften Frankreich und Deutschland. In Deutschland erfolgte der Bruch der Schuldenobergrenze unter Gerhard Schröders rot-grün geführter Bundesregierung.

Aber auch die CDU/CSU hat die Stabilitätskriterien vor und nach der Schröder-Ära grob fahrlässig vernachlässigt. Im Bundestagswahlkampf 1998 wurde für die Euro-Einführung mit dem Argument geworben: »Der Maastrichter Vertrag verbietet, dass EU-Staaten für die Schulden eines anderen Mitgliedstaates haften.« Durch den ESM-Vertrag – den Europäischen Stabilitätsmechanismus – sind die Stabilitätskriterien von Maastricht endgültig obsolet. Deutschlands Steuerzahler haften mittlerweile direkt für die Schulden anderer EU-Länder.

Derzeit beträgt die Haftungssumme Deutschlands für den ESM 190 Milliarden Euro. Würden angeschlagene Länder wie Portugal, Griechenland, Spanien und Italien ausfallen, erhöhte sich die Haftungssumme Deutschlands auf 300 Milliarden Euro. Was für ein Hohn ist gegenüber diesen Fakten der Stabilitätsvertrag von Maastricht!

Das Grundgesetz sagt »Germany First«: Die Interessen des deutschen Volkes müssen Priorität haben

Diese Entwicklung ist ein Baustein für ein schwindendes Vertrauen in die EU-Systeme und den Rechtsstaat. Ein deutscher Staatsbürger heißt deswegen so, weil er für den deutschen Staat bürgt. Der deutsche Staat bürgt wiederum über die EU-Systeme, allen voran den ESM, für andere Länder und Völker der Europäischen Union. Diese unverantwortliche und von den Bürgern nicht gewünschte Haftungskette wird erfreulicherweise immer mehr Menschen in unserem Lande bewusst. Und das zu Recht.

Die Basis unseres Grundgesetzes, die auch klar und deutlich über dem Sitz des Bundestags am Westportal des Reichstags prangt, heißt: »Dem deutschen Volke«. Die legitimen Bedürfnisse unserer Bevölkerung und unserer Steuerzahler – das gilt nationalstaatlich selbstverständlich auch für alle anderen Länder – müssen oberste Priorität haben. In Anlehnung an die Worte Donald Trumps im Sinne von »Germany First«. Auch das Volk Großbritanniens hat durch den Brexit die privilegierte Rückbesinnung auf nationale Interessen klar zum Ausdruck gebracht.

15 Deutschland steht vor vier grossen demografischen Plagen

Seit Jahrzenten sind wesentliche Weichen aufgrund von massiven Fehlsteuerungen so gestellt, dass Deutschland auf ein Krisenszenario zuläuft. Die Eurokrise ist dabei lediglich ein Symptom. Die Flüchtlingskrise bzw. die massiven Migrationsbewegungen und Völkerwanderungen unserer Zeit werden die Eurokrise weiter verstärken. Politische Lösungen sind dabei nicht in Sicht. Die wesentlichen Probleme liegen für mich mittlerweile nicht mehr in unserer Demokratie, sondern in der Demografie.

Die Gefahren des demografischen Wandels werden unterschätzt

Die Gefahren des demografischen Wandels werden nach wie vor von vielen Politikern, aber auch Bürgern vollkommen unterschätzt. Das Risiko einer schweren Krankheit oder eines Pflegefalls hat für Sie persönlich und Ihre gesamte Familie weit gravierendere Auswirkungen als die Wahl Donald Trumps oder sonstige politische Entwicklungen.

Die deutsche Bevölkerung nimmt ab und wird älter

Die deutsche Bevölkerung nimmt immer mehr ab, wird gleichzeitig aber immer älter. Bereits seit dem Jahr 1972 sind in Deutschland mehr Sterbefälle als Geburten zu registrieren. Nach Japan hat Deutschland die zweitälteste Bevölkerung der Welt. Prof. Herwig Birg, ein renommierter Demografieforscher, mit dem ich gemeinsam schon Vorträge gehalten habe und den ich sehr schätze, hat die großen Zukunftsprobleme Deutschlands einmal unter dem Begriff »demografische Plagen« verdeutlicht.

Generationenkonflikte voraus!

Dazu zählt beispielsweise der Generationenkonflikt zwischen der steigenden Zahl der alten Menschen und der schrumpfenden Anzahl junger Menschen in Deutschland. Zusätzlich entsteht als weitere »Plage« ein Verteilungskonflikt zwischen kinderlosen Menschen und Familien. Eine weitere »Plage« trifft bestimmte Regionen, vor allem in den neuen Bundesländern, die unter einer massiven Abwanderung leiden zugunsten von Ballungsräumen, die von der Zuwanderung junger Menschen massiv profitieren.

Die unkontrollierte und unqualifizierte Einwanderung ist die größte Plage Deutschlands

Mit die größte »Plage«, die wir derzeit bereits in erschreckender Art und Weise sehen, ist die der unkontrollierten Einwanderung durch unqualifizierte Flüchtlinge. Deutschland benötigt aufgrund der demografischen Entwicklungen dringend eine quantitativ kontrollierte und qualitativ gesteuerte Zuwanderung von leistungsstarken Menschen in unsere Arbeitsmärkte als Beitragszahler.

Derzeit haben wir aber eine unkontrollierte Einwanderung von überwiegend unqualifizierten Menschen als Leistungsempfänger in unsere Sozialsysteme. Das ist eine tickende Zeitbombe, an der die Politik die Zündschnur fortlaufend weiter verkürzt. Viele, gerade leistungsstarke und vermögende Bürger verlassen auch aufgrund dieser Entwicklungen und Rahmenbedingungen ihre Heimat.

16 Auswanderungskrise: Millionäre verlassen die EU

Ich bin bereits im Jahre 1998 aus Deutschland ausgewandert. Zunächst nach Österreich, dann in die Schweiz, danach für ein halbes Jahr in die Vereinigten Arabischen Emirate nach Dubai. Mittlerweile ist seit über zehn Jahren die spanische Baleareninsel Mallorca mein Lebensmittelpunkt und somit auch mein Wohn-, Geschäfts- und Steuersitz. Spanien ist allerdings kein Steuerparadies, im Gegenteil.

Das Land ist wie viele südeuropäische Staaten hochverschuldet, hat große strukturelle Probleme. Die Planungs- und Rechtssicherheit als Unternehmer und Vermögensinhaber beurteile ich sogar als relativ schlecht. Es gibt beispielsweise eine Vermögensteuer, die in der Spitze 3,45 Prozent jährlich beträgt. Bei den derzeitigen Zinsniveaus ist das eine Art der Enteignung. Dennoch überwiegen für mich persönlich die Vorteile.

Erhalt oder Steigerung von Lebensqualität, ist der wichtigste Aspekt bei einer Auswanderung.

Die Lebensqualität auf Mallorca ist enorm hoch

Ich genieße und schätze die Lebensqualität auf Mallorca. Die gesamte Infrastruktur sowie die übrigen Rahmenbedingungen, wie Wetter, Meer und Strände, Berge, Golfplätze, Schulen, ärztliche Versorgung oder die zahlreichen Flug- und Schiffsverbindungen, sind in Europa relativ einzigartig. Die grundlegenden derzeitigen Rahmenbedingungen für Unternehmer sind ebenfalls sehr gut.

Mittlerweile kommt für mich der Sicherheitsaspekt dazu. Vor allem in Bezug auf die negativen Entwicklungen in der Flüchtlingskrise, die ich auf Mallorca – anders als bei meinen vielen Terminen in Deutschland und durch die zahlreichen Berichte von besorgten Lesern – nicht wahrnehme. In meiner Einschätzung bestärkt mich auch der aktuelle Bericht des »New World Wealth«-Instituts.

Religiöse Spannungen sind der Hauptauswanderungsgrund in Frankreich

Der bekannteste Franzose, der in den letzten Jahren ausgewandert ist, war Gérard Depardieu. Seine Motivation war die unter François Hollande eingeführte Reichensteuer in Höhe von 75 Prozent. Französische Millionäre verlassen aktuell nicht wegen der Steuerbelastungen, sondern wegen ethnischer Spannungen und ansteigender Kriminalität sowie aus Angst vor den Folgen der zunehmenden Islamisierung ihre Heimat und auch meist Europa.

In Südeuropa beginnt eine zunehmende Auswanderungskrise!

Derzeit beherrschen Europa die enormen Herausforderungen der Masseneinwanderung. Die gerechte Verteilung von Flüchtlingen spaltet dabei die EU. Die nationalkonservative Regierung Polens verweigert beispielsweise nach den Terroranschlägen von Brüssel grundsätzlich die Aufnahme von Flüchtlingen. Österreich hat sein Asylrecht durch einen Notstandsartikel massiv verschärft. Dadurch können Flüchtlinge bei Bedarf an der Grenze direkt abgewiesen werden.

Die Schuldenprobleme und strukturellen Defizite zahlreicher EU-Staaten werden durch die Flüchtlingskrise massiv verschärft. Zusätzlich kommt nun eine weitere, sehr bedenkliche Entwicklung dazu: Die Flucht von leistungsstarken Millionären aus EU-Staaten. Frankreich hat im Jahr 2015 10.000 Millionäre verloren.

2015 war ein folgenschweres Jahr für Deutschland und Europa

Das Jahr 2015 ist für mich ein ganz wesentlicher Zeitpunkt. Der Beginn der unkontrollierten und unqualifizierten Einwanderung nach Europa infolge der politischen Öffnung der Schleusen unter der Verantwortung von Angela Merkel.

In Italien haben 6.000, in Griechenland 3.000 und in Spanien 2.000 Millionäre im selben Zeitraum ihren Wohnort aufgegeben und somit auch ihren Steuersitz. Diese leistungsstarken Menschen fallen dadurch auch als wichtige Beitrags- und Steuerzahler für die betroffenen Staaten weg. Das ist eine weitere, ebenso bedenkliche wie auch gefährliche Entwicklung für das gesamte System der Europäischen Union.

Deutschland haftet über den ESM und die Bankenunion für EU-Staaten wie Frankreich, Italien oder Spanien. Wandern dort die Millionäre aus, bedeutet das weiter steigende Haftungsrisiken für deutsche Bankkunden und Steuerzahler!

Paris, Rom und Athen haben seit 2015 Tausende von Millionären verloren

Die europäischen Städte, die seit 2015 am meisten Millionäre verloren haben, sind Paris, Rom und Athen. Französische Millionäre zieht es überwiegend nach Großbritannien, in die USA, nach Kanada, Australien oder Israel. Die beliebtesten Zuzugsstädte für Millionäre weltweit sind Sydney, Melbourne, Tel Aviv, Dubai, San Francisco, Vancouver, Seattle und Perth.

Rang	Land	Ausgewanderte Millionäre 2015
1.	Frankreich	10.000
2.	China	9.000
3.	Italien	6.000
4.	Indien	4.000
5.	Griechenland	3.000
6.	Russland	2.000
7.	Spanien	2.000
8.	Brasilien	2.000

Länder mit den höchsten Millionärs-Auswanderungszahlen

Rang	Land	Eingewanderte Millionäre 2015
1.	Australien	8.000
2.	USA	7.000
3.	Kanada	5.000
4.	Israel	4.000
5.	Vereinigte Arabische Emirate	3.000
6.	Neuseeland	2.000

Länder mit den höchsten Millionärs-Einwanderungszahlen

Deutschland, Belgien und Schweden sind am meisten gefährdet

Aus Sicht der Analytiker des »New World Wealth«-Instituts gehören zu den nächsten Ländern, die vor gravierenden religiösen Spannungen durch Muslime und Auswanderungen einheimischer Millionäre stehen, vor allem europäische Länder wie Deutschland, Belgien und Schweden. Außerhalb Europas sind die Türkei und Nigeria am gefährdetsten.

Das Pew Research Center (Washington D.C.) hat im Jahr 2011 den Anstieg des muslimischen Bevölkerungsanteils bis in das Jahr 2030 umfassend prognostiziert. Allerdings weit vor den Entwicklungen der Migrationswelle. Ich beurteile die Zahlen aufgrund der aktuellen Entwicklungen und der Dynamik der muslimischen Einwanderung längst als überholt und viel zu niedrig.

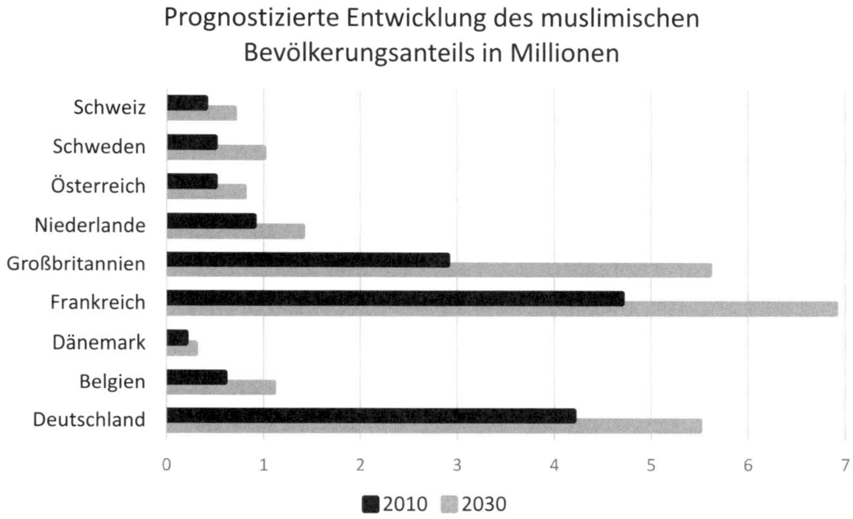

Prognostizierte Entwicklung des muslimischen Bevölkerungsanteils in ausgewählten Ländern bis 2030, Angabe in Millionen, © eigene Darstellung, Quelle: t-online.de

Empfehlenswerte Auswanderungsländer schützen ihre Grenzen vor illegaler Einwanderung!

Meine favorisierten Auswanderungsländer außerhalb Europas sind Australien und Kanada. Vor allem deswegen, weil Australien und Kanada solide Rahmenbedingungen in Kombination mit sehr strengen Einwanderungsgesetzen haben. Das folgende Bild zeigt ein offizielles »Werbeplakat« der australischen Regierung zur Warnung von illegalen Einwanderern. Das ist für mich ein vorbildlicher Weg! In dieser Einschätzung bestätigt mich die aktuelle Analyse des »New World Wealth«-Instituts.

Auch die USA werte ich in Bezug auf die rechtsstaatliche Sicherung der Grenzen des Landes vor illegaler Einwanderung als positiv für eine mögliche Auswanderung außerhalb Europas aufgrund der Abschottungspolitik Donald Trumps gegenüber muslimischen Einwanderern.

Australien warnt illegale Einwanderer

Warnplakat der australischen Regierung, Screenshot YouTube-Video ABF TV »No Way. You will not make Australia home – English«

2016: Tausende Millionäre haben Deutschland verlassen

Die Folgen der politisch irrationalen Entscheidungen aus dem Jahr 2015 sind im Jahr 2016 auch in Deutschland messbar geworden. Trotz boomender Konjunktur und – noch – geringer Steuerbelastungen für Kapitalanleger haben Tausende von Millionären Deutschland den Rücken gekehrt.

Auf Basis der Zahlen der südafrikanischen Beratungsgesellschaft »New World Wealth« haben 4.000 Millionäre im Jahr 2016 Deutschland bereits verlassen. Im Jahr 2015 lag die Zahl der auswandernden Millionäre noch bei 1.000. Noch schlimmer trifft es Frankreich. Nach den Rekordauswanderungszahlen aus dem Jahr 2015 gab es nochmals eine 20-prozentige Steigerung. 12.000 Millionäre haben unserem Nachbarland im Jahr 2016 den Rücken gekehrt. Die Begründung hat sich ebenfalls bestätigt. Nicht hohe Steuern sind der Hauptbeweggrund, sondern die Angst vor religiösen Spannungen!

17 So sehen die Lebenshaltungskosten und Steuersätze in anderen Ländern aus

Für Multimillionäre mag bei der Auswahl des neuen Domizils die Höhe der Lebenshaltungskosten zu vernachlässigen sein. Für zahlreiche Auswanderer sind die Preise an einem möglichen neuen Wohnort, neben den Steuern, hingegen eine sehr wichtige Entscheidungsgrundlage.

So einfach vergleichen Sie die weltweiten Lebenshaltungskosten

Kennen Sie die Preise für eine Taxifahrt in Australien, Zigaretten in Neuseeland, ein Bier in Paraguay, einen Restaurantbesuch auf den Philippinen, einen Big Mac in Peru oder eine Tankfüllung Benzin in Südafrika?

Das Internetportal »The Earth Index« unter www.eardex.com bietet einen kostenlosen Service: Hier werden das Preisniveau und die Lebenshaltungskosten in den Städten, Regionen und Ländern dieser Welt anhand der Preise von rund 45 international vergleichbaren populären Produkten und Dienstleistungen übersichtlich dargestellt.

Selbst wenn Sie nicht vorhaben auszuwandern, ist dieses Internetportal, das auch in deutscher Sprache zur Verfügung steht, ideal für eine kurze Recherche im Vorfeld Ihres nächsten Urlaubs oder Ihrer Geschäftsreise ins Ausland.

Nutzen Sie die Online-Übersicht der Einkommensteuern weltweit

Ich nutze für allgemeine Informationen zu den nationalen Grenzsteuersätzen eine informative Übersicht unter: www.tinyurl.com/weltsteuern

Klicken Sie dort einfach auf das jeweilige Land, das Sie interessiert. So erhalten Sie einen Überblick über die jeweiligen Steuerbelastungen.

Steueroasen: Welche Länder kennen keine Einkommensteuern?

Eine Frage, die mir von Lesern immer wieder gestellt wird, ist die nach Ländern, die keine Einkommensteuern von ihren Bürgern verlangen. Nachfolgend habe ich Ihnen eine interessante Auswahl zusammengestellt.

Es sind einige Staaten genannt, die neben den Steuervorteilen auch zweifelsohne wunderschöne Lebensbedingungen bieten. Allerdings teilweise zu exorbitant hohen Lebenshaltungskosten. Das gilt beispielsweise für die Trauminsel Saint Barth in der Karibik, die Malediven im Indischen Ozean, aber auch für Monaco in Europa.

Auf einen Blick: 23 Länder, die keine Einkommensteuern erheben, © www.kapitalschutz-vertraulich.de

Die Übersicht zeigt für mich sehr eindrucksvoll, wie wenig hilfreich die rein steuerliche Motivation einer Auswanderung ist. Im nachfolgenden Beitrag zeige ich Ihnen acht alternative attraktive Zuzugsländer mit moderaten Steuerbelastungen, die hingegen stabile Rahmenbedingungen bieten.

18 Das sind meine acht attraktivsten Auswanderungsländer ausserhalb der EU

Die Verlagerung von Vermögenswerten in solide ausländische Staaten, Rechtsräume und Rechtsstrukturen ist für mich eine wichtige, langjährig bewährte Basisstrategie für private Kapitalanleger.

Die gezielte Diversifikation der Investments führt dabei zu einem höheren Kapitalschutz durch die Reduktion unterschiedlicher Klumpenrisiken. Von der Politik, der Rechtsprechung über die Steuergesetzgebung, die demografischen und gesellschaftlichen Entwicklungen bis hin zum Schutz vor Systemrisiken.

Goodbye Deutschland: 3,5 Millionen Bundesbürger leben im Ausland

Die wirkungsvollste Möglichkeit, sich vor negativen Entwicklungen in seinem Land oder seiner Region zu schützen, ist die Verlagerung des Wohnsitzes ins Ausland. Laut einem aktuellen Bericht der OECD leben derzeit rund 3,5 Millionen Deutsche im Ausland. Auch zahlreiche Millionäre haben dabei in den letzten Jahren ihre Heimat verlassen.

Die Schlagzeilen der letzten Wochen machen es wieder einmal überdeutlich: Europa überaltert und ist offenbar nicht in der Lage, seine finanziellen Probleme in den Griff zu kriegen. Die langfristige Aussicht ist also düster: steigende Steuern und Sozialbeiträge, geringes Wirtschaftswachstum, stagnierende oder sinkende Nettolöhne. Eine ernsthafte Alternative kann es deshalb sein, auszuwandern, nur wohin?

EU-Europa wird zunehmend zu einer Auswanderungsregion

Jährlich veröffentlicht das New-Yorker Reputation Institute den »Reputation Report« zu den wirtschaftlich wichtigsten Staaten weltweit. Dabei wird das Ansehen der 55 Länder mit dem höchsten Bruttoinlandsprodukt untersucht, und zwar im Hinblick auf Kriterien wie Umwelt, Lebensqualität, Freundlichkeit, Sicherheit, politische Stabilität durch die Leistungsfähigkeit der Regierung, Rechtssicherheit bei Investitionen und Wirtschaftskraft. Auf den ersten sechs Plätzen außerhalb der EU liegen hier die Länder Kanada, Norwegen, die Schweiz, Australien, Neuseeland und Großbritannien.

Darauf aufbauend finden Sie nachfolgend meine acht Top-Staaten in alphabetischer Sortierung, die über attraktive Rahmenbedingungen verfügen und empfehlenswert sind. Für weiterführende Informationen habe ich Ihnen immer die offiziellen Internetadressen der Botschaften angegeben. Beispielsweise unterhält Deutschland in Australien, auf Papua-Neuguinea, den Salomonen, Nauru und Vanuatu zwei Vertretungen und zehn Honorarkonsulate.

Meine acht Top-Auswanderungsländer außerhalb der EU

1. Australien

Australien ist eines der wichtigsten Auswanderungsländer für Europäer. Hier leben Menschen aus über 110 Nationen. Im Jahr 2015 wanderten offiziell rund 3.500 Deutsche nach Australien aus. 36.000 Deutsche haben in den letzten zehn Jahren ihren Wohnsitz nach Australien verlagert. Dazu tragen das milde Klima, die entspannte Lebenseinstellung und Australiens Wirtschaftskraft bei.

Die multikulturelle Vielfalt hat in Australien ein ungewöhnlich hohes Bewusstsein für soziale Toleranz bewirkt. Der Lebensstil, nach westlichem Charakter geprägt, zeigt vor allem in den großen Städten wie Sydney und Melbourne keinerlei Unterschiede zur Lebensform der Westeuropäer. Aufgrund des flexiblen Visasystems gibt es zahlreiche Möglichkeiten, sich den Traum von der Auswanderung nach Australien zu erfüllen. Deutsche Vertretungen in Australien finden Sie unter: **www.australien.diplo.de**

2. Fürstentum Liechtenstein

Das Fürstentum Liechtenstein ist mein absoluter Favorit in Europa, das wissen Sie. Das Land ist klein, aber fein. Liechtenstein ist das Land mit dem höchsten Bruttoinlandsprodukt pro Kopf weltweit. Im Jahr 2015 wanderten offiziell lediglich 87 Deutsche nach Liechtenstein aus. Die Einwohnerzahl des Fürstentum Liechtensteins beträgt nur 39.000 Menschen.

Das Land ist Mitglied im EWR, dem Europäischen Wirtschaftsraum. Deswegen kann der schuldenfreie Kleinstaat im Herzen Europas die EU-Vorteile nutzen, ohne die Nachteile in Bezug auf gemeinschaftliche Haftung in Kauf nehmen zu müssen.

Deutschland hat keine eigene Vertretung im Fürstentum Liechtenstein, zuständig ist hierfür das Deutsche Konsulat in Bern. Deutsche Vertretungen in Liechtenstein finden Sie unter: **www.bern.diplo.de**

3. Großbritannien, UK

Aktuell ist Großbritannien noch ein Teil der Europäischen Union. Der Brexit ist allerdings beschlossen, sodass das Vereinigte Königreich ein attraktives Auswanderungsland innerhalb Europas wird. Das stark gefallene Britische Pfund steigert die Vorteile einer Auswanderung nach Großbritannien zusätzlich.

9.000 Deutsche sind im Jahr 2015 nach England, Schottland, Wales oder Nordirland ausgewandert. Mehr als 90.000 Bundesbürger haben in den letzten zehn Jahren ihren Wohnsitz nach Großbritannien verlagert. Deutsche Vertretungen in Großbritannien finden Sie unter: **www.uk.diplo.de**

4. Kanada

2.200 Deutsche sind im Jahr 2015 nach Kanada ausgewandert. Innerhalb der letzten zehn Jahre haben rund 36.000 Bundesbürger ihren Wohnsitz nach Kanada verlagert. Kanada liegt auf dem dritten Platz der Zufriedenheitsliste deutscher Auswanderer im Hinblick auf eine Wohnsitzverlagerung außerhalb der EU.

Die Zufriedenheit mit einem Auswanderungsland ist übrigens nicht identisch mit dem Reputation Report. Die Kennzahl der Zufriedenheit bei Auswanderern misst das Statistische Bundesamt durch das Verhältnis von Auswanderern zu Rückwanderern. Die wichtigsten Grundlageninformationen und deutsche Vertretungen in Kanada finden Sie unter: **www.kanada.diplo.de**

5. Neuseeland
1.300 Bundesbürger sind im Jahr 2015 nach Neuseeland ausgewandert. Auf Sicht der letzten zehn Jahre betrug die Zahl der Auswanderer rund 12.000. Neuseeland besteht aus seiner Nord- und der Südinsel sowie einer Vielzahl kleiner Inseln im Südpazifik. Es ist der Traum vieler Auswanderer, der Inbegriff für zauberhafte Landschaften. Die wichtigsten Grundlageninformationen und deutsche Vertretungen in Neuseeland finden Sie unter: **www.wellington.diplo.de**

6. Norwegen
Rund 1.200 Deutsche sind im Jahr 2015 nach Norwegen ausgewandert. Innerhalb der letzten zehn Jahre haben rund 18.000 Bundesbürger ihren Wohnsitz in den stabilen skandinavischen Staat verlagert. Norwegen liegt auf dem ersten Platz der Zufriedenheitsliste deutscher Auswanderer bei Auswanderungen in Länder fern der Europäischen Union. Deutsche Vertretungen in Norwegen finden Sie unter: **www.oslo.diplo.de**

7. Schweiz
Mehr als 18.000 Deutsche haben im Jahr 2015 ihren Wohnsitz in die Schweiz verlagert. Mehr als 220.000 Bundesbürger sind in den letzten zehn Jahren in die Schweiz ausgewandert. Die Schweiz liegt auf dem zweiten Platz der Zufriedenheitsliste deutscher Auswanderer in Nicht-EU-Länder. Deutsche Vertretungen in der Schweiz finden Sie unter: **www.bern.diplo.de**

8. Uruguay
Im Jahr 2015 wanderten offiziell 129 Deutsche nach Uruguay aus. Rund 1.000 Deutsche haben in den letzten zehn Jahren ihren Wohnsitz nach Uruguay verlagert. Das stabile Land wird häufig als die »Schweiz Südamerikas« bezeichnet. Das liegt vor allem daran, dass die Lebensqualität in Uruguay um einiges höher ist als in anderen südamerikanischen Ländern.

Dem kleinen Land mit nur 3,5 Millionen Einwohnern, gelegen zwischen Argentinien und Brasilien, wird aufgrund seiner starken Nachbarn leider nicht so viel Aufmerksamkeit geschenkt. Uruguays Banken sind für südamerikanische Verhältnisse stabil und die niedrige Kriminalitätsrate sowie die unberührten Strände machen dieses sonnige Land so attraktiv.

Die Uruguayer lieben ihre Freiheit, wozu auch die solide Politik beiträgt. Uruguays europäischer Hauch kommt daher, dass die Bevölkerung zu 88 Prozent aus europäischen Nachkommen besteht. In Uruguay leben ungefähr 10.000 deutsche Einwanderer. Deutsche Vertretungen in Uruguay finden Sie unter: **www.montevideo.diplo.de**

Hinweis: Das Fürstentum Liechtenstein findet als Kleinstaat im Reputation Report deswegen keine Berücksichtigung, weil hier nur die 55 Länder mit dem größten absoluten Bruttoinlandsprodukt Erwähnung finden. Auch Uruguay findet aufgrund seiner Landesgröße und Wirtschaftsleistung deshalb keine Berücksichtigung. Großbritannien und seine assoziierten Gebiete (Gibraltar, Guernsey, Jersey, British Virgin Islands usw.) werte ich ebenfalls bereits als Staaten außerhalb der EU, aufgrund des beschlossenen Brexits.

Das Vertrauen in einen Staat ist der grundlegende Anfang jeder Auswanderung

In unserer derzeitigen Welt verlieren immer mehr Menschen das Vertrauen in ganz entscheidende Grundpfeiler und Institutionen unseres täglichen Lebens, die uns eigentlich Halt und Orientierung geben sollten: Staaten, Politik, Wirtschaft, Gesellschaft, Sicherheit, Rechtsprechung, Geld und Banken.

Gerade die Griechenland-Rettungsmaßnahmen, die zahlreiche Menschen in unserem Land ablehnen oder mit großer Sorge für ihr eigenes Vermögen betrachten, sowie die chaotische Flüchtlingspolitik sorgen aktuell mit Sicherheit für einen weiteren Vertrauensverlust in den deutschen Staat.

Nach meiner Einschätzung wird das auch im aktuellen Reputation Report des Jahres 2015 bereits sehr deutlich. Deutschland verliert fünf Plätze, mehr als alle anderen Länder aus den Top 20, und rutscht damit auf Rang 15 ab. Darüber hinaus ist festzuhalten, dass Größe und Wirtschaftsstärke eines Landes keine Garanten für eine gute Reputation sind. Den aktuellen Report mit Tabelle finden Sie unter: www.reputationinstitute.com

World Happiness Report: Das sind die glücklichsten Länder der Welt

Ergänzend zum Reputation Report ist auch der World Happiness Report sehr interessant. Die glücklichsten Menschen der Welt leben in Norwegen. Das zeigt der aktuelle World Happiness Report, für den Wissenschaftler der New Yorker Columbia University im Auftrag der Vereinten Nationen Daten aus 155 Ländern ausgewertet haben. Aus diesen wurde ein Index errechnet, in den Kriterien wie etwa das Einkommen, die Lebenserwartung oder der Grad der sozialen Absicherung einfließen.

Die vier skandinavischen Länder sind alle in den Top Ten

Den ersten Plätzen zufolge sind besonders die Nordeuropäer glücklich. Aber auch die Kanadier, Neuseeländer und Australier sichern sich Plätze in den Top Ten, wie die Grafik zeigt. Deutschland liegt auf Platz 16 hinter unter anderem Österreich (13) und den USA (14). Allerdings vor Großbritannien (19), Frankreich (31) und Spanien (34).

Die glücklichsten Länder der Welt, Angabe in Punkten, © eigene Darstellung, Quelle: World Happiness Report

19 Das Bundes-Schwundgeldsystem

Eine gravierende Folge der Finanzkrise des Jahres 2008 ist ein Paradigmenwechsel auf den Zins- und Anleihenmärkten. Minuszinsen bei Geschäftsbanken und Zentralbanken sorgen mittlerweile für negative Zinseszins-Effekte. Die Zinsfunktionen befinden sich längst in einem neuen, in der Geschichte niemals zuvor dagewesenen Zeitalter.

Die EZB verlangt von Kreditinstituten mittlerweile –0,4 Prozent für das Parken von Einlagen. Ich rechne damit, dass die Strafzinsen in der Eurozone mindestens noch auf rund –0,5 Prozent ansteigen werden. Selbst Negativzinsen von –1 Prozent und mehr würde ich nicht mehr ausschließen.

Diese Rahmenbedingungen führen dazu, dass sich die Anleihenmärkte in einer historischen, nie zuvor gesehenen Blase befinden. Der Euro-Bund-Future, der wichtigste Indikator für Bundesanleihen, ist bis auf ein neues Allzeithoch bei 166 Punkten angestiegen.

Die Anleihenmärkte sind ein Schwundgeldsystem

Die Mehrzahl der deutschen Bundesanleihen sind heute Schwundanleihen, die am Ende ihrer Laufzeit weniger zurückbezahlen werden als die heutige Investition. Rund zwei Drittel, also 67 Prozent aller Bundesanleihen sind derartige Schwundanleihen. Die kranken Anleihenmärkte werden früher oder später kollabieren. Statt Renditen liefern gerade Bundesanleihen heute lediglich noch ein sehr großes, renditeloses Risiko.

Günther Schild: Die einstige Werbefigur für Bundeswertpapiere
Screenshot http://www.testudowelt.de/?p=2855

Das deutsche Versicherungssystem stützt sich auf Anleihen

Auf diesen kranken Rahmenbedingungen fußt auch das deutsche Versicherungssystem. Das gesamte, auf gesetzlichen Garantiezinsen basierende deutsche Lebensversicherungssystem ist mittlerweile gefährdet. Gleiches gilt auch für andere EU-Staaten wie beispielsweise unser Nachbarland Österreich.

In Deutschland gibt es rund 92 Millionen private Lebens- und Rentenversicherungsverträge. Das Volksfinanzprodukt Nummer eins ist dadurch annähernd in jeder Familie vertreten, sei es über eine klassische deutsche Lebens- oder Rentenversicherung, eine betriebliche Direktversicherung oder über die staatlich geförderten privaten Rentenbausteine Riester und Rürup.

Bis zu 98 Prozent der Kapitalanlagen von deutschen Versicherungsgesellschaften liegen dabei in reinen Geldwerten, vor allem in scheinbar sicheren Staatsanleihen. Nach Berechnungen der Citigroup werfen 39 Prozent der Anleihen aus der Eurozone mittlerweile negative Zinsen ab.

Klassische Kapitalversicherungen sind tickende Zeitbomben!

Viele Bürger sind sich der Gefahren des deutschen Lebensversicherungssystems nach wie vor nicht bewusst. Der Gesetzgeber schon. Um in einem Krisenfall einen totalen Kollaps der Versicherungswirtschaft zu verhindern, hat die Politik im deutschen Versicherungsaufsichtsgesetz einen in der breiten Bevölkerung kaum bekannten Paragrafen geschaffen, durch den die Versicherungszahlung im Krisenfall verboten werden kann. Bevor dieses Enteignungsrisiko schlagend wird, müssen Sie jetzt selbst aktiv werden und die vorteilhaften Möglichkeiten der Rechtsprechung nutzen.

Veränderte Rahmenbedingungen durch die internationale Finanz- und Staatsschuldenkrise, negative Anleiherenditen an den Kapitalmärkten, sinkende Garantiezinsen und damit massiv sinkende Neuabschlüsse, strukturelle Defizite, alternative Finanzprodukte, veränderte demografische Strukturen sowie eine allgemein steigende Skepsis gefährden das deutsche Lebensversicherungssystem mittlerweile massiv. Dennoch sollten Sie Ihre bestehenden Versicherungsverträge nicht vorschnell und ungeprüft einfach kündigen.

75 Prozent aller Lebens- und Rentenversicherungsverträge werden vorzeitig gekündigt!

Rund 75 Prozent aller abgeschlossenen Lebens- und Rentenversicherungsverträge werden vorzeitig gekündigt. Dabei bekommen Kapitalanleger jedoch nur einen Teil ihres eingezahlten Geldes zurück. Je kürzer die Laufzeit, desto gravierender wirken sich die hohen, zu Beginn des Versicherungsvertrages belastenden Kosten aus.

Dadurch entstehen den Versicherten jährlich Verluste in Millionenhöhe. Die Verbraucherzentrale Hamburg hat in einer Studie gemeinsam mit der Otto-Friedrich-Universität in Bamberg festgestellt, dass der durchschnittliche Schaden bei Kündigung einer Lebensversicherung bei rund 4.500 Euro pro Kunde liegt.

Beitragsfreistellung, Beleihung, Kündigung, Rückabwicklung oder Verkauf?

Bei bestehenden deutschen Lebensversicherungen haben Sie fünf grundlegende Möglichkeiten zu reagieren: Beitragsfreistellung, Beleihung, Kündigung, Rückabwicklung oder Verkauf. Festzuhalten ist dabei, dass die Rückabwicklung in vielen Fällen die beste Lösung ist. Zudem schlägt ein Verkauf in fast allen Fällen eine vorzeitige Kündigung.

20 Die vier Grundlagen der finanziellen Repression

Jede Bank beziehungsweise jeder Bankenverband verfügt über eine volkswirtschaftliche Abteilung, die Research- und Analyseberichte erstellt.

Vor allem größere Banken oder auch Vermögensverwalter haben darüber hinaus sogenannte Chefvolkswirte, die oftmals medienwirksam im Fernsehen auftreten. All diese Analysen haben für einen Privatanleger aus meiner Überzeugung keinen signifikanten Mehrwert. Die Chefvolkswirte der Banken sind heute längst Marketingmitarbeiter, die mittelbar Werbung für die Produkte und Systeme der Banken machen bzw. machen müssen.

Wo sind die echten Volkswirte hin?

Früher war das aus meiner Sicht anders. Der im Jahr 2012 leider viel zu früh verstorbene Prof. Norbert Walter war von 1990 bis 2009 der Chefvolkswirt der Deutschen Bank. Bei ihm hatte ich nie das Gefühl, dass hier ein Marketingmitarbeiter der Deutschen Bank spricht.

Sein Nachfolger als Chefvolkswirt bei der Deutschen Bank war Thomas Mayer. Er verlor bereits im Jahr 2012 seinen Job, weil er das Finanzsystem direkt, und somit indirekt auch seinen Arbeitgeber, hinterfragte und kritisierte. Auch das gehört zur Aufgabe eines seriösen, unabhängigen, den rationalen Zahlen verpflichteten Chefvolkswirts.

Eine Vielzahl von Banken und Vermögensverwaltern, Wirtschaftsforschungsinstituten oder Notenbanken publizieren in regelmäßigen Abständen ihre Einschätzungen zur Konjunkturentwicklung und den Finanzmärkten. Teilweise sind das Hunderte von Seiten, die oftmals mehr verwirren, als Nutzen stiften. Ich lese heute regelmäßig und im Detail nur noch eine volkswirtschaftliche Analyse.

Nutzen Sie volkswirtschaftliche Analysen außerhalb der breiten Medien

Ich spreche von der volkswirtschaftlichen Analyse von Dr. Christian Schmidt, dem Leiter der makroprudenziellen Aufsicht bei der Finanzmarktaufsicht Liechtenstein (FMA). Dieser kompetente Mann kann schreiben, was die Zahlen belegen, und muss keine Bankmarketingaussagen treffen oder gar Bankprodukte vermarkten.

Der Begriff »prudenziell« ist ein umgangssprachlich abgeleitetes Wort des englischen Begriffs »prudential«, was mit »überlegt« oder »klug« übersetzt werden kann. Genau so, nämlich überlegt und klug bewerte ich die Analysen von Dr. Schmidt bei der Finanzmarktaufsicht des Fürstentums Liechtenstein, die ich meinen Lesern und Kunden in regelmäßigen Abständen übersichtlich und klar präsentiere. Fundierte Ausführungen, klar geschrieben und auf lediglich vier Seiten komprimiert.

Woher stammt der Begriff der finanziellen Repression?

Volkswirtschaftliche Prozesse und Entwicklungen sind ein hochinteressantes Feld im Bereich der Ökonomie. In letzter Zeit wurde ich wiederholt gefragt, ob ich den Begriff der »finanziellen Repression« – der immer häufiger in den Medien verwendet wird – einmal in wenigen Sätzen erklären kann. Das mache ich natürlich sehr gerne.

Der Begriff der »financial repression« wurde erstmalig im Jahr 1973 von zwei US-Ökonomen der Stanford-Universität gebraucht. Edward S. Shaw und Ronald McKinnon beschrieben dabei staatliche Eingriffe zur Regulierung der Märkte, indem private Vermögenswerte auf den Staat umgeleitet werden.

Auf den Punkt gebracht bezeichnet die finanzielle Repression einen einfachen Weg, den Länder gehen, um ihre Staatsschulden abzubauen. Entwicklungsländer mit ihren Weichwährungen benutzen hierzu meist das Mittel der Hyperinflation. Industrieländer hingegen das Mittel der finanziellen Repression.

Staatsentschuldung durch negative Realzinsen

Der Effekt der Entschuldung durch die finanzielle Repression gelingt dann, wenn die nominalen Zinsen, welche Staaten für ihre Schulden bezahlen müssen, unterhalb der Inflationsrate liegen.

Dadurch entstehen negative Realzinsen, welche die Sparer meist vollkommen unbewusst enteignen. Der Effekt ist dabei in der Praxis enorm, weil die offiziellen Inflationsraten eine Geldwertstabilität vortäuschen, welche überhaupt nicht vorhanden ist. Vier ganz wesentliche Grundlagen müssen vorhanden sein, damit das Mittel der finanziellen Repression funktioniert:

Die vier Grundlagen der finanziellen Repression

1. Staaten müssen sich Geld leihen von ihren Bürgern als privaten Kapitalanlegern. In Deutschland funktioniert das bestens über Direktinvestitionen in Staatsanleihen, aber auch über Versicherungsgesellschaften oder Pensionsfonds, welche wiederum Staatsanleihen in großem Umfang erwerben.
2. Die Zinsen müssen niedrig bleiben, unterhalb der Inflationsrate.
3. Der internationale Kapitalverkehr muss reguliert sein.
4. Eine enge Bindung, Abhängigkeit und Einflussnahme zwischen Staaten und Banken muss gewährleistet sein.

Fazit: Die finanzielle Repression ist eine Geld-Umleitung

Die oben beschriebenen Grundlagen sind durch staatliche Eingriffe und Regulierungen seit Jahren vorhanden. Die gravierende Auswirkung der finanziellen Repression ist die Entstehung eines Steuereffekts, der Privatvermögen an den Staat umleitet. Erhoben wird diese Steuer in Europa von der Europäischen Zentralbank EZB in Kombination mit der Europäischen Union, welche den Mitgliedstaaten die Möglichkeit gibt, sich auf Kosten der Bürger und Sparer bequem zu entschulden.

21 Staatsbürger bürgen für den Staat

Vielen Bürgern ist der Begriff des EU-Rettungsschirms über den ESM-Vertrag durchaus geläufig. Die enormen Bedrohungen für das eigene Vermögen werden jedoch weitgehend nach wie vor massiv unterschätzt.

Bürgschaftsrecht – Die Fakten: Darum haften Sie als Staatsbürger mit Ihrem Geld für den ESM

Der Europäische Stabilitätsmechanismus (ESM) hat im Oktober 2012 den befristeten Hilfsmechanismus EFSF abgelöst. Insgesamt stehen im ESM derzeit rund 700 Milliarden Euro an abrufbarem Kapital und lediglich rund 80 Milliarden Euro an Bareinzahlungen zur Verfügung. Die Differenzsumme in Höhe von 620 Milliarden Euro sind somit Bürgschaften.

Die Höhe der Einzahlungen der einzelnen Länder orientiert sich dabei an der jeweiligen Wirtschaftskraft des Bruttoinlandsprodukts. Das führt dazu, dass Deutschland und das deutsche Volk die höchsten Bürgschaftsverpflichtungen zu tragen haben. Auf Deutschland entfällt derzeit eine Haftungssumme von 190 Milliarden Euro.

Der ESM-Vertrag ist eine Bürgschaft des Staates – und gefährdet auch Ihr Kapital!

Im ersten Lehrjahr meiner Banklehre habe ich in der Kreditabteilung meiner Ausbildungsbank den Satz gelernt: »Den Bürgen sollst du würgen, hast du ihn erwürgt, hat er ausgebürgt: Deswegen bürge niemals!«.

In meiner Ausbildungszeit habe ich dann zahlreiche, meist tragische Fälle erlebt, in denen unsere Bank Bürgen in Anspruch genommen hat, um für die Kreditverbindlichkeiten eines anderen einzustehen. Ich weiß daher aus eigener Praxis, wie gefährlich Bürgschaften sind. Aus einer Gefälligkeitsunterschrift für eine Kreditauszahlung ist nicht selten eine Existenzbedrohung geworden.

Politiker verharmlosen Bürgschaften

In Aussagen von Politikern wird oftmals argumentiert, dass Bürgschaften, die Deutschland eingegangen ist, nur Garantieversprechen auf dem Papier sind – ohne direkte Folgen. Es wären ja auch noch keine Zahlungen geflossen. Solche Argumente sind für mich nicht nachvollziehbar: Bürgschaften sind etwas ganz Dramatisches und keine harmlosen oder gar unverbindlichen Zusagen.

Was ist eine Bürgschaft und warum ist diese so gefährlich?

Eine Bürgschaft ist ein einseitig verpflichtender Vertrag, durch den sich der Bürge gegenüber dem Gläubiger eines Dritten, dem Hauptschuldner, verpflichtet, für die Erfüllung der Verbindlichkeiten des Dritten einzustehen. Der Gläubiger will sich durch eine Bürgschaft für den Fall der Zahlungsunfähigkeit seines Schuldners absichern.

Nichts anderes ist der ESM. Deutschland ist darin der Hauptbürge für den Hauptschuldner »EU-Europa«. Deutschland haftet für die Schulden der anderen Länder. Da Sie als Kapitalanleger und Staatsbürger wiederum für Deutschland bürgen und haften, bedeutet der ESM eine indirekte Gefahr für Ihr Kapital.

Sie heißen deswegen Staatsbürger, weil Sie für den Staat bürgen

Als natürliche Person sind Sie Staats- oder Steuerbürger eines Landes. Sie heißen Staatsbürger, weil Sie für den Staat mit seinen Staatsschulden bürgen – mit Ihrem persönlichen Vermögen. Im Fall einer Bürgschaft wird dadurch Ihr Privatvermögen automatisch zum Volksvermögen zur Deckung der Volksschulden. Der ESM, der beschönigend Euro-Rettungsschirm genannt wird, erhöht nun Ihre Bürgschaftsverpflichtungen nochmals massiv – zusätzlich zu den bestehenden deutschen Staatsschulden.

Sie bürgen und haften mit Ihrem Privatvermögen nicht nur für Ihr eigenes Land, sondern für die gesamte Staatengemeinschaft der Euro-Länder, die den ESM-Vertrag unterschrieben haben. Sollten dabei große Länder wie Spanien, Italien oder gar Frankreich ausfallen, gehen deren Haftungsanteile auf die verbleibenden Länder über und die Haftungssummen erhöhen sich noch einmal. Das trifft wiederum Deutschland an erster Stelle – es sei denn, Deutschland beantragt vorher den Staatsbankrott.

Fazit: Die ESM-Länder sind eine Haftungs- und Umverteilungsunion

Der ESM-Vertrag wurde von Juristen und Politikern konzipiert. Juristen rechnen jedoch nicht (Judex non calculat). Mathematik ist im Gegensatz zu Jura eine exakte Wissenschaft, die eher der Naturwissenschaft verwandt ist. Naturgesetze können durch Menschenhand nicht einfach interpretiert oder geändert werden. Der Tag, an dem diese ESM-Bürgschaften in Anspruch genommen und die Bürger der Länder gewürgt werden, wird mit einer stark zunehmenden Wahrscheinlichkeit kommen. Das ist für mich mathematisch ein Fakt.

Ja zu Kapitalanlagen im Ausland – aber nicht in ESM-Ländern

Meine Konzepte der geografischen Streuung und rechtlichen Diversifikation durch Banken im Ausland dienen der Risikostreuung. Der ESM bündelt aber mittlerweile Risiken. Aus diesem Grund rate ich Ihnen, Ihre Auslandskonten zu überprüfen.

Haben Sie Bankverbindungen oder Depots in einst durchaus empfehlenswerten Ländern wie Österreich, Luxemburg, Belgien oder den Niederlanden, rate ich Ihnen, diese in Länder zu verlagern, die kein direktes ESM-Haftungsrisiko haben. Dazu zählen in Europa beispielsweise die Schweiz, Großbritannien oder Norwegen. Allen voran aber das Fürstentum Liechtenstein als meine absolute Nr. 1.

Systemdefekt: Kredite mit Gutschriften

Wer vor einigen Jahren das Euro-System kritisiert hat, galt nicht selten als Schwarzmaler oder gar als Verschwörungstheoretiker. Heute muss man nicht einmal ein mathematisch bewanderter Analytiker sein, um zu erkennen, dass dieses System vor seinem Untergang steht. Zwei aktuelle, reale Entwicklungen sind dafür ein weiterer Beleg.

In meiner Wahlheimat Spanien, aber auch in Portugal bezahlen Banken mittlerweile Zinsen an ihre Hypothekenkunden. Kreditnehmer erhalten also Gutschriften dafür, dass sie sich Geld ausleihen. Das betrifft Schweizer-Franken-Kredite. Aufgrund der Negativzinsen in der Schweiz von –0,75 Prozent führen die niedrigen Zinsaufschläge der Kredite dazu, dass selbst die Endverbraucherzinsen negativ bleiben. Das ist ein bislang einmaliger Vorgang in der Finanzgeschichte.

Mexiko verschuldet sich in Euro auf 100 Jahre!

Eine weitere bedenkliche Entwicklung kommt aus dem fernen Mexiko, das normalerweise mit der Eurozone nichts zu tun hat. Mexiko hat bereits die zweite Euro-Anleihe innerhalb der letzten Jahre aufgelegt. Nach einer 30-jährigen Anleihe verschuldet sich der Staat aus Mittelamerika ein zweites Mal in Euro auf 100 Jahre zu rund 4,5 Prozent. Das ist bereits die dritte 100-jährige Euro-Staatsanleihe Mexikos.

Das europäische Zinssystem ist ein Schneeball

Das europäische Zinssystem ist mittlerweile vollkommen verzerrt. Deutlich wird das vor allem im Vergleich zur Schweiz, die durch die Schweizer Nationalbank SNB verzweifelt versucht, gegen die Auswirkungen der EU-Rettungspolitik anzukämpfen mittels Negativzinsen.

In der Schweiz notieren alle Staatsanleihen mittlerweile im negativen Segment. Insgesamt haben Staatsanleihen kreditwürdiger Staaten derzeit bereits häufig negative Zinsen. Das bedeutet: Wer etwa Deutschland Geld leiht, muss dafür noch Geld bezahlen. Bei einigen Staaten gilt dies sogar für langfristige Anleihen. Diese Länder sind somit ein klarer Profiteur der Krisen in Ländern wie Griechenland. Auch Deutschland spart durch die künstliche Geldpolitik jedes Jahr Milliardensummen an Zinsen. **Aber um welchen Preis?**

Der Preis ist nicht nur heiß, sondern wird zu hoch sein!

Deutschland haftet wiederum für die anderen, angeschlagenen Länder der Eurozone über den Europäischen Stabilitätsmechanismus ESM. Mittlerweile würde ich dieses Umverteilungssystem in Kombination mit der künstlichen Niedrigzinspolitik der EZB und den planwirtschaftlichen Staatsanleihenkäufen aus rein rationalen Gründen und auf Basis der bestehenden, frei und öffentlich zugänglichen Fakten als Schneeballsystem bezeichnen.

Immer mehr Länder sind auf dem Weg zur bargeldlosen Gesellschaft

Die Welt ist längst auf dem Weg in eine bargeldlose Gesellschaft. In Dänemark werden kleinere Geschäfte oder Restaurants ab dem kommenden Jahr keine Scheine und Münzen mehr annehmen müssen. In den USA und Großbritannien ist es heute bereits vollkommen üblich, Einkäufe im Supermarkt oder selbst Getränke in Kneipen mit der Kreditkarte zu bezahlen. Gleichzeitig nehmen in Deutschland die Forderungen einzelner Politiker und Ökonomen zu, das Bargeld mittel- bis langfristig völlig abzuschaffen.

Die Deutschen hängen jedoch am Bargeld. Drei von vier Deutschen sind der Meinung, dass Bargeld grundsätzlich sicherer ist als Kartenzahlung. Auch praktischer findet es eine Mehrheit. 74 Prozent der Deutschen lehnen nach einer aktuellen Studie den Wegfall des Annahmezwangs für Bargeld ab. Ich persönlich würde lediglich eine Abschaffung der 1-, 2- und 5-Centmünzen begrüßen. Das Gegenteil ist jedoch der Fall. Nicht die unwirtschaftlichen und lästigen Centmünzen werden abgeschafft, sondern höhere Bargeldzahlungsbeträge werden zukünftig massiv sanktioniert.

Niedrige Bargeldhöchstgrenzen kommen einem Bargeldverbot gleich

Nach Italien, das seit Jahren schon eine Bargeldhöchstzahlungsgrenze in Höhe von 1.000 Euro eingeführt hat, sind in Frankreich seit September 2015 alle Barzahlungen ab 1.000 Euro illegal. Es ist nach meiner Einschätzung jetzt nur noch eine Frage der Zeit, bis Deutschland hier nachziehen wird bzw. muss.

22 Staatsbürgerschaft: Finger weg von Zweitpässen! Werden Sie besser digitaler Staatsbürger von Estland

Vermeintliche Experten, Spezialreports oder angebliche Geheimtipps im Internet beschreiben eine Zweitpass-Strategie als hervorragende Möglichkeit, sich vor den möglichen kommenden Repressalien des Staates zu schützen. Denn man könne dann ja einfach seinen Zweitpass aus einem anderen Land einsetzen.

Länder wie Peru, Paraguay, Kolumbien, die Dominikanische Republik oder die Komoren – um nur einige wenige zu nennen – wurden dabei für Zweitpass-Strategien empfohlen. Auch Angebote zu Diplomatenpässen aus Ländern wie Liberia, dem Libanon oder Thailand habe ich bei meinen Recherchen als Empfehlungen in diesem Zusammenhang gefunden.

Aber wie sinnvoll sind diese Tipps?

Auf fragwürdigen Seiten im Internet wird beispielsweise empfohlen, Zweitpässe für Kontoeröffnungen einzusetzen. Dabei könnten Sie sich einen ausländischen Zweitpass mit Ihrem Bild besorgen, der aber auf einen anderen Namen lautet. Das hätte den Vorteil, dass Sie dann ein Bankkonto und Wertpapierdepot auf eine fiktive Person eröffnen könnten, die im Fall von Kontrollmitteilungen über den kommenden Automatischen Informationsaustausch AIA überhaupt nicht existiert. Ihr Wertpapierdepot würden dann vollkommen anonym und geschützt bleiben, da es Ihr eigentlicher Heimatstaat nicht mehr enteignen könnte. Steuern würden keine anfallen.

Zweitpass-Strategien sind in aller Regel illegal oder Betrug!

Zahlreiche Zweitpass-Angebote, die Sie im Internet für relativ wenig Geld finden, sind darüber hinaus schlicht Fälschungen. Das bedeutet, Sie erhalten überhaupt kein offizielles behördliches Dokument mit einer entsprechenden Legitimationseigenschaft, sondern schlicht ein absolut wertloses Stück Papier oder Plastik mit Ihrem Bild. Möchten Sie nun mit einem derartigen Dokument ein Konto bei einer Bank eröffnen, werden Sie im besten Fall abgewiesen oder belächelt.

Im schlechtesten Fall bewegen Sie sich aber beim Einsatz derartiger Pseudodokumente bereits sehr schnell im Bereich des Strafrechts. Die Verwendung solcher »Zweitpässe« birgt nämlich erhebliche Gefahren. Von der Urkundenfälschung, der illegalen Einreise über den Identitätsbetrug bis hin zur Geldwäsche und Steuerhinterziehung. Deswegen gilt: So toll und einfach sich diese Zweitpass-Strategien auch anhören, so unsinnig oder gar gefährlich sind sie. Finger weg davon! Bei meinen Recherchen bin ich allerdings auf eine sehr interessente, vollkommen legale Möglichkeit gestoßen, die ich Ihnen nachfolgend gerne empfehlen möchte.

In Estland erhalten Sie eine digitale E-Staatsbürgerschaft

Im Mai 2015 hat Estland als erstes Land der Welt eine digitale Staatsbürgerschaft eingeführt. Gegen eine Gebühr von lediglich 100 Euro kann dadurch praktisch jede Person ein sogenannter E-Resident von Estland werden. Als estnischer virtueller Bürger erhalten Sie dafür einen elektronischen Personalausweis, der beispielsweise eine digital beglaubigte Unterschrift ermöglicht.

Diese E-Residency vereinfacht zudem den Zugang zu Bankgeschäften oder die Gründung eines Unternehmens. 15.600 Menschen aus 136 Ländern haben sich bislang bereits für die digitale Staatsbürgerschaft registriert. Darunter befinden sich auch bereits rund 700 Deutsche.

Die E-Staatsbürgerschaft für 100 Euro bietet Ihnen vielfältige Möglichkeiten

Die Gründe für die E-Staatsbürgerschaft aus Estland sind dabei sehr vielfältig: 41 Prozent der Antragsteller geben an, ein standortunabhängiges Unternehmen gründen zu wollen. 24 Prozent möchten in Estland Geschäfte machen. 15 Prozent sind schlicht fasziniert von einer legalen E-Staatsbürgerschaft. 9 Prozent planen einen Wohnsitz oder Besuch in Estland. 8 Prozent wollen die E-Staatsbürgerschaft für eine sichere und alternative Authentifizierung im Internet nutzen und 3 Prozent geben andere Gründe an.

Ich beurteile die Einsatzmöglichkeiten als sehr attraktiv. Das Programm ist legal und hat keine Risiken. Die einmaligen Kosten in Höhe von 100 Euro sind überschaubar, deswegen habe ich für mich eine estnische E-Staatsbürgerschaft beantragt und bin sehr gespannt über die Einsatzmöglichkeiten und Erfahrungen, über die ich selbstverständlich berichten werde. Informationen zu dem Programm sowie die Möglichkeit zur Beantragung finden Sie auf der offiziellen Internetseite der Regierung Estlands unter: **www.e-estonia.com**

23 Das Bankschliessfachgeheimnis wird abgeschafft

Das Bankgeheimnis gehört mittlerweile der Vergangenheit an. Das gilt auch für Ihre Bankverbindungen im Ausland. Spätestens ab dem Jahr 2018 wird weltweit ein automatischer Austausch von Kontodaten erfolgen. Gleichzeitig wird die Anonymität von Bargeld zunehmend eingeschränkt: durch gesetzliche Barzahlungsbegrenzungen oder sogar Bargeldverbote. Selbst die Abschaffung des 500-Euro-Scheins wird mittlerweile geprüft. Die Sparzinsen in Europa wurden schon abgeschafft, erste Negativzinsen eingeführt.

Inhalte von Bankschließfächern sind heute das letzte noch bestehende Bankgeheimnis!

Inhalte von Bankschließfächern sind bislang noch geheim. Das wird sich aber ebenfalls ändern. Der Staat plant für die Zukunft eine zentrale Abrufstelle als Sammeldatenbank für Bankschließfächer. Griechenland hat uns vor Augen geführt, wie schnell Schließfächer bei Banken blockiert werden können.

Eine zunehmende Anzahl von Bürgern hat seit der Finanzkrise in mobile Wertgegenstände investiert, wie beispielsweise **Goldbarren, Münzen, Diamanten**, Schmuck oder edle Anlageuhren. Ebenso werden zunehmend Bargeldbestände und Fremdwährungen in physischer Form zu Hause oder in Bankschließfächern verwahrt.

Rekordwert: 167.000 Wohnungseinbrüche im Jahr 2015

Eine aktuelle Umfrage unter Banken und Sparkassen in Deutschland verdeutlicht, dass die Nachfrage nach Bankschließfächern so groß ist wie selten zuvor. Dafür gibt es zwei ganz wesentliche Hauptgründe: der Vertrauensverlust in die Stabilität der Banken und in das bestehende Finanzsystem in Kombination mit der aktuellen Nullzinspolitik der EZB sowie die massiv steigenden Zahlen von Wohnungseinbrüchen.

Die Anzahl der Wohnungseinbrüche ist im abgelaufenen Jahr erneut deutlich angestiegen und hat einen neuen Rekordwert erreicht. Sie erhöhten sich nach den Erhebungen der Polizeilichen Kriminalstatistik im Vergleich zum Vorjahr um 10 Prozent auf rund 167.000 Delikte.

Deutsche Bankschließfächer sind bereits eingeschränkt im Schutz der Privatsphäre

Bankschließfächer werden in Deutschland derzeit noch relativ diskret behandelt. Dennoch muss Ihnen bewusst sein, dass Sie sich auch mit Ihrem privaten Schließfach im EU-Bankensystem befinden.

Bereits heute besteht bei Deutschen Banken eine Buchführung über bestehende Schließfächer.

Zahlreiche Banken erheben beispielsweise Daten über jeden Besuch des Schließfachs. Dabei werden die berechtigte Person, das Datum, die Uhrzeit und die Besuchsdauer festgehalten. Darüber hinaus gibt es gesetzliche Meldepflichten für Schließfächer im Todesfall. Stirbt der Inhaber eines Schließfachs, sind Banken gesetzlich dazu verpflichtet, die Existenz an das Finanzamt zu melden.

Bankschließfächer werden zukünftig zentral erfasst und gemeldet

Deutsche Behörden planen die Einführung einer zentralen Meldestelle für Bankschließfächer. Analog zu deutschen Bankkonten wären dann bestehende Bankschließfächer und Zugangsberechtigungen, also Schließfachvollmachten, auf Knopfdruck elektronisch abrufbar.

Ein weiterer denkbarer Schritt wäre die Deklaration und Erfassung von Schließfachinhalten, was den Schutz der Privatsphäre zusätzlich ganz erheblich einschränken würde. Aus diesem Grunde müssen Sie heute bereits Alternativen zu deutschen Bankschließfächern suchen.

Nutzen Sie Schließfachanbieter in der Schweiz und im Fürstentum Liechtenstein

Die Vereinbarungen zwischen der Schweiz, Liechtenstein und anderen Ländern bezüglich des automatischen Informationsaustausches beziehen sich auf Kontoinformationen. Nicht auf die Gegenstände in Ihren Schließfächern. Setzen Sie deswegen jetzt auf bankenunabhängige Anbieter und Schließfächer außerhalb des EU-Raumes.

In Deutschland gibt es mit den renommierten Edelmetallhändlern pro aurum, Degussa Goldhandel und Geiger Edelmetalle drei empfehlenswerte Anbieter, die professionelle Schließfachdienstleistungen außerhalb des Bankensystems offerieren. Private Schließfächer werden dabei sowohl in Deutschland angeboten als auch über Niederlassungen in der Schweiz.

Ich empfehle Ihnen, die Schweizer Lagerorte zu bevorzugen

Pro aurum bietet Schließfächer in München, Berlin, Düsseldorf, Stuttgart und Zürich (CH). Degussa Goldhandel in München, Stuttgart, Köln, Hamburg, Hannover, Berlin, Nürnberg, Zürich (CH) und Genf (CH). Geiger Edelmetalle im Schloss Güldengossa (bei Leipzig), in Brainkofen (bei Stuttgart), Niederglatt (CH) und St. Margrethen (CH).

Kontaktdaten

pro aurum Schweiz AG
Weinbergstrasse 2
CH-8802 Kilchberg ZH
Tel.: (0041) 447 16 56 00
www.proaurum.ch

Geiger Edelmetall AG
Grenzstrasse 14
CH-9430 St. Margrethen
Tel.: (0041) 717 47 50 20
www.geiger-edelmetalle.ch

Degussa Goldhandel AG
Seestrasse 1
CH-6330 Cham
Tel.: 0800 188 22 88
www.degussa-goldhandel.ch

24 Vom Bargeldverbot zum Bargoldverbot

Unser Geldsystem muss und wird sich in naher Zukunft grundlegend verändern und weiterentwickeln. Ein Wandel unseres bestehenden Geldsystems wird nach meiner Überzeugung nicht nur aufgrund der derzeitigen Giralgeldschöpfung (Buchgeldschöpfung) in Form massiver Geldmengenerhöhungen durch Kreditvergabe der Noten- und Geschäftsbanken, die rein schuldenbasiert sind, erfolgen, sondern wegen der stark steigenden Dynamik des technologischen Fortschritts.

Vollkommen unabhängig von den weiter zunehmenden staatlichen Bargeldverboten. Die technologische Dynamik ist so stark wie nie zuvor.

Es ist letztendlich eine vollkommen plausibel zu prognostizierende Entwicklung, dass geprägte Metallmünzen sowie Papier- und Plastikgeld zunehmend verschwinden und ihre Zahlungsmittelfunktion dadurch verlieren werden.

Bargeldquelle Smartphone: Apple wird die digitale Geldbörse etablieren

Ihr Smartphone kann in Zukunft sowohl Ihre Geldbörse als auch der Geldautomat Ihrer Bank sein, ganz nach Ihren persönlichen Anforderungen. Es ist empfehlenswert, heute bereits alternative, elektronische Geldsysteme zu nutzen, die nicht auf Zentralbankgeld basieren.

In den USA etablieren derzeit vor allem die Unternehmen Apple und Google einen neuen Bezahlstandard, der auf kryptografischen Systemen und digitalen Währungen basiert. Das Handy wird dadurch immer mehr zur Bank- oder Kreditkarte und zu einem digitalen Bargeldersatz. Diese Entwicklungen werden auch unmittelbar nach Europa kommen.

SEPA ist eine Basis der Bargeldabschaffung

Die Grundlagen für den bargeldlosen Zahlungsverkehr im Europäischen Wirtschaftsraum EWR wurden mit der Umsetzung der Single Euro Payments Area (SEPA) gelegt. Die derzeitigen Entwicklungen im Bereich der digitalen Währungen sind für mich vergleichbar mit den Anfängen des Internets. Aktuell werden die Grundlagen gelegt für das »Internet des Geldes« in der Zukunft.

100 Prozent aller Papiergeldwährungssysteme sind gescheitert

Von Henry Ford stammt das bereits erwähnte Zitat: »Würden die Menschen das Geldsystem verstehen, hätten wir eine Revolution noch vor morgen früh.« Diese Feststellung wurde in einer Zeit getroffen, in der unser Währungssystem noch ganz grundlegend in Ordnung schien.

Prof. Max Otte hat in seinem Zukunftsausblick für das Jahr 2016 die Aussage getroffen: »Unser Geld könnte sich in Luft auflösen«. Ich teile diese Ansicht. Aufgrund des Scheiterns aller papiergeldbasierten Währungssysteme in der Vergangenheit. Von 599 Papiergeldsystemen, die in den letzten 1.000 Jahren eingeführt wurden, sind 100 Prozent gescheitert!

Geld hat drei wesentliche Grundfunktionen

Geld hat in Bezug auf seine Nutzungsmöglichkeiten drei wesentliche Grundeigenschaften: die Wertaufbewahrungs-, die Wertmessungs- und die Zahlungsmittelfunktion. Je stärker ein bestimmtes Gut diese drei Eigenschaften erfüllt, desto mehr wird es als Geld angesehen. Unser zunehmend digitaler Lebensstil wird in absehbarer Zeit zu einem anderen Geldsystem führen, basierend auf digitalen Währungen mit neuen Chancen, aber auch Risiken. Das größte Risiko derzeit ist, die Augen vor diesen Entwicklungen zu verschließen.

Ist der Goldstandard die Lösung?

Zahlreiche Länder führten im 18. Jahrhundert den Goldstandard ein, darunter auch die USA als größte Wirtschaftsnation der Welt. Als Nachfolgesystem des Goldstandards wurde 1944 das Bretton-Woods-System ins Leben gerufen. Die Goldpreisbindung des Papiergeldes in den USA wurde erst unter Präsident Richard Nixon im Jahr 1971 endgültig aufgehoben.

Im Jahre 1976 empfahl der Internationale Währungsfonds allen Mitgliedern die Aufhebung des Goldstandards. Wäre nun eine Rückkehr zum Goldstandard die Lösung bzw. ist der Kauf von physischem Gold eine Antwort auf die kommenden Bargeldbegrenzungen und Bargeldverbote? **Nein!**

Zunehmende Bargeldverbote bringen auch ein Bargoldverbot mit sich!

Ich kenne viele »Goldfans«, die sogenannten Goldbugs, die das ganz anders sehen. Sie setzen rein auf physische Münzen oder Barren und haben dabei auch die Zahlungsmittelfunktion im Auge. Für mich ist es allerdings ein Irrglaube anzunehmen, dass eines Tages in einer Systemkrise im Supermarkt mit kleinen Goldbarren oder Silbermünzen bezahlt werden kann. Das ist lediglich ein Marketingmythos, der von Edelmetallhändlern gefördert wird, damit sie ihre Kleinbarren und Münzen mit hohen Preisaufschlägen verkaufen können.

Rein auf physische Goldmünzen oder Bargeld im Eigenbesitz zu setzen, ist für mich keine intelligente und zukunftsfähige Strategie. Wenn nur noch kleine Transaktionen mit Bargeld gemacht werden dürfen, bekommen Sie auch Ihr Gold nicht mehr in den Umlauf. Es kommt praktisch zu einem Bargoldverbot.

Ich unterscheide mich von diesen Kritikern unseres derzeitigen Geldsystems vor allem dahingehend, dass ich die Vorteile der elektronischen Welt des bargeldlosen Zahlungsverkehrs mit den Vorteilen der physisch hinterlegten Welt der realen Werte – allen voran Gold und Silber – heute schon kombiniere. Dazu später mehr.

25 Belastungen für Eigentümer von Immobilien

Staaten versuchen den Abbau ihrer Schuldenberge und werden dabei immer ungenierter. Über Steuererhöhungen, Inflation, kalte Progression und finanzielle Repression durch neue Steuern und Sonderbelastungen auf bestimmte Kapitalvermögen wird sich der Fiskus auch einen Teil Ihrer Vermögenswerte holen. Dazu werden auch Ihre Immobilien gehören. Die Hälfte des Vermögens deutscher Bürger steckt in Immobilien, das ist zu verlockend für den Fiskus. Immobilieneigentümer sind zudem über die Grundbücher absolut eindeutig erfasst, dadurch leicht zuordenbar und belastbar.

Immobilien können weder rechtlich auswandern noch steuerlich verlagert werden

Das Wort »immobil« bedeutet »nicht beweglich«. Eben weil sie nicht mobil sind, können Immobilien wie Häuser oder Grundstücke auch nicht auswandern. Sie können physisch nicht ins Ausland verlagert werden, allenfalls indirekt, indem man seine Immobilie im Inland verkauft und im Gegenzug eine Auslandsimmobilie erwirbt.

Steuerrechtlich gilt bei Immobilienvermögen das sogenannte Belegenheitsprinzip. Das bedeutet, das Besteuerungsrecht hat der Staat, in dem die Immobilie liegt. Das ist ein ganz großer Nachteil gegenüber mobilen Sachwerten.

Zwangshypotheken: 1923 und 1948 müssen für Immobilieneigentümer eine Warnung sein

Bei Aktien werden sehr häufig die großen Crashs von 1929 und 1987 als warnende Beispiele herangezogen. Für private Immobilienbesitzer gibt es auch zwei einschneidende Jahreszahlen aus der jüngeren Geschichte. Sowohl 1923 als auch 1948 kam es nach den Währungsreformen zu staatlichen Zwangshypotheken. Ich halte es nicht für unwahrscheinlich, dass man auch in Deutschland noch einmal auf diese Geldbeschaffungsmaßnahme zurückgreift.

Die Zwangshypothek am Beispiel von 1948

Die Auswirkungen einer Zwangshypothek erläutere ich Ihnen an einem Beispiel aus der jüngeren Geschichte Deutschlands. Die Währungsreform von 1948 führte zur Deutschen Mark als alleinigem gesetzlichem Zahlungsmittel. Im Zuge dieser Währungsreform wurde die Geldmenge durch die Umstellung wirkungsvoll zu Lasten der Bürger verringert. Genau dieser Effekt wird auch in der Zukunft eines Tages wieder notwendig sein.

Die neue D-Mark wurde um 90 Prozent abgewertet!

Die ersten Notierungen in Deutscher Mark lagen um mehr als 90 Prozent unter den letzten Reichsmark-Kursen. Immobilienbesitzern wurden Zwangshypotheken eingetragen. Die Hälfte des ermittelten Immobilienwertes musste verteilt auf 30 Jahre in 120 vierteljährlichen Raten in einen neu eingerichteten Lastenausgleichsfonds einbezahlt werden. Bei einem Immobilienwert von 150.000 Mark mussten also monatlich 625 D-Mark über 30 Jahre zurückbezahlt werden, auf ein einst lastenfreies Vermögen!

Immobilieneigentümer stehen vor zunehmenden Steuerbelastungen

Aktuell gibt es in Deutschland bereits sehr bedenkliche Entwicklungen, Immobilieneigentümer finanziell zu schröpfen. Allein in den letzten anderthalb Jahren hat die Hälfte der deutschen Bundesländer die Grunderwerbsteuer teilweise massiv erhöht. Auch die Grundsteuern können bei Bedarf sehr schnell und sehr deutlich angehoben werden, ohne dass eine generelle Vermögensteuer oder Zwangsabgabe eingeführt werden muss. Durch den Zensus 2011 ist der Immobilienbesitz in Deutschland zusätzlich zu den Grundbüchern noch ein Stück transparenter geworden für den Staat.

In der Vergangenheit wurden Vermieter von Immobilien in Krisenphasen durch den Staat wiederholt mit Mietpreisfestschreibungen belastet. Dadurch war ein Inflationsausgleich nicht mehr realisierbar. Wie schnell eine solche Mietpreisfestschreibung eingeführt werden kann, zeigt die neu eingeführte Mietpreisbremse. Das ist für mich ein weiteres Warnsignal.

Seit dem 01.01.2015 gibt es ein neues EU-Immobilienmeldegesetz

Neben diesen Entwicklungen aus Deutschland gibt es in der EU ein derzeit noch vollkommen unbekanntes neues Gesetz, das alle EU-Mitgliedstaaten dazu verpflichtet, Daten von Immobilien und ihren Eigentümern automatisch untereinander auszutauschen. Das Gesetz mit dem Namen EUAHiG ist bereits seit dem 01.01.2015 in Kraft.

Die relevanten Informationen – wie beispielsweise Eigentum an unbeweglichem Vermögen und Einkünfte daraus (§ 7 Abs. 1 Nr. 5 EUAHiG) – werden ohne vorheriges Ersuchen automatisch übermittelt. Betroffen sind natürliche wie juristische Personen. Dennoch haben Immobilieninvestments ihre Berechtigung.

Immobilien sind eine relativ illiquide Währung

Immobilien sind eine Währung, leider eingeschränkt in ihrer Flexibilität und Fungibilität. Nachfolgend zeige Ich Ihnen eine neue, interessante Alternative, wie Sie Immobilieninvestments gezielt optimieren, flexibilisieren und diversifizieren können.

26 PropTechs: So optimieren und diversifizieren Sie Immobilieninvestments

Rund 53 Prozent der Deutschen leben in ihren eigenen vier Wänden, und zwar meist über das selbstgenutzte Eigenheim in Form eines Hauses oder einer Wohnung. Gleichzeitig bedeutet das aber auch, dass fast die andere Hälfte der Bundesbürger nach wie vor zur Miete wohnt und somit in der Regel über kein eigenes Immobilienvermögen verfügt.

Immobilienmarkt Deutschland: Viele Bürger haben entweder Klumpenrisiken oder sind unterinvestiert

Bei den Bürgern, die in der eigenen Immobilie wohnen, ist der Großteil ihres zur Verfügung stehenden Kapitalvermögens in der Immobilie gebunden. Auf der anderen Seite ist die andere Hälfte der Bundesbürger in die grundlegend zuverlässige Anlageklasse der Immobilien meist überhaupt nicht investiert.

Diese Bevölkerungsgruppe konnte daher auch nicht an den enormen Preissteigerungen von Wohnimmobilien in den letzten Jahren partizipieren. Im Gegenteil: Teilweise enorme Mietpreissteigerungen haben in den letzten Jahren zu erheblichen Ausgabensteigerungen für Mieter geführt. Vor allem die Einwohner der Stadtstaaten Berlin und Hamburg bekommen diese Entwicklung zu spüren. Rund 70 bis 80 Prozent der dort lebenden Menschen wohnen zur Miete.

Deutschland hat bei Immobilien die niedrigste Eigentumsquote in der EU

Zum Vergleich: Der Durchschnittsanteil der Immobilieneigentümer in der Europäischen Union liegt bei über 70 Prozent. Nur in der teuren Schweiz ist der Mieteranteil noch höher als in Deutschland. Lediglich 44 Prozent der Bürger in der Schweiz verfügen über eigenes Immobilienvermögen.

Sehr viele Menschen sind übrigens der Meinung, dass der Wohlstand der Bürger umso größer sei, je höher die Immobilieneigentumsquote eines Landes ist. Das Schweizer Beispiel widerlegt diese These bereits deutlich: Eines der reichsten Länder Europas hat die niedrigste Eigentumsquote.

Noch deutlicher wird der Eigentumsmythos am Beispiel eines der ärmsten Länder in der Europäischen Union. Ich spreche von Rumänien. Hier liegt die Eigentumsquote bei sage und schreibe 97 Prozent.

PropTechs machen einzelne Immobilieninvestments für Kleinanleger zugänglich

Geringverdiener und Kleinanleger haben bislang keine Möglichkeit, mit überschaubarem Investitionsbudget gezielt in einzelne Immobilien zu investieren. Meist muss notgedrungen der mittelbare Weg über breit gestreute Immobilienfonds oder eine geschlossene Beteiligung gewählt werden.

Nach den neuen Finanz- und Versicherungsdienstleistern, den sogenannten FinTechs und InsurTechs, gibt es nun aber auch im Immobilienbereich eine ebenso innovative wie attraktive Möglichkeit namens PropTechs. Der Name steht für Porperty Technology und damit für moderne technologische Entwicklungen im Bereich der Immobilienbranche.

Exporo: Der deutsche Marktführer für Schwarmfinanzierungen von Immobilien

Für mich das interessanteste Unternehmen in diesem noch jungen Segment ist das Unternehmen Exporo aus Hamburg, das im Jahr 2013 gegründet wurde. Hinter Exporo stehen vier Unternehmer, die mittlerweile 45 Immobilienprojekte mit einem Investitionsvolumen von 57 Millionen Euro finanziert haben. Über 11 Millionen Euro wurden bereits erfolgreich zurückbezahlt.

Als Investor haben Sie die Möglichkeit, über die Online-Plattform von Exporo gemeinsam mit anderen Privatanlegern in hochwertige Einzelimmobilien zu investieren. Die Mindestinvestitionssumme beträgt dabei lediglich 500 Euro. Dadurch können Sie sich direkt und einfach an attraktiven Immobilienprojekten beteiligen, die bisher lediglich institutionellen und anderen finanzstarken Investoren vorbehalten waren.

Die Vorteile von Exporo auf einen Blick

- Die investierbaren Immobilien bzw. Projekte befinden sich stets in den besten Lagen.
- Die Kosten sind solide kalkuliert mit realistischen Verkaufspreisen.
- Investitionen erfolgen erst in späten Projektphasen, was dazu führt, dass sich die Risiken deutlich reduzieren.
- Hohe Qualität: Ausgewählt werden erfahrene Projektentwickler mit aussagekräftigen Referenzen und Erfolgen.
- Eigeninitiative: Die Verantwortlichen stehen hinter ihren Projekten und investieren selbst Eigenkapital. In der Regel genauso viel wie Exporo-Anleger.
- Sicherheitspuffer für Anleger: Das investierte Eigenkapital des jeweiligen Immobilienprojektentwicklers sowie die erzielten Projektgewinne sind nachrangig gegenüber den Exporo-Anlegern.
- Investition in Sachwerte: Das investierte Anlegerkapital wird zweckgebunden in Immobilien bzw. Immobilienentwicklungen angelegt.
- Treuhänderische Überwachung: Die Investitionen und Rückflüsse der Anlegergelder werden ausschließlich durch Treuhänder oder zertifizierte Zahlungsdienstleister getätigt.
- Gewinnabtretung: Der Projektentwickler darf keine Erlöse entnehmen, bevor nicht sämtliche Kundengelder samt Zinsen zurückbezahlt worden sind.
- Hohe Transparenz: Sie investieren nicht wie bei einem Immobilienfonds in eine »Black Box«, sondern entscheiden selbst, welchen Projekte an welchen Standorten Sie Ihr Geld anvertrauen.
- Vermeidung von Klumpenrisiken: Durch die niedrigen Mindestinvestitionssummen von lediglich 500 Euro haben Sie die Möglichkeit, in eine Vielzahl von Immobilienprojekten an unterschiedlichen Standorten zu investieren.
- Zusätzliche Sicherheiten: Je nach Projekt bestehen teilweise weitere Sicherheiten, wie persönliche Bürgschaften oder eingetragene Grundschulden.

Nutzen Sie Exporo zur Diversifikation Ihrer Immobilieninvestments

Als Bindeglied zwischen erfahrenen Projektentwicklern und privaten Kapitalanlegern bietet Ihnen das Unternehmen Exporo auf seiner Plattform www.exporo.de die Möglichkeit, mit geringen Investitionssummen in verschiedene Immobilienprojekte an unterschiedlichen Standorten zu investieren. Die Laufzeiten betragen dabei durchschnittlich zwei bis drei Jahre. Bei einer Rückzahlungsquote von 100 Prozent lag die bisher erzielte Durchschnittsrendite bei rund 6 Prozent jährlich.

Exporo bietet Vorteile für Eigentümer und Mieter. Als Eigentürmer haben Sie über Exporo die Möglichkeit, das Klumpenrisiko Ihres Immobilienbesitzes in andere Objekte und Regionen zu diversifizieren. Als Mieter erhalten Sie die Chance, zumindest kleinere Anlagebeträge in werthaltige Immobilienprojekte zu investieren. Nutzen Sie diese einzigartigen Möglichkeiten. Aktuell können Sie beispielsweise in sechs unterschiedliche Immobilienprojekte investieren, mit Standorten in Koblenz, Hamburg und Berlin.

Kontaktdaten
Exporo AG
Großer Burstah 31
20457 Hamburg
Tel.: (0049) 040 21 09 17 30
www.exporo.de

Bei Interesse erhalten Sie mit dem Gutscheincode **2017MMEXPORO50** eine Gutschrift von **50 Euro** auf Ihre erste Investition!

27 So schützen Sie Ihr Eigentum durch Gründung einer Familiengenossenschaft

Auch bestehende, eigengenutzte oder vermietete Immobilien lassen sich intelligent schützen. Vor rund 20 Jahren habe ich meine Banklehre bei einer deutschen Genossenschaftsbank abgeschlossen. Daher ist mir der genossenschaftliche Gedanke schon seit meiner Ausbildung bestens vertraut: Sich gegenseitig zu helfen, um im Verbund gemeinsame Ziele besser zu erreichen, das sind die grundlegenden und äußerst sinnvollen Ziele einer jeden Genossenschaft. Basierend auf den Taten von Friedrich Wilhelm Raiffeisen und Hermann Schulze-Delitzsch.

Friedrich Wilhelm Raiffeisen und Hermann Schulze-Delitzsch, © picture-alliance/akg-images, picture-alliance/akg-images

Allein in Deutschland vereinen die fast 8.000 Genossenschaften über 22 Millionen Mitglieder. Die Mitglieder einer Genossenschaft sind gleichzeitig Eigentümer und Kunden ihrer Genossenschaft.

Selbstschutz durch Genossenschaftsgründung

In ihrer 160-jährigen Geschichte haben sich Genossenschaften nicht nur bei Banken, sondern auch in den unterschiedlichsten Branchen etabliert und bewährt. Im deutschsprachigen Raum sind Genossenschaften vor allem im Finanzwesen, in der Landwirtschaft, in Handel und Gewerbe sowie im Wohnungsbau verbreitet.

Das Besondere an einer Genossenschaft ist der Zweck ihrer Gründung und Unterhaltung: die wirtschaftliche Förderung ihrer Mitglieder. Das können Sie jetzt auch in Ihrer eigenen Genossenschaft realisieren. Ich zeige Ihnen die einzigartige Möglichkeit der Gründung einer Familien-Genossenschaft mit vielschichtigen Vorteilen zum Selbstschutz Ihres Immobilienvermögens.

Die Hälfte des Vermögens deutscher Bürger steckt in vermeintlich krisensicheren Immobilien. Allerdings werden gerade diese Werte staatliche Begehrlichkeiten wecken, sobald Staaten in finanzielle Schieflagen geraten. Für zahlreiche Bürger und Kapitalanleger stellen eigene Immobilien den wichtigsten Grundbaustein der persönlichen Altersvorsorge dar.

Immobilien können nicht auswandern

Das Wort »immobil« bedeutet »nicht beweglich«. Eben weil sie nicht mobil sind, können Immobilien wie Häuser oder Grundstücke auch nicht auswandern. Sie können physisch nicht ins Ausland verlagert werden. Diese Grundlagen führen bei vielen Bürgern zu anlagespezifischen, rechtlichen, aber auch steuerlichen Klumpenrisiken in Bezug auf ihr Immobilieneigentum: vom selbstgenutzten Eigenheim bis hin zu vermieteten Häusern und Wohnungen, die als Kapitalanlage und Renditeobjekte dienen.

Ereignisse, die Ihr Immobilieneigentum latent gefährden

- Sie oder Ihr Partner werden arbeitslos/Hartz IV
- Sie oder Ihr Partner werden pflegebedürftig
- Sie oder Ihr Partner werden berufsunfähig
- Scheidung
- Zugriff Dritter beispielsweise bei Insolvenz, staatliche Restriktionen oder Zwangsmaßnahmen
- Tod (Pflichtteilsansprüche, Streit der Erben)

Genossenschaften sind über Jahrhunderte bewährte und rechtssichere Gesellschaftsformen

Eine Genossenschaft besteht aus ähnlich denkenden Menschen, die sich vor dem Hintergrund einer gemeinsamen Konzeption, basierend auf den Grundsätzen der Selbsthilfe, Selbstverwaltung sowie der Selbstverantwortung, zusammenschließen. Grundlage jeglicher Genossenschaftsgründung ist das Genossenschaftsgesetz vom 20.05.1889.

Damit ist das Genossenschaftsgesetz älter als das Bürgerliche Gesetzbuch, das Handelsgesetzbuch, das Gesetz über die Gesellschaft mit beschränkter Haftung und das Gesetz über die Aktiengesellschaft.

Die Genossenschaft ist die mit Abstand insolvenzsicherste Rechtsform

Die eingetragene Genossenschaft ist die mit Abstand insolvenzsicherste Rechtsform in Deutschland. Es gibt zwar vereinzelt Insolvenzen, diese sind aber so gering, dass sie nicht einmal mehr prozentual messbar sind. Zur Verdeutlichung: Im Vergleich mit anderen Rechtsformen schneidet die eG (eingetragene Genossenschaft) nach einer Statistik der Wirtschaftsauskunftei Creditreform mit einer Insolvenzquote von 0,0 Prozent für das Jahr 2015 mit großem Abstand am besten ab.

Umfassende Grundlageninformationen rund um die Thematik der Genossenschaften finden Sie auf der Internetseite des DGRV (Deutscher Genossenschafts- und Raiffeisenverband) unter **www.genossenschaften.de – Tel.**: (0049) 030 7 26 22 09 00.

Der unbekannte Geheimtipp: Die kleine Familiengenossenschaft

Sie und Ihre Familie haben durch dieses über Jahrhunderte bewährte Genossenschaftsrecht die Möglichkeit, Ihre eigene Genossenschaft als sogenannte »Kleine Familiengenossenschaft« zu gründen. Dazu bringen Sie Ihr bestehendes Immobilienvermögen (Eigenheim und/oder vermietete Objekte) in Ihre Genossenschaft ein.

Dieser Vorgang kann bei professioneller Planung steueroptimiert ablaufen. Ihr Immobilienvermögen wird dadurch in eine eigenständige Rechtsform transformiert. Es wird dadurch zum Eigentum Ihrer Genossenschaft mit zahlreichen vermögensschützenden Vorteilen.

Die Vorteile der Familiengenossenschaft auf einen Blick

- Mieteinnahmen sind steuerfrei
- Ihr direktes Vermögen ist der Genossenschaftsanteil
- Kein Zugriff von Gläubigern auf die Immobilie möglich
- Die Immobilie ist Sondervermögen der Genossenschaft
- Kein Verlust der Immobilie bei Scheidung, Pflegebedürftigkeit oder Hartz IV
- Regelung der Erbschaft und Optimierung der Erbschaftsteuer vor dem Ableben

Das kostet die Gründung

Die Gründung einer kleinen Familiengenossenschaft ist relativ einfach umsetzbar, dennoch sind zahlreiche organisatorische und rechtliche Aspekte zu beachten. Sie müssen für die Errichtung und Verwaltung einer kleinen Familiengenossenschaft mit einmaligen Gründungskosten in Höhe von ca. 10.000 Euro rechnen.

Für die Erstellung der Jahresbuchhaltung des Jahresabschlusses einschließlich der dazugehörigen Steuererklärungen fallen jährlich grundsätzlich wiederkehrende Steuerberatungskosten in Höhe von rund 1.500 Euro zuzüglich Umsatzsteuer an. Für diese nach meiner Einschätzung in Relation zu den umfassenden Vorteilen absolut vertretbaren Kosten erhalten Sie die nachfolgenden Leistungen:

Die notwendigen Schritte und Leistungen auf einen Blick

- Professionelle, rechtssichere Ausarbeitung und Realisierung eines Geschäftskonzeptes zur Gründung der Genossenschaft; Vorbereitung und Begleitung der internen administrativen Aufgaben
- Begleitung und Durchführung des Gründungsaktes der neuen Genossenschaft
- Organisation und Protokollierung einer Gründungsversammlung und der 1. Generalversammlung zur Satzungsanpassung
- Beantragung der Mitgliedschaft in einem Prüfungsverband
- Zahlung von geforderten Aufwendungen und Aufwandsentschädigungen sowie von erforderlichen Gebühren im Rahmen der Gründung der Genossenschaft
- Bereitstellung von Vordrucken und Vorlagen wie beispielsweise: Satzung, Übertragung der Geschäftsanteile, Mitgliederliste, Einladung zur Generalversammlung, Protokoll der Generalversammlung, Stimmrechtsvollmacht, Funktionsbeschreibung Vorstand, Geschäftsleitungsplan Vorstand, Geschäftsordnung Vorstand.

Nutzen Sie die Möglichkeit der kostenlosen Beratung und Prüfung zur Gründung einer Familiengenossenschaft

Ich empfehle Ihnen in einem ersten Schritt, das umfangreiche Informationsmaterial für die Gründung Ihrer eigenen Familiengenossenschaft bei der Deutsche Vermögenssicherung Genossenschaft eG unverbindlich anzufordern. In einem zweiten Schritt können Sie sich bei konkretem Interesse auf Basis Ihres Immobilienvermögens individuell beraten lassen.

Der Beratungstermin für die Gründung einer Immobiliengenossenschaft ist kostenlos!

Sie gehen somit keinerlei finanzielle Risiken ein. Sie erhalten dafür eine professionelle Auswertung mit allen Vorteilen und Kosten für Ihre optimale Entscheidungsfindung.

Kontaktdaten
Deutsche Vermögenssicherung Genossenschaft eG
Am Salzufer 22
10587 Berlin
Tel.: (0049) 030 9 21 00 03 40
E-Mail: info@dvsg.berlin
www.dvsg.berlin

28 Sichere Sachwerte? So einfach werden Aktien entwertet

Wir leben in einem Geld- und Finanzsystem, das überwiegend auf ungedeckten Schulden und Zahlungsversprechen basiert. Gleichzeitig leben wir in einer Welt künstlich verzerrter Märkte, vor allem durch die Geldpolitik der Notenbanken. Zinsen werden künstlich niedrig gehalten durch die Festlegung von Referenzzinssätzen, die gegen null tendieren oder sich gar im negativen Bereich bewegen. Derartiges gab es noch nie in der Geschichte. Erfahrungswerte sind somit nicht vorhanden und die derzeitigen Entwicklungen sind staatspolitische wie notenbankpolitische Experimente mit einem absolut ungewissen Ausgang.

Aktien sind Sachwerte, die rechtlich vermehrbar und belastbar sind!

Aufgrund dieser Entwicklungen macht es unbestritten Sinn, auch auf Aktien zu setzen. Keine Frage. Neben den Marktrisiken an den Börsen gibt es hier aber weitere Gefahren, die vielen Aktionären gar nicht bewusst sind. Aktiengesellschaften können beispielsweise mit Schulden seitens des Staates belastet werden.

Darüber hinaus können die AGs selbst neue Aktien emittieren, was dem Effekt des Gelddruckens gleichkommt, weil dadurch die bestehenden Aktien schlicht verwässert und weniger wert werden. Für beide Fälle gibt es mit der **RWE AG** und der **Commerzbank AG** zwei sehr prominente Beispiele aus dem DAX, die Sie als Warnung, zumindest aber als Sensibilisierung betrachten sollten, für die **rechtliche** Sachwertfunktion der Aktie.

Beispiel 1: RWE-Aktie – Wenn die Politik gravierende Änderungen und Eingriffe vornimmt

Kursentwicklung der RWE-Aktie über die letzten zehn Jahre, © Guidants

Eurokrise, Finanzkrise, Schuldenkrise. Für den Niedergang der Aktie der RWE AG sind all diese Begriffe nicht ausschlaggebend, sondern die Ereignisse rund um das japanische Atomkraftwerk von Fukushima, mit dem darauf folgenden, sehr überraschenden Atomausstieg der deutschen Bundesregierung unter Führung von Angela Merkel. Ich möchte jetzt in Bezug auf die negativen Entwicklungen bei der RWE Aktie auf keinen Fall die Schuld rein auf die Politik lenken.

Seitens des Managements wurden zweifelsohne Rahmenbedingungen falsch eingeschätzt und strategische Weichen für die Zukunft nicht richtig gesetzt. Dennoch sind politische und rechtliche Entwicklungen bezüglich der RWE AG aus meiner Sicht eine Warnung, da diese andere Unternehmen in der Zukunft in ähnlicher Art und Weise durchaus auch treffen könnten.

Die Atomkatastrophe von Fukushima geschah im April 2011. Seither hat der DAX ungefähr 60 Prozent gewonnen. Die RWE-Aktie hat hingegen im gleichen Zeitraum ungefähr 60 Prozent verloren. Es gab Wochen, in der RWE rund 20 Prozent Verlust verzeichnen musste. Ein Grund dafür liegt darin, dass die Bundesregierung die Kosten für den Rückbau von Atomkraftwerken und die Endlagerung an das Unternehmen weitergibt als Schulden. Theoretisch kann dadurch die Substanz der RWE AG vollkommen aufgezehrt werden, bis hin zu einer Zwangsverstaatlichung eines Tages. Auch diese Risiken der Aktie als Sachwert werden leider kaum beachtet.

Beispiel 2: Commerzbank-Aktie – Wenn Unternehmen Aktien »drucken«

Kursentwicklung der Commerzbank-Aktie über die letzten zehn Jahre, © Guidants

Viele Bürger sind derzeit in großer Sorge um die Stabilität unseres Geldsystems und unserer Währung. Ein Grund liegt darin, dass die Staaten sich immer stärker verschulden. Die Geldmengen wurden in den letzten Jahren massiv ausgeweitet. Billiges Geld wird somit geschöpft, oder besser gesagt auf Basis von Zahlungsversprechen und Schulden gedruckt, oder virtuell als Bits und Bytes in Computern geschaffen. Flankiert werden diese Maßnahmen durch die künstliche Nullzinspolitik. Aus diesen Gründen investieren Anleger in Aktien als scheinbar sichere Sachwerte. »Dividenden sind die neuen Zinsen« ist dabei immer häufiger zu lesen.

Ich möchte in diesem Zusammenhang darauf hinweisen, dass Aktien ebenso wie Geld künstlich ganz einfach vermehrbar sind durch Kapitalerhöhungen. Dabei werden neue Aktien »gedruckt« und an Investoren verkauft. Wenn die dadurch vereinnahmten Gelder für sinnvolle Investitionen verwendet werden, spricht hier auch grundsätzlich nichts dagegen. Wenn allerdings neue Aktien nur emittiert werden, um Löcher zu stopfen, dann kommen derartige Kapitalerhöhungen einer Art Enteignung für die Altaktionäre gleich.

Die Commerzbank hat in den letzten Jahren der Amtszeit von Martin Blessing **10 Mal (!)** ihr Kapital erhöht durch die Ausgabe neuer Aktien. Zuletzt wurden im April 2015 **114 Millionen neue Aktien** »gedruckt«. Das ist eine massive Entwertung der bestehenden Aktien!

29 Das kranke Geldsystem am Beispiel der Deutschen Bank

Im Jahr vor der Gründung des Deutschen Kaiserreiches wurde am 10. März des Jahres 1870 die Deutsche Bank in Berlin gegründet. Die Deutsche Bank überstand in ihrer langen Historie zahlreiche Umbrüche, Krisen und selbst zwei Weltkriege. Aktuell steckt die Deutsche Bank in einer der schwersten Krisen ihrer Geschichte. Die Deutsche Bank hat eine Bilanzsumme von rund 1,7 Billionen Euro. Das sind 1.700 Milliarden Euro. Nach Bilanzsumme und Mitarbeiterzahl ist die Deutsche Bank AG das größte Kreditinstitut Deutschlands.

Die Deutsche Bank ist ein Systemrisiko

Zum Ende des Jahres 2007 stand der Aktienkurs der Deutschen Bank bei rund 105 Euro. Im Februar 2017 kostete eine Deutsche-Bank-Aktie gerade noch rund 15 Euro. Im Geschäftsjahr 2015 musste die Bank einen Rekordverlust von 6,77 Milliarden Euro verbuchen. Die Größendimensionen der Deutschen Bank werden sehr gut verdeutlicht bei einem Vergleich mit dem Deutschen Staat. Das Bilanzvolumen der Deutschen Bank entspricht mehr als dem Fünffachen des Deutschen Bundeshaushaltes.

Die Deutsche Bank ist heute eine Anwaltskanzlei mit Bankabteilung

Zu meinen Zeiten als Banklehrling zu Beginn der 1990er-Jahre war eines der ersten DAX-Unternehmen, mit dem ich mich näher beschäftigt hatte, der Industriekonzern Siemens. Aufgrund seiner hohen Umsätze und Gewinne im Finanzbereich sowie der hohen Liquiditätsreserven hörte man damals schon sehr häufig die Aussage: »Siemens ist eigentlich eine Bank mit angeschlossener Elektroabteilung«.

Zur damaligen Zeit war diese Feststellung eher negativ behaftet in der Form, dass Siemens ein langweiliges Unternehmen mit gigantischen Kapitalreserven sei. Aber mit einem relativ unattraktiven und wenig dynamischen operativen Geschäft. Im Jahr 2010 gründete der Konzern mit der Siemens Bank GmbH tatsächlich ein eigenes Kreditinstitut. Zu den Kunden der Siemens Bank zählen vor allem Unternehmen, Projektgesellschaften und öffentliche Schuldner.

Viele Wirtschaftsunternehmen haben heute eigene Banken

Produkte für Privatkunden bietet die Bank nicht an. Das ist kein ungewöhnlicher Schritt. Zahlreiche Industrieunternehmen haben mittlerweile ihre eigenen Banken. Beispielsweise Audi, BMW, Edeka, General Electric, Otto, Ikea, Migros, Mercedes Benz oder Volkswagen. Mit diesen verbundenen Tochterunternehmen stärken die Konzerne ihre bankenunabhängigen Möglichkeiten in der realen Wirtschaft.

Geschäftsbanken, wie allen voran die Deutsche Bank, haben sich in den letzten Jahren hingegen zunehmend von dieser Realwirtschaft verabschiedet. Betrachtet man die aktuellen Entwicklungen, ist durchaus die Aussage angebracht, dass die Deutsche Bank mittlerweile eine Anwaltskanzlei oder Rechtsabteilung mit einem angeschlossenen Bankgeschäft ist.

Die Deutsche Bank ist derzeit in fast schon unglaubliche 6.000 Rechtsstreitigkeiten und Prozesse weltweit verwickelt. Als Jurist bei der Deutschen Bank dürfte der Arbeitsplatz im Gegensatz zum operativen Banker somit relativ sicher sein angesichts dieser gigantischen Herausforderungen der Zukunft.

Vertrauen ist der Anfang von allem?

In den letzten Jahren haben sich vor allem die Vorstände der Deutschen Bank in ihrer Kommunikation sehr ungeschickt verhalten. Angefangen bei Hilmar Koppers »Peanuts«-Aussage im Zusammenhang mit der Insolvenz des Immobilienunternehmers Jürgen Schneider und den noch offenen Handwerkerrechnungen von 50 Millionen D-Mark über die öffentliche Indiskretion von Rolf Breuer im Zusammenhang mit der Kreditwürdigkeit des Großkunden Leo Kirch bis hin zum überheblichen Victory-Zeichen von Josef Ackermann beim Mannesmann-Prozess.

Einer der bekanntesten Werbesprüche der Deutschen Bank war der Slogan »Vertrauen ist der Anfang von allem«. Das ist absolut richtig. Gleichzeitig bedeutet für Banken ein Vertrauensverlust den Anfang vom Ende oder vielleicht sogar das Ende von allem. Im Februar 2016 wurde eine bislang noch nie dagewesene neue Geschichte im Kapitel der Deutschen Bank geschrieben.

Der Vatikan gibt bekannt: Der Papst ist ein Christ!

John Cryan, der neue Vorstandsvorsitzende, gab in einer Presseerklärung bekannt, dass die Deutsche Bank grundsolide und zahlungsfähig sei. Das ist für mich, als würde der Vatikan öffentlich bekannt geben, dass der Papst ein Christ ist. Ich bewerte diese Pressemitteilung schlicht als eine Beruhigungspille aus Hilflosigkeit. Gleichzeitig wird noch eine Nebelkerze geworfen, indem Anleihen zurückgekauft werden sollen, um die Zahlungsfähigkeit der Deutschen Bank zu beweisen.

Die Bilanz der Deutschen Bank ist auch für mich heute noch einigermaßen solide. Die Risiken der Deutschen Bank im außerbilanziellen Bereich, allen voran bei den Finanzderivaten, sind und bleiben allerdings astronomisch hoch. Das Vertrauen in die Stabilität der Deutschen Bank ist daher zu Recht nahe dem Nullpunkt. Der aktuelle Slogan der Deutschen Bank ist »Leistung aus Leidenschaft«. In den letzten Jahren hat die Leistung für Aktionäre und Kunden vor allem Leiden geschafft.

Finanzwahnsinn: die gehebelten Zahlungsversprechen der Deutschen Bank!

Viele Privatanleger mussten schon einmal die Erfahrung machen, mit gehebelten Finanzprodukten Totalverluste zu erleiden. Derartige Finanzspekulationen können darüber hinaus zu Nachschusspflichten führen, die das eingesetzte Kapital um ein Vielfaches übersteigen.

Vor der Freigabe des Schweizer Frankens am 15.01.2015 agierten einige Anleger beispielsweise mit einem Hebel von 400 auf den Wechselkurs des Schweizer Franken zum Euro. Das bedeutet: Mit nur 2.500 Euro Einsatz konnte ein Kapital von 1 Million Euro bewegt werden. Vollkommen zu Recht werden derart hohe Risiken bei Privatanlegern stark kritisiert und mittlerweile auch reglementiert.

Die Deutsche Bank operiert mit einem Hebel von 765!

Die Deutsche Bank gilt trotz aller Turbulenzen als relativ solides Finanzinstitut. Kaum bekannt ist dabei der Fakt, dass die Bank in außerbörslichen Derivaten, dem weltweiten Markt für ungedeckte Zahlungsversprechen auf die unterschiedlichsten Ereignisse und Werte, mit 52 Billionen – also 52.000 Milliarden Euro – engagiert ist. Das Eigenkapital der Deutschen Bank beträgt lediglich rund 68 Milliarden Euro. Das entspricht einem Hebel von 765 oder einer Eigenkapitalquote in Bezug auf das Derivatevolumen von 0,001. Ein Wahnsinn, oder?

Die Welt der Finanzwetten beläuft sich auf 700 Billionen Euro

Der weltweite Derivatebestand beträgt derzeit mindestens rund 700 Billionen Euro. Diese internationalen Finanzwetten sind eine latente Gefahr, vor allem für Ihren Wohlstand und Ihre Lebensqualität als Bürger und Steuerzahler. Ich bin im Übrigen nicht der Ansicht, dass die Deutsche Bank eines Tages den Weg in die formaljuristische Pleite antreten muss. Ich beurteile es aber als durchaus wahrscheinlich, dass die Deutsche Bank zukünftig einmal – infolge einer Zwangsverstaatlichung – zu einem volkseigenen Betrieb wird.

Mittelfristig hat die Deutsche Bank aus meiner Sicht lediglich zwei strategische wie operative Möglichkeiten zu gesunden. Das Eigenkapital muss gestärkt werden durch Kapitalerhöhungen, was mit Ausgabe neuer Aktien verbunden ist. Das bedeutet natürlich für bestehende Aktionäre eine weitere massive Verwässerung ihrer Anteile, ganz nach dem negativen Vorbild der Commerzbank.

Die zweite Möglichkeit ist die massive Reduktion der Bilanz und der außerbilanziellen Risikopositionen. Beide Schritte werden das Überleben der Deutschen Bank sichern, führen jedoch zu einer deutlichen Schwächung der Position der Deutschen Bank im internationalen Markt. Auch hier spricht der Aktienchart für sich.

Kursentwicklung der Deutsche-Bank-Aktie über die letzten zehn Jahre, © Guidants

30 Reduzieren Sie rechtliche Klumpenrisiken bei Banken

Das Wort Bankenunion ist wie der Begriff des Europäischen Stabilitätsmechanismus grundsätzlich sehr positiv behaftet. Mit einer »Union« verbinden wir im Grunde genommen alle einen Zusammenschluss, der aus einzelnen Teilnehmern eine starke Gemeinschaft bildet. Diese Ansicht wird unterstützt von der Politik und breiten Teilen der Medien.

Achtung: Die Bankenunion ist keine Hilfe zur Selbsthilfe!

Ein wenig erinnert die Kommunikationsstrategie der Politiker und Banklobbyisten sogar an den ursprünglichen genossenschaftlichen Gedanken von Friedrich Wilhelm Raiffeisen. Im 19. Jahrhundert entstand das Prinzip der »Hilfe zur Selbsthilfe«. Aus dieser Idee wurde die gegenseitige Notfallhilfe der Volks- und Raiffeisenbanken geboren, die heute noch ihre Gültigkeit hat. Die Europäische Bankenunion hat damit überhaupt nichts gemein. Im Gegenteil!

Unter den Begriff der Bankenunion fallen unterschiedliche Bestandteile, die auf europäischer Ebene durch drei ganz wesentliche Maßnahmen erreicht werden sollen. Viele Bürger und Steuerzahler sind der Meinung, dass die Bankenunion die Banken stabilisiert und sicherer macht. Diese Annahme ist grundsätzlich gar nicht so falsch. Doch die neue Scheinsicherheit hat einen hohen Preis: Die Kosten, die durch die gemeinsame Haftung entstehen, muss zukünftig jeder Bürger in der Europäischen Union bei einer Bankenschieflage mittragen.

Die wichtigsten Maßnahmen der Bankenunion auf einen Blick

1. Schaffung einer europäischen Finanzaufsichtsbehörde mit einer Entscheidungsmacht für alle Mitgliedstaaten
2. Zusammenschluss aller nationalstaatlichen Systeme der Einlagensicherung der Banken
3. Möglichkeit, Finanzhilfen aus dem ESM-Rettungsfonds direkt an Banken in Schieflage zu vergeben, anstatt diese an die Staaten zu leisten

Das System EU-Europas basiert auf sozialistischer Planwirtschaft

Theoretisch haften wir unbegrenzt, jedenfalls so lange, wie wir noch über Geld bei den teilnehmenden Banken in der EU verfügen. Wir bewegen uns in Europa mittlerweile in einem System der sozialistischen Planwirtschaft. Der ESM sorgt dafür, dass alle teilnehmenden Länder untereinander haften.

Die Bankenunion stellt einen weiteren einschneidenden Schritt auf dem Weg zum europäischen Umverteilungssystem dar, für das am Ende Sie als Bürger und Steuerzahler eines noch starken Landes mithaften. Im Ernstfall werden dadurch auch Kunden und Gläubiger der gesunden EU-Banken mitbezahlen müssen.

Die finanzpolitischen Fehlentwicklungen der Vergangenheit lassen sich nicht wegzaubern. Deswegen müssen diese gigantischen Altlasten und Schuldenberge zwangsläufig auf die breite Masse der Bevölkerung und somit auch auf Sie umverteilt werden. Mit dem ESM und der Bankenunion sind die rechtlichen Grundvoraussetzungen für dieses Vorhaben nun endgültig gelegt.

Die Europäische Bankenunion ist ein Damoklesschwert

Denn sie beruht auf dem Haftungsprinzip des Europäischen Stabilitätsmechanismus ESM. Das rechtliche Klumpenrisiko, das sich aus der Kombination des automatischen Informationsaustausches AIA mit dem Umverteilungssystem des ESM und der EU-Bankenunion ergibt, sollten Sie unbedingt reduzieren.

»Eigentum verpflichtet«: Selbst das Grundgesetz ist auf Seiten der Politik

Private Eigentumsrechte dienen vor allem dem Schutz Ihrer Vermögenswerte. Im deutschen Grundgesetz finden Sie den Satz »Eigentum verpflichtet«. Dieser Passus ist ganz klar eine gesetzliche Legitimation, möglicherweise Ihre Eigentumsrechte einzuschränken für den Fall, dass der Staat nicht mehr die finanziellen Mittel hat, um selbst handlungsfähig zu bleiben.

Wählen Sie starke Banken ohne Haftungsrisiken selbst aus

Das bedeutet, dass selbst die solideste Bank in der Europäischen Union latenten, unkalkulierbaren Haftungsrisiken unterliegt. Dieser Fakt sollte für Sie als mündiger Bürger und Kapitalanleger Anlass genug sein, selbstbestimmt und eigenverantwortlich eine Bank zu wählen, und zwar außerhalb dieses vordiktierten Zwangssystems. Länder wie Liechtenstein, die Schweiz, Norwegen oder Kanada sind dafür bestens geeignet.

31 Vier attraktive Banken außerhalb der EU

Ich empfehle Ihnen nachfolgend vier Banken, die außerhalb des Haftungsverbunds des Europäischen Stabilitätsmechanismus ESM liegen.

1. Die Royal Bank of Canada (RBC), Halifax, Kanada

Kanada ist einer der attraktivsten Bankstandorte außerhalb Europas! Ende Juni vergangenen Jahres begab ich mich auf eine Geschäftsreise nach Kanada. Ein Ziel meiner Reise war die wunderschöne Hafenstadt Halifax in der Provinz Nova Scotia. Halifax hat vor allem den Vorteil, ein internationaler Finanzplatz zu sein. Alle kanadischen Großbanken sind hier sehr präsent.

Kanada ist ein Land mit stabilen wirtschaftlichen und politischen Rahmenbedingungen. Das Land ist dünn besiedelt und rohstoffreich. Kanada hat eine solide gesellschaftliche und demografische Basis. Diese Fakten sind aus meiner Sicht ideale Grundvoraussetzungen, die auch Sie nutzen können.

Bei der Royal Bank of Canada habe ich ein Konto zu Top-Konditionen eröffnet

Im vergangenen Jahr habe ich selbst bei der RBC vor Ort ein Konto eröffnet, und zwar zu hervorragenden Konditionen. Mein neues Kanada-Dollar-Konto ist vollkommen kostenlos. Es gibt keine Mindestanlage. Ich habe lediglich 20 Kanada-Dollar, also rund 14 Euro, als Ersteinlage eingezahlt. Zusätzlich habe ich eine ebenfalls kostenlose Bankkarte nach Hause geschickt bekommen. Alles Weitere kann ich bequem von zu Hause aus online verwalten.

Für mich ist ein Konto bei der Royal Bank of Canada ein erstes strategisches Standbein in Kanada. Das Konto wird von einer soliden Bank an einem stabilen Finanzplatz außerhalb Europas, der EU, des ESM, der Bankenunion und des Euro geführt – und in diesem Fall eben auch geografisch fern vom mit vielen Problemen beladenen Europa.

Ein Fremdwährungskonto in Kanadischen Dollar unterliegt bei Geldinstituten innerhalb der Europäischen Bankenunion in der Regel der fragwürdigen gemeinschaftlichen Einlagensicherung der EU-Bankenunion. Mein Konto in Kanada hat hingegen eine gesetzliche Einlagensicherung des kanadischen Staates in Höhe von 100.000 Kanadischen Dollar. Ein weiterer klarer Vorteil. Mein Ansprechpartner bei der RBC in Halifax war übrigens Mark Ballantyne. Bei Fragen oder Wünschen können Sie sich einfach an ihn wenden.

Kontaktdaten
Royal Bank of Canada (Halifax)
Mark Ballantyne
E-Mail: mark.ballantyne@rbc.com
Tel.: (001) 902 4 21 45 88
www.royalbank.com

2. Die Euro Pacific Bank als strategisches Notfallstandbein außerhalb Europas

Das Rechtssystem von St. Vincent ist bewährt und solide. St. Vincent und die Grenadinen sind ein unabhängiger Inselstaat in der Karibik. Die ehemalige britische Kolonie hat das englische Rechtssystem übernommen.

Auf der Insel St. Vincent sowie den 32 Inseln der nördlichen Grenadinen, die geografisch zu den Kleinen Antillen gehören, leben lediglich rund 120.000 Einwohner. Die Hauptstadt und größte Stadt des Landes ist Kingstown.

Die Euro Pacific Bank bietet Ihnen ein attraktives Dienstleistungspaket

Die Basisdienstleistung einer Bank besteht aus einem Konto. Das können Sie bei der Euro Pacific Bank in den Währungen US-Dollar, Euro, Schweizer Franken, Kanadischer Dollar, Britisches Pfund, Australischer Dollar, Japanischer Yen und Neuseeland-Dollar eröffnen. Die Mindesteinlage für eine Kontoeröffnung beträgt dabei lediglich 500 US-Dollar.

Ab einer Mindesteinlage von 2.500 US-Dollar haben Sie die Möglichkeit, zusätzlich zu Ihrem Bankkonto ein Wertpapierdepot zu eröffnen. Da Peter Schiff, der Gründer der Euro Pacific Bank, aus dem Börsenhandel kommt, ist es nicht überraschend, dass die Bank in diesem Bereich ein sehr umfassendes Dienstleistungsangebot offeriert. Handeln können Sie beispielsweise Aktien, Investmentfonds, Optionen, Futures, Renten, Devisen (Forex) und CFDs.

Möchten Sie eine Kreditkarte mit Edelmetalldeckung?

Kein Problem! Über Ihr Konto können Sie physische Anlagemünzen und Anlagebarren aus Gold, Silber, Platin und Palladium erwerben. Die physischen Edelmetalle werden auf Ihren Namen registriert und sicher im Safe der bekannten australischen Münzprägeanstalt Perth Mint verwahrt. Für diese attraktiven Edelmetall-Dienstleistungen ist eine ebenfalls relativ geringe Mindestanlagesumme von 10.000 US-Dollar erforderlich.

Sehr empfehlenswert finde ich die Möglichkeit, eine edelmetallgedeckte Kreditkarte zu erhalten. Hier erhalten Sie ein physisches Gold- oder Silberkonto, für das Sie eine Kreditkarte bekommen. In einem Not- oder Krisenfall können Sie beispielsweise mit dieser Kreditkarte weltweit Zahlungen tätigen oder Bargeld abheben. Entsprechend Ihren getätigten Transaktionen werden in jeweiliger Höhe Edelmetalle von Ihrem Konto verkauft. Auch hier beträgt die Mindestanlage für diese außergewöhnlichen Dienstleistungen lediglich 500 US-Dollar.

Grundgebühr ist günstig, Überweisungen sind teuer

Die Euro Pacific Bank ist nicht Teil des europäischen SEPA-Zahlungsverkehrssystems, sondern nutzt das internationale SWIFT-Zahlungsverkehrssystem. Das macht Überweisungen relativ teuer. Eingehende Überweisungen bis 12.500 US-Dollar kosten beispielsweise 16 US-Dollar. Ausgehende Überweisungen 30 US-Dollar. Das ist in Ordnung für Überweisungen zu Anlagezwecken. Für den täglichen Zahlungsverkehr ist die Euro Pacific Bank aber nicht geeignet.

Häufige Überweisungsvorgänge sollten Sie also vermeiden. Die Kosten der Kontoführung sind hingegen moderat für eine Bank aus Übersee. Die monatlichen Kontoführungsgebühren betragen 5 US-Dollar.

Diese Unterlagen benötigen Sie für die Kontoeröffnung

Für die Kontoeröffnung benötigt die Euro Pacific Bank neben Ihrem unterschriebenen Kontoeröffnungsvertrag eine beglaubigte Kopie Ihres Personalausweises oder Reisepasses. Des Weiteren die beglaubigte Kopie einer Haushaltsrechnung (Strom, Wasser, Telefon) oder eine Meldebescheinigung. Außerdem ist ein Kontoauszug von der Bank, über die Sie Ihre erste Überweisung zur Euro Pacific Bank tätigen, beizufügen.

Das ist alles, ein persönlicher Besuch in der Karibik ist nicht notwendig.

Die Euro Pacific Bank ist ein reguliertes und nach meiner Einschätzung grundsätzlich solides Kreditinstitut außerhalb der Rechts- und Bankensysteme Europas und der EU-Bankenunion, das allerdings keiner gesetzlichen Einlagensicherung unterliegt.

Die Bank bietet Ihnen umfangreiche Servicedienstleistungen zu in der Regel relativ kostengünstigen Konditionen. Sie können sowohl Privat- als auch Firmenkonten eröffnen. Es gibt sogar ein deutschsprachiges Online-Kontoeröffnungsformular, die Ansprechpartner in der Bank sind allerdings rein englischsprachig.

Testen Sie die Euro Pacific Bank ausgiebig für 500 Euro!

Ich empfehle Ihnen, die Euro Pacific Bank mit ihren Systemen und Dienstleistungen ausgiebig zu testen. Das »kostet« Sie ja lediglich die Mindesteinlage in Höhe von 500 Euro oder ein Anfangsinvestment im unteren, vierstelligen Euro-Bereich. Dadurch gewinnen Sie in der Praxis wichtige Erfahrungswerte für die Frage, ob die Bank und ihre Dienstleistungen Ihren individuellen Ansprüchen genügen und Ihre persönlichen Bedürfnisse befriedigen. Ich bin mir relativ sicher: Das wird sie!

Kontaktdaten
Euro Pacific Bank Ltd.
Financial Services Centre – 111 Euro House Kingstown
VC0100 St. Vincent and the Grenadines
Tel.: (001) 888 527 40 41 (gebührenfrei)
www.europacbank.com

3. Swissquote Bank, die solide und kostengünstige Vollservice-Direktbank aus der Schweiz

Die Schweiz ist kein Mitglied der EU und des Euro-Verbunds. Das Alpenland gliedert sich föderalistisch in 26 Kantone, die im Prinzip wie unsere deutschen Bundesländer strukturiert sind. Von der reinen Größe her sind diese Kantone jedoch eher mit deutschen Städten oder Gemeinden vergleichbar.

Die Schweiz hat das, was EU-Europa haben möchte: direkte Demokratie

Zu den grundlegenden Prinzipien des Schweizer Bundesstaats gehören seit dessen Gründung im Jahr 1848 die Werte des Föderalismus und der Subsidiarität. Die Säulen dieser Prinzipien sind Freiheit, Rechtsstaatlichkeit und Demokratie.

Der Hauptgedanke ist dabei, Verantwortung für politische Entscheidungen an kleinere Strukturen zu übertragen: vom Bund an die Kantone, von den Kantonen an die Gemeinden. Der schweizerische Föderalismus ist für mich nach wie vor ein Musterbeispiel eines liberalen, schlanken Staates. Er hat sich gerade auch in Krisenzeiten über Jahrzehnte und Jahrhunderte bewährt.

Nicht das Bankgeheimnis ist das Wichtigste in der Schweiz, sondern die politische Stabilität!

Nicht das Bankgeheimnis, sondern diese staatlichen Prinzipien mit ihrer damit verbundenen Vertrauensbasis politischer Stabilität sind für mich der Hauptgrund, warum ich Ihnen den Schweizer Banken- und Finanzplatz zumindest für Teile Ihrer Vermögenswerte so nachdrücklich empfehle. Diese grundlegende Stabilität wird zukünftig – interessant speziell für deutsche Kapitalanleger – durch die zunehmende Rechtssicherheit weiter gestärkt. Wenn Sie noch kein Konto in der Schweiz haben, sollten Sie unbedingt eines eröffnen – allein aus diesen Überlegungen heraus!

Nutzen Sie meine Top-Direktbank aus der Schweiz

Mein absoluter Bankfavorit in der Schweiz ist die Swissquote Bank, weil dieses ebenso solide wie innovative Unternehmen die umfassendste Produktpalette zu sehr guten Konditionen offeriert. Sie benötigen keine Mindesteinlage und können die Kontoeröffnung ganz einfach über den Postweg vornehmen, ohne dass Sie persönlich in die Schweiz reisen müssen.

Kontaktdaten
Swissquote Bank
Chemin de la Crétaux 33
CH-1196 Gland, Schweiz
Tel.: (0041) 448 25 88 88
www.swissquote.ch

4. Die Liechtensteinische Landesbank LLB

Das Fürstentum Liechtenstein ist eine konstitutionelle Erbmonarchie auf demokratischer und parlamentarischer Grundlage. Die Staatsgewalt ist im Fürsten und im Volke verankert. Mit 160 km² ist Liechtenstein der viertkleinste Staat in Europa.

Trotz seiner Kleinheit blickt das Land auf eine bewegte Geschichte zurück. Eine Geschichte rasanter Entwicklungen, nicht zuletzt vom Agrarland zum Industriestaat. Liechtenstein entwickelte sich seit Anfang der 1950er-Jahre zu einem der attraktivsten und erfolgreichsten Wirtschaftsstandorte in Europa. Als moderner Wirtschaftsplatz steht Liechtenstein für Innovation, Entwicklung und Stabilität.

Die einzige Bank mit Staatsgarantie im Fürstentum Liechtenstein

Im Fürstentum Liechtenstein empfehle ich die Liechtensteinische Landesbank. Die einzige Bank des Landes, die zusätzlich zu ihrer soliden Kapitalausstattung über eine Staatsgarantie verfügt. Mittels eines Online-Formulars können Sie mittlerweile eine Kontoeröffnung online beantragen. Die Mindesteinlage beträgt »nur« noch 30.000 Schweizer Franken, was für liechtensteinische Verhältnisse absolut gering ist.

Kontaktdaten
Liechtensteinische Landesbank AG
Städtle 44
FL-9490 Vaduz, Liechtenstein
Tel.: (00423) 236 88 11
www.llb.li

32 Apple als Vorbild der Kapitalanlage im Ausland

Haben Sie schon ein Konto, ein Schließfach oder ein Wertpapierdepot in der Schweiz? Haben Sie schon einen Investmentfonds oder eine Versicherungspolice mit formaljuristischem, rechtlichem Sitz im Fürstentum Liechtenstein? Ich halte diese Vorgehensweise für absolut richtig und wichtig. Sollten Sie bislang noch kein zweites oder drittes Standbein außerhalb der EU in diesem Bereich haben, rate ich Ihnen, dies unbedingt anzugehen! Empfehlenswerte Kontaktadressen zur praktischen Umsetzung finden Sie in diesem Buch zur Genüge.

Schaffen Sie sich Standbeine für Ihr Geld außerhalb der EU!

Eine meiner grundlegendsten Strategien ist die Verteilung und Anlage von Vermögenswerten im Ausland. Allen voran in attraktiven, liberalen und soliden Ländern außerhalb der Europäischen Union, des Euro, des Europäischen Stabilitätsmechanismus ESM und der Haftungsgemeinschaft der EU-Bankenunion.

Hervorragend dafür geeignete Länder sind beispielsweise die Schweiz, das Fürstentum Liechtenstein, aber auch Norwegen oder Kanada. Für große Unternehmen ist diese wichtige Strukturierungs- und Diversifikationsstrategie in attraktiven Ländern im Ausland seit Jahrzehnten bereits selbstverständlich.

Apple hält 93 Prozent seines Barvermögens im Ausland!

Das beste Beispiel ist für mich der bekannte US-Konzern Apple. Dass Apple einen Großteil seiner immensen Barreserven außerhalb der USA hält, ist weder ein Geheimnis noch illegal. Rund 215 Milliarden US-Dollar hat Apple mittlerweile im Ausland angehäuft.

Lediglich 16,6 Milliarden US-Dollar liegen hingegen in den USA. Der Grund bei Apple ist einfach: US-Unternehmen, die ausländische Gewinne zurück in die USA bringen, zahlen den vollen Steuersatz von 35 Prozent plus Aufschläge in einzelnen Bundesstaaten.

33 Die unabhängige Vermögensverwaltung und Bank-Boutique aus Liechtenstein

Das Fürstentum Liechtenstein ist ein einzigartiger Finanzplatz im Herzen Europas. Die Liechtensteiner Banken zeichnen sich seit jeher durch stabile Geschäftsmodelle und eine sehr solide Eigenmittelausstattung aus. Das liegt daran, dass der Kern des Bankgeschäftes in Liechtenstein in der soliden Betreuung privater Vermögenswerte liegt und nicht im spekulativen Investmentbanking.

Zum Ende des Jahres 2016 habe ich zuletzt 14 Banken in Liechtenstein einem Test unterzogen. Hier ist festzustellen, dass der Bankplatz Liechtenstein vor allem auf Vermögensberatungen und -verwaltungen spezialisiert ist. Konto- und Depotführungen bleiben für Anlagesummen unter mindestens 100.000 Euro absolut unwirtschaftlich.

Bei meinen Recherchen bin ich auf einen empfehlenswerten Vermögensverwalter aus Liechtenstein gestoßen, der bankenunabhängig die Konto- und Depotführung bei unterschiedlichen Kreditinstituten in Liechtenstein anbietet.

Die wichtigsten Standortvorteile Liechtensteins auf einen Blick

- Traditionell sehr hoher Schutz Ihrer Eigentumsrechte und Privatsphäre
- Stabile Sozial-, Rechts- und Wirtschaftsordnung
- Hohes Maß an politischer und rechtlicher Kontinuität und Stabilität
- Liberale Wirtschaftspolitik, liberales Gesellschaftsrecht
- Moderate Unternehmensbesteuerung
- Keine Staatsschulden – als eines von weltweit nur noch fünf Ländern –, basierend auf einer soliden Finanzpolitik der öffentlichen Haushalte
- Starker Schweizer Franken als gesetzliches Zahlungsmittel
- Überschaubare Größe des Landes mit nur 39.000 Einwohnern, die Flexibilität und kurze Entscheidungswege mit sich bringt
- Große Kapitalkraft der öffentlichen Hand
- AAA-Länder-Rating durch Moody's und Standard & Poor's
- Hohe Vermögensverwaltungskompetenz und Nischenprodukte, die aufgrund der EWR-Mitgliedschaft Liechtensteins EU-kompatibel sind

Im Fürstentum Liechtenstein gibt es lediglich 14 Banken

Liechtenstein ist bezogen auf die dort vertretenen Versicherungskonzerne und Banken mein Finanzplatz Nr. 1 in Europa. Die Eigenkapitalquote der 14 im liechtensteinischen Bankenverband vertretenen Banken beträgt solide 21,4 Prozent. Zum Vergleich einmal der Blick auf die deutschen Großbanken: Die Deutsche Bank kommt derzeit auf eine Eigenkapitalquote von 7,8 Prozent, die Commerzbank auf 7,4 Prozent.

Die Liechtensteiner Banken sind auf Vermögensberatung und Vermögensverwaltung spezialisiert. Dadurch ist die Eröffnung eines einfachen Bankkontos für den Zahlungsverkehr bereits mit relativ großen Hürden und Kosten verbunden. Nachfolgend finden Sie die vollständige Übersicht aller Banken in Liechtenstein.

Bank	Telefon	Internet
Bank Alpinum AG	(00423) 2 39 62 11	www.bankalpinum.com
Bank Frick & Co. AG	(00423) 3 88 21 21	www.bankfrick.li
Bank Vontobel (Liechtenstein) AG	(00423) 2 36 41 11	www.vontobel.com
Banque Havilland (Liechtenstein) AG	(00423) 2 39 33 33	www.banquehavilland.com
EFG Bank von Ernst AG	(00423) 2 65 53 53	www.efgbankvonernst.com
Kaiser Partner Privatbank AG	(00423) 2 37 80 00	www.kaiserpartner.com
LGT Bank AG	(00423) 2 35 11 22	www.lgt.com
Liechtensteinische Landesbank AG	(00423) 2 36 88 11	www.llb.li
NEUE BANK AG	(00423) 2 36 08 08	www.neuebankag.li
Raiffeisen Privatbank Liechtenstein AG	(00423) 2 37 07 07	www.raiffeisen.li
Union Bank AG	(00423) 2 39 35 35	www.unionbank.li
Valartis Bank AG/ Bendura Bank AG	(00423) 2 65 56 56	www.valartis.li
Volksbank AG	(00423) 2 39 04 04	www.volksbank.li
VP Bank AG	(00423) 2 35 66 55	www.vpbank.com

Die Banken im Fürstentum Liechtenstein auf einen Blick

Nutzen Sie den Bankplatz Liechtenstein für Anlageberatungen und Vermögensverwaltungen

Im Hinblick auf die Kosten und die Mindesteinlage von »nur« 30.000 Euro ist hier die Liechtensteinische Landesbank, die als einzige Bank im Fürstentum eine Staatsgarantie hat, meine Top-Empfehlung für ein Online-Konto und Online-Wertpapierdepot.

Früh & Partner: Der bankenunabhängige Vermögensverwalter mit »Reinheitsgebot«. Als möglichen Partner für Ihr Depot in Liechtenstein möchte ich Ihnen ein bankenunabhängiges Unternehmen namens Früh & Partner empfehlen, weil Sie hier nicht nur bei der Auswahl einer geeigneten Depotbank mit fairen Konditionen im Fürstentum Liechtenstein unterstützt werden.

Zudem arbeitet das Unternehmen sehr erfolgreich mit einem sogenannten Reinheitsgebot. Das heißt, Früh & Partner verzichtet komplett auf synthetische Finanzprodukte wie Derivate. Stattdessen kauft das Unternehmen mit Sitz in Vaduz für seine Kunden überwiegend ausgesuchte solide Einzelaktien, aber auch Edelmetalle.

Wie sicher sind Ihre Vermögenswerte bei Früh & Partner?

Früh & Partner ist eine inhabergeführte, lizensierte Vermögensverwaltungsgesellschaft mit Sitz in Liechtenstein. Das bedeutet, das Unternehmen untersteht der Liechtensteinischen Finanzmarktaufsicht (FMA). Ihre Vermögenswerte, die durch Früh & Partner für Sie verwaltet werden, lagern bei soliden Banken in Liechtenstein. Ein Konkurs des Unternehmens hätte also keine Auswirkungen auf Ihre Konten oder Wertpapierdepots, da diese ein Sondervermögen darstellen.

Früh & Partner ist der Top-Vermögensverwalter mit Bankenzugang im Fürstentum Liechtenstein

Früh & Partner bietet Ihnen den Zugang zu ausgesuchten Depotbanken in Liechtenstein zu sehr vorteilhaften Konditionen. Eine intensive Zusammenarbeit besteht beispielsweise mit der LGT Bank, der Raiffeisen Privatbank sowie der Volksbank in Liechtenstein.

Die Anlagephilosophie des Unternehmens basiert auf Direkt-Investments in Einzelaktien

Früh & Partner ist für meine Strategien neben den Standortvorteilen des Fürstentum Liechtensteins und der bereits beschriebenen Möglichkeiten vor allem deswegen eine ideale Ergänzung und Bereicherung, weil das Unternehmen einen eigenen Aktienauswahlprozess durchführt.

Das Mindestvolumen in Höhe von 300.000 EUR/CHF ist allerdings ein kleiner Wermutstropfen, der aber durchaus verständlich ist angesichts des angebotenen Servicepakets. Aufgrund der Rahmenbedingungen und Leistungen teile ich den Leitspruch des Unternehmens uneingeschränkt: »Besser zu früh als zu spät!«.

Kontaktdaten
Früh & Partner Vermögensverwaltung AG
Ansprechpartnerin: Korinna Voigt
Landstrasse 39
FL-9490 Vaduz
Tel.: (00423) 377 99 77
E-Mail: korinna.voigt@fpartner.li
www.fpartner.li

34 Das sind die drei besten Banken für Ihr Girokonto in der Schweiz

Die aktuellen Entwicklungen rund um die massiven staatlichen Kontenabfragen in Kombination mit den seit dem 01.01.2016 in Kraft getretenen Gefahren der EU-Bankenunion haben mich dazu veranlasst zu recherchieren, welche alternativen Kontoführungsmöglichkeiten es in der Schweiz gibt.

Dabei bin ich auf fast schon unglaubliche Entwicklungen gestoßen: von massiv überteuerten Gebühren zur Abwehr von Kunden aus dem Ausland bis hin zur klar kommunizierten Geschäftspolitik, für Nichtschweizer keine Konten mehr anzubieten.

Gebühren für Ausländer variieren um 72.000 Prozent!

Es mag unglaublich klingen, aber in einem Fall hat man mir mitgeteilt, dass die Gebühren für Ausländer um 72.000 Prozent variieren. Und zwar bei der Aargauischen Kantonalbank, die mir bei meinen Recherchen am negativsten aufgefallen ist.

Auf meine Frage, ob ich bitte einmal eine Übersicht der Kontoführungsgebühren für Ausländer haben könnte, wurde mir sehr unfreundlich mitgeteilt, diese belaufen sich zwischen 0 bis 720 Schweizer Franken.

Unerklärliches Geschäftsgebaren

Der prozentuale Unterschied zwischen 1 Schweizer Franken und 720 Schweizer Franken beträgt 72.000 Prozent! Selbst wenn ich auf dem Mond wohnen würde, hätte ich kein Verständnis für dieses Geschäftsgebaren. Die Großbanken UBS und Crédit Suisse haben mich ebenfalls enttäuscht. Die Crédit Suisse verlangt 480 Schweizer Franken an Gebühren, die UBS 360 Schweizer Franken im Jahr. Frühestens ab einer Einlage von 1 Million Euro könnte ich bei beiden Banken über die Gebühren verhandeln.

Immer mehr Schweizer Banken wollen keine Auslandskunden

Neben dem Trend, dass viele Banken ihre Gebühren für Ausländer massiv angehoben haben, gibt es auch mehrere Institute, die schlicht keine Konten oder Depots für Ausländer mehr anbieten. Die Schweizer Postfinance gewährt beispielsweise Personen mit einem Wohnsitz außerhalb der Schweiz ausschließlich nur noch dann ein Konto, wenn sie Schweizer Staatsbürger sind. Selbst Liechtensteiner Staatsbürger oder Personen mit einem Wohnsitz im Fürstentum Liechtenstein bekommen bei der Postfinance kein Konto mehr.

40 Schweizer Banken habe ich für Sie getestet!

Ich habe mit genau 40 Schweizer Banken in den letzten Wochen über E-Mail korrespondiert und telefoniert. Ich habe mich dabei noch nie in meinem Leben so unfreundlich behandelt gefühlt wie bei diesem Test. Ich habe natürlich nicht gesagt, dass ich Wirtschaftsjournalist bin, sondern einfach ein deutscher Privatkunde, der aufgrund der Eurokrise gerne ein Konto in der Schweiz eröffnen will. Ein eigentlich vollkommen normaler Wunsch.

Ich schreibe es ganz deutlich: Bei vielen Schweizer Banken habe ich mich gefühlt wie ein potenzieller Schwerkrimineller, ein Bettler oder ein lästiger Bittsteller und Hausierer. Ich gehe sogar so weit, das Verhalten einzelner Schweizer Banken mir gegenüber als ausländerfeindlich und diskriminierend zu bezeichnen.

Bei Schweizer Kantonalbanken sind Sie als Ausländer kein König

Die negativsten Erfahrungen habe ich mit vielen Kantonalbanken gemacht. Die Kantonalbanken in der Schweiz sind vergleichbar mit den Sparkassen in Deutschland. Auch hier ein paar Beispiele: Die Freiburger Kantonalbank verlangt von Ausländern 600 Schweizer Franken an Kontoführungsgebühren im Jahr. Die Luzerner und Zuger Kantonalbank 420 Schweizer

Franken ebenso wie die Neuenburger Kantonalbank. 360 Schweizer Franken verlangen die Kantonalbanken in St. Gallen, im Thurgau, im Waadtland, in Zürich und in Obwalden.

Hier steckt für mich ganz klar ein System dahinter. Vermutlich aufgrund einer entsprechenden Vorgabe oder Empfehlung des Verbands der Schweizer Kantonalbanken, dem viele regionale Kantonalbanken dann gefolgt sind. Aber erfreulicherweise nicht alle.

50 CHF für die Kontoführung: Die Schaffhauser Kantonalbank ist empfehlenswert!

Die Schaffhauser Kantonalbank ist eine absolute Ausnahme, die ich Ihnen deshalb auch empfehlen kann. Die Mitarbeiterin der Schaffhauser Kantonalbank war sehr freundlich zu mir. Eigentlich ist es traurig, dass ich so eine Selbstverständlichkeit überhaupt betonen muss. Die Kantonalbank in Schaffhausen ist die einzige Kantonalbank, bei der ich mich bei meinem Test als deutscher Kunde wirklich willkommen gefühlt habe.

Ein Grund dafür ist vermutlich die Grenznähe dieser Bank. Zudem zieht der Rheinfall in Schaffhausen als größter Wasserfall Europas viele Touristen und damit auch potenzielle ausländische Kunden an.

Meine Fragen an die Schaffhauser Kantonalbank wurden alle höflich, sehr kompetent und ausführlich zu meiner vollsten Zufriedenheit beantwortet. Dass Deutsche bei dieser Bank willkommen sind, zeigt sich dann auch an den Kontoführungsgebühren von lediglich 50 Schweizer Franken im Jahr für ein Girokonto.

Bank Coop: Gebührenbefreiung bei zusätzlichen Einlagen

Schweizer bezahlen bei der Bank Coop 12 Schweizer Franken im Jahr an Kontoführungsgebühren. Ausländer 120 Schweizer Franken, also das Zehnfache. Wegen ihres Filialnetzes und der breiten Produktpalette ist die Bank Coop für mich dennoch sehr empfehlenswert. Außerdem lässt die Bank mit sich handeln. Bis hin zu einer vollkommenen Gebührenbefreiung des Girokontos für den Fall, dass Sie ein Depot oder ein Festgeldkonto mit einem Wert von mindestens 100.000 Schweizer Franken bei der Bank unterhalten.

Migros Bank: 7.500 CHF Mindesteinlage sorgen für ein Girokonto mit nur 60 CHF Kosten

Weit weniger Mindesteinlage ist bei der Migros Bank erforderlich, die ebenfalls in der gesamten Schweiz mit Niederlassungen vertreten ist. Die Kontoführungsgebühren für Ausländer aus Deutschland oder Österreich betragen hier zwar relativ teure 240 Schweizer Franken. Ab einer Mindesteinlage von relativ niedrigen 7.500 Schweizer Franken reduziert sich diese allerdings deutlich auf nur noch 60 Schweizer Franken. Das ist ebenfalls sehr empfehlenswert.

Eröffnen Sie jetzt ein Girokonto in der Schweiz!

Nutzen Sie meine Rechercheergebnisse und konzentrieren Sie sich zur Eröffnung eines Girokontos in der Schweiz auf die nachfolgenden drei Banken.

Kontaktdaten

Bank Coop
Aeschenplatz 3
CH-4002 Basel
Tel.: 0800 889 966
E-Mail: info@bankcoop.ch
www.bankcoop.ch

Migros Bank AG
Seidengasse 12
CH-8001 Zürich
Tel.: (0041) 848 84 54 00
E-Mail: info@migrosbank.ch
www.migrosbank.ch

Schaffhauser Kantonalbank
Vorstadt 53
CH-8201 Schaffhausen
Tel.: (0041) 526 35 22 22
E-Mail: info@shkb.ch
www.shkb.ch

35 Ethikbanken: Nachhaltige Finanzinstitute sind krisenfester als herkömmliche Banken

Am 30.06.2016 hat die Europäische Bankenaufsicht EBA die Ergebnisse des letzten sogenannten »Bankenstresstests« veröffentlicht. Banken und Bankenverbände haben sich nach der Veröffentlichung der jüngsten Ergebnisse überwiegend selbst gelobt. Die häufigsten Aussagen waren, die Banken seien heute stabiler und widerstandsfähiger als vor der Finanzkrise, die Eigenkapitalquoten höher, die Kreditrisiken geringer.

Der EBA-Bankenstresstest ist eine reine Beruhigungspille für die Öffentlichkeit

Der aktuelle EBA-Bankenstresstest ist für mich eine Farce! Diese angebliche Risikobeurteilung sollte besser Sparer- oder Bankkundenstresstest genannt werden. Die Annahmen sind geschönt und viel zu optimistisch, beispielsweise im Hinblick auf die Zinsrisiken der Banken. Ein gravierendes Negativzinsszenario, wie wir es aktuell bereits am Zinsmarkt sehen, wurde bei dem Stresstest übrigens überhaupt nicht berücksichtigt.

Gleiches gilt für die gigantischen Risiken, die im Bereich der völlig intransparenten und außerbilanziellen Finanzderivate der Banken schlummern. Die Deutsche Bank hat hier in Relation zu ihrem Eigenkapital die größten Risiken aller Banken weltweit angehäuft. Trotz aller positiven Beschwichtigungen und Kosmetiktricks des aktuellen EBA-Stresstests zählen die deutschen Großbanken Commerzbank und Deutsche Bank zu den zehn schlechtesten Banken in Europa. Die Börse verdeutlicht über die massiv fallenden Aktienkurse beider Großbanken die dramatische Lage weit besser als die beschönigenden Testergebnisse.

Europäische Banken sind heute sicherer, weil Steuerzahler und Bankkunden im Krisenfall mithaften!

Die Aussage, dass EU-Banken aktuell sicherer sind als vor einigen Jahren, ist übrigens nicht völlig falsch. Allerdings sind die untersuchten Banken nur deswegen vermeintlich sicher, weil in einem Krisenfall entweder die Steuerzahler wieder einspringen müssen oder die Bankaktionäre und Bankkunden ganz einfach mit in die Haftung genommen werden können, indem ihre Einlagen schlicht enteignet werden.

Ebenso schafft die seit dem 01.01.2016 in Kraft getretene EU-Bankenunion eine zusätzliche Scheinsicherheit, da die Banken und Bankkunden anderer EU-Länder untereinander mithaften. Das Ranking des aktuellen Bankenstresstests nun für eine Bankauswahl zu nutzen, wie es manche »Fachzeitschriften« publizieren, bewerte ich als nicht empfehlenswert, weil dieser Test als Entscheidungsgrundlage nicht belastbar ist. Ich stütze meine nachfolgenden Bankempfehlungen hingegen auf eine medial weit weniger beachtete Studie.

Studie: Ethikbanken sind krisensicherer als klassische Banken

Ethikbanken investieren nach ökologischen und nachhaltigen Kriterien beispielsweise in erneuerbare Energien, den Umwelt- und Klimaschutz, die biologische Landwirtschaft oder nach ethischen Kriterien in soziale Projekte. Die getroffenen Investitionsentscheidungen sind dabei dennoch überwiegend ökonomisch und renditeorientiert. Der Hauptunterschied zu klassischen Banken liegt darin, dass die Geldanlagen unter fairen Gesichtspunkten für alle Beteiligten getroffen werden.

Der Report »Global Alliance for Banking on Values« hat 17 nachhaltige Banken, sogenannte Ethikbanken, mit insgesamt 28 Kreditinstituten verglichen, welche laut dem Finanzstabilitätsrat als »systemrelevant« gelten. Fast alle nachhaltigen Banken sind in den letzten Jahren im Vergleich zu klassischen Banken mehr als doppelt so schnell gewachsen.

Empfehlenswerte Ethikbanken mit Sitz oder Niederlassungen in Deutschland und Österreich

Ethikbanken haben einen weit stärkeren Bezug zur realen Wirtschaft als klassische Banken. Nachfolgend finden Sie eine Auswahl an empfehlenswerten Ethikbanken für Deutschland, Österreich und die Schweiz.

Bank	Telefonnummer	Internet
EthikBank eG	(0049) 036691 86 23 45	www.ethikbank.de
LIGA Bank eG	(0049) 0941 4 09 50	www.ligabank.de
Triodos Bank N.V. Deutschland	(0049) 069 71 71 91 00	www.triodos.de
GLS Gemeinschaftsbank eG	(0049) 0234 5 79 71 00	www.gls.de
UmweltBank AG	(0049) 0911 5 30 81 23	www.umweltbank.de
Bank für Orden und Mission	(0049) 01803 1 11 15 50	www.ordensbank.de

Sechs empfehlenswerte Ethikbanken auf einen Blick

Bank	Telefonnummer	Internet
Alternative Bank Schweiz AG	(0041) 62 2 06 16 16	www.abs.ch
Freie Gemeinschaftsbank Genossenschaft	(0041) 61 2 69 81 00	www.gemeinschaftsbank.ch

Zwei attraktive Ethikbanken aus der Schweiz

Werden Sie jetzt Kunde einer Ethikbank

Vertrauen, Verantwortung, Transparenz und Fairness sind für mich die Grundlagen für eine nachhaltige Zusammenarbeit mit Banken und Vermögensverwaltern. Diese Werte haben die klassischen Banken weitestgehend verlernt und verloren.

Ich rate Ihnen, eine Verbindung mit einer oder mehreren Ethikbanken aufzubauen, die unter nachhaltigen Wertemaßstäben wirtschaften. Diese Banken leben soziale Werte auch ihren Angestellten vor. Mitarbeiter werden nach diesen nachhaltigen Maßstäben eingestellt und entsprechend geschult.

Sie werden bei diesen Banken sehr wahrscheinlich nicht an einen reinen Verkäufer von Bankprodukten geraten, der in erster Linie seine eigenen Interessen im Blick hat, sondern an einen vertrauensvollen Partner, der Sie und Ihr Kapital wertschätzt.

Ethikbanken sind ein Bestandteil für umfassende Zukunfts- und Kapitalschutz-Konzepte

Statistiken unterschiedlicher Wirtschaftsforschungsinstitute belegen, dass Nachhaltigkeitskonzepte einen realen Mehrwert für Sie als Anleger haben. Nicht kurzfristig, aber stetig und langfristig. Gerade für Ihre Altersvorsorge und den Vermögensaufbau sind diese langfristig stabilen Erträge unter vertretbaren Risiken ein hervorragendes Kapitalschutz-Konzept.

Qualitativ hochwertige Finanzprodukte aus dem Segment der Nachhaltigkeit konnten sich in der Finanzkrise hervorragend am Markt behaupten. Ich bin überzeugt, dass sich die Wechselwirkungen zwischen finanzieller Performance und Nachhaltigkeit weiter positiv entwickeln werden.

Für Beratungen zur Gründung von Stiftungen sind Ethikbanken empfehlenswert

Daher empfehle ich Ihnen, innerhalb des bestehenden Bankensystems mindestens eine Ethikbank zu nutzen. Bei der Suche nach einer Vermögensverwaltung empfehle ich Ihnen, die nachhaltigen Dienstleistungen der Ethikbanken in diesem Bereich ebenfalls zu prüfen. Sei es bei den Anbietern in Deutschland, Österreich oder außerhalb der EU in der Schweiz.

Ethikbanken wie beispielsweise die Triodos Bank oder die GLS Bank bieten auch weiterführende, sehr attraktive und wirkungsvolle Dienstleistungen im Bereich der Gründung von Stiftungen.

36 Digitale Vermögensverwaltung: Automatisches Anlage- und Risikomanagement mittels Robo-Advisory

Die industrielle Revolution hat ihren Ursprung Ende des 18. Jahrhunderts durch die Mechanisierung von Produktionsabläufen mittels Wasser- und Dampfkraft. Darauf folgte die zweite industrielle Revolutionsstufe in Form der breiten Nutzung elektrischer Energie. Zu Beginn der 1970er-Jahre des letzten Jahrhunderts folgte darauf die dritte Stufe der industriellen Revolution in Form der Automatisierung mittels Elektronik und IT.

Cyber-Physical-Systems: Die vierte Stufe der industriellen Revolution

Heute befinden wir uns längst in der vierten Stufe der industriellen Revolution, auf Basis von Cyber-Physical-Systems. Vereinfacht ausgedrückt, auf dem Einsatz neuer IT- und Steuerungsarchitekturen beruhend. Das verallgemeinernde Schlagwort, das wir hier häufig nutzen, ist die Digitalisierung. Diese ist längst auch in der Finanzbranche sowie dem Geldwesen angekommen.

Finanztechnologien: Die USA sind führend bei Robo-Advisors

Die Entwicklungen bei standardisierten Online-Anlageberatungen und automatisierten Vermögensverwaltungen, den sogenannten Robo-Advisors, verfolge ich bereits seit vielen Jahren sehr intensiv. Die Thematik »Anlageroboter statt Vermögensberater« nimmt in unserer Welt der Automatisierung und Digitalisierung mit einer immer größer werdenden Dynamik zu. Das verdeutlichen die nachfolgenden Zahlen, die vom Statistikportal der Statista GmbH präsentiert wurden.

Die USA sind weltweit führend bei Robo-Advisors. Dabei handelt es sich um Software, die die Dienstleistungen eines traditionellen Finanzberaters digitalisiert und automatisiert. Laut Statista Digital Market Outlook (DMO) kommen von den zwölf größten Unternehmen aus diesem Bereich allein neun aus den Vereinigten Staaten.

Das sind die zwölf größten Robo-Advisors weltweit

Führend ist das Unternehmen Vanguard, über dessen Finanztechnologie nach Statista-Schätzung 47 Milliarden US-Dollar verwaltet werden. In den Top 5 sind außerdem die beiden Start-ups Betterments (7,4 Mrd. US-Dollar) und Wealthfront (rund 5 Mrd. US-Dollar). Von dem deutschen Unternehmen Scalable Capital, auf das ich nachfolgend im Detail eingehe, werden mittlerweile immerhin 125 Mio. Dollar verwaltet. Dadurch rangiert Scalable Capital weltweit auf Rang 12.

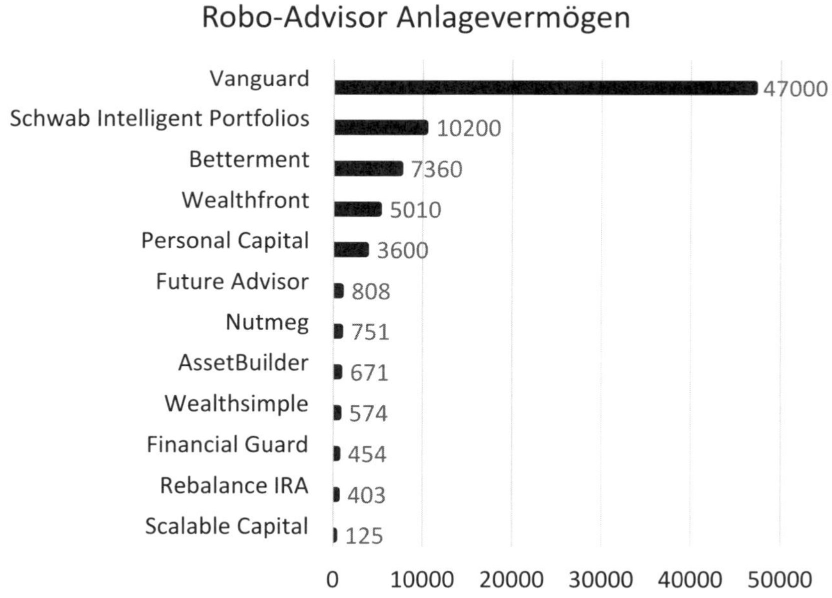

Top-Robo-Advisors nach Anlagevermögen (in Mio. US-Dollar), © eigene Darstellung, Quelle: Wikipedia

Robo-Advisory optimiert die Anlageberatung und Vermögensverwaltung

Robo-Advisory bedeutet automatisches Portfolio- und Anlagenmanagement unter Berücksichtigung des kundenspezifischen Risiko- und Anforderungsprofils. Das Besondere ist, dass bei Scalable Capital das Portfolio permanent von den Algorithmen des Unternehmens analysiert und fortlaufend an die Marktlage angepasst wird. Ein menschlicher Berater kann dies nicht leisten.

Ich beurteile das Konzept deshalb als sehr empfehlenswert, weil zudem menschliche Fehler auf allen Seiten – Kunde, Bank- oder Vermögensberater – vermieden werden. Darüber hinaus werden die Kosten der Vermögensverwaltung reduziert.

Scalable Capital investiert für Sie in alle wichtigen globalen Anlageklassen

Scalable Capital bietet Ihnen eine komfortable, preiswerte, transparente und intelligente Art der Geldanlage. Global investiert wird über ETFs in die Anlageklassen Aktien, Staatsanleihen, Unternehmensanleihen, besicherte Anleihen, Rohstoffe, Immobilien und Geldmarkt.

Die Service-Bausteine von Scalable Capital

- Scalable Capital erstellt für Sie automatisiert ein individuell angepasstes, global diversifiziertes Portfolio für den langfristigen Vermögensaufbau.
- Dafür wählen die Experten von Scalable Capital die besten und kosteneffizientesten Exchange Traded Funds (ETFs) aus.
- Das Unternehmen überwacht und managt Ihr Portfolio fortlaufend.

Wie sicher ist Ihr Geld bei Scalable Capital?

Das Unternehmen unterliegt der Aufsicht der BaFin und der Deutschen Bundesbank.

Ihr Geld und Ihre Anlagen sind vor Insolvenz geschützt

Kundengelder und Kundenwertpapiere werden von der Baader Bank AG verwahrt. Im Fall einer Insolvenz der Scalable Capital Vermögensverwaltung GmbH ist somit Ihr im Depot enthaltenes Vermögen geschützt. Zusätzlich werden die Wertpapiere in Ihrem Depot getrennt vom restlichen Bankvermögen der Baader Bank AG verwahrt, sodass diese auch im Falle einer Insolvenz der Baader Bank ebenfalls geschützt sind.

Nutzen Sie Robo-Advisory als Alternative und Ergänzung zu Bankberatern!

Robo-Advisory, also die mittels Algorithmen automatisierte Portfolioverwaltung, ist für mich ein ganz wichtiger Baustein des Vermögensmanagements der Zukunft. Sie eignet sich ideal als Ergänzung Ihrer Anlagestrategie, sollte die persönliche Beratung aber nicht komplett ersetzen, sondern im Gegenteil darin integriert werden. Diesem Ziel kommt die Scalable Capital Vermögensverwaltung bereits heute schon sehr nahe.

Sehr empfehlenswert: 10.000 Euro Mindestanlage und nur 0,75 Prozent Verwaltungskosten

Scalable Capital bietet Ihnen eine Vermögensverwaltung für eine moderate Gebühr von lediglich 0,75 Prozent pro Jahr an. Diese Gebühr beinhaltet die Vermögensverwaltung, die Konto- und Depotführung sowie alle Wertpapiertransaktionen. Die Mindesteinlage bei Scalable Capital ist mit 10.000 Euro ebenfalls relativ gering für ein Vermögensverwaltungskonzept dieser professionellen Art und Güte.

Sollten Sie mit Ihrer Bank, Ihrem Anlageberater oder Ihren bisherigen Vermögensverwaltungen unzufrieden sein, rate ich Ihnen, Scalable Capital mit dem Mindestanlagebetrag zu testen. Gleiches gilt natürlich auch für den Fall, dass Sie auf der Suche nach einem bankenunabhängigen Vermögensverwalter sind.

Kontaktdaten
Scalable Capital Vermögensverwaltung GmbH
Tel.: (0049) 089 38 03 80 67
www.scalable.capital

37 Digitale Privatsphäre: Eröffnen Sie ein E-Mail-Konto ausserhalb der EU in der Schweiz oder in Norwegen

Vor dem Hintergrund der künstlichen Niedrigzinspolitik der Europäischen Zentralbank haben mittlerweile viele Anleger erkannt, dass Vermögenswerte auch ganz gezielt in reale Ressourcen wie Aktien, Edelmetalle, Diamanten oder Immobilien außerhalb der EU investiert werden sollten. Parallel dazu müssen Sie auch Ihre immateriellen Ressourcen gezielt strukturieren und sichern.

Daten sind die Goldminen des 21. Jahrhunderts

Die wertvollsten Ressourcen des 21. Jahrhunderts sind Daten. Die Sicherheit Ihrer digitalen Daten muss ein Basisbaustein Ihres persönlichen Kapitalschutzes sein. Allzu oft wird das Bedürfnis nach Diskretion im beruflichen wie im privaten Bereich in ein absolut falsches Licht gerückt. Bei weitem nicht jeder Bürger, der seine Identität und Privatsphäre nicht preisgeben will, hat zwangsläufig etwas zu verbergen.

Schützen Sie Ihre Privatsphäre und schaffen Sie mehr Diskretion in Ihrem Leben

Optimieren Sie also Ihre persönlichen Vermögensstrukturen vollkommen legal und legitim durch Auslagerung in andere Länder oder verändern Sie Ihre persönlichen Lebensstrukturen. Dazu müssen Sie nicht gleich auswandern oder eine Immobilie im Ausland kaufen. Nein, beginnen Sie bei den ganz kleinen Dingen in Ihrem Leben: Ihren persönlichen Daten und Ihrem E-Mail-Verkehr. Seit den 1990er-Jahren wird unser tägliches Leben zunehmend digitaler. Besonders deutlich wird das beispielsweise in der Kommunikation. Nachrichten werden heute überwiegend per E-Mail versandt, kaum noch per Brief.

Mehr Sicherheit durch E-Mail-Provider außerhalb der EU

Ich empfehle Ihnen, vor allem sensible E-Mails, beispielsweise in der Kommunikation mit Ihrer Bank im Ausland, Ihrem Anwalt, Ihrem Steuerberater oder auch Ihrem Arzt oder mit Geschäftspartnern ab sofort besser zu schützen. Nutzen Sie dafür Datendienste, die außerhalb des zunehmend bürgerunfreundlicher werdenden Rechtskreises der Europäischen Union liegen.

Die Schweiz und Norwegen verfügen über sehr strenge Datenschutzgesetze

Nutzen Sie dafür liberale und freiheitliche Länder, die nicht von EU- oder US-Gesetzen abhängig sind. Wegen der sehr strengen Datenschutzgesetze im Hinblick auf die Bürger- und Eigentumsrechte denke ich dabei vor allem an die Schweiz und Norwegen.

Nutzen Sie Proton oder Runbox für Ihre E-Mails!

Proton ist ein verschlüsselter E-Mail-Dienst, dessen Server an zwei Standorten in der Schweiz in Lausanne und Attinghausen stehen. Außerhalb der EU- und US-Rechtsprechung ist Proton erst dann dazu verpflichtet, Daten an Behörden auszuhändigen, wenn ein Schweizer Gerichtsbeschluss vorliegt.

Die Technik von Proton schützt Ihre E-Mails, bereits bevor sie an den Server von Protonmail geschickt werden. Protonmail bietet grundsätzlich kostenlose Accounts an. Die Finanzierung erfolgt bislang über Spenden. Zukünftig sind auch kostenpflichtige Konten geplant, die dann mehr Speicherplatz bieten werden.

Verlagern Sie Ihren E-Mail-Verkehr in ein Rechtssystem außerhalb der EU!

Beim Anbieter Runbox aus Norwegen sind Ihre Daten ebenfalls in einem attraktiven Rechtssystem gesichert. Nach norwegischem Recht muss Runbox im Gegensatz zu E-Mail-Dienstleistern in der EU oder den USA keine sogenannten Log-Dateien speichern. Persönliche Informationen über Nutzer muss bzw. darf Runbox nur preisgeben, wenn ein norwegisches Gericht das anordnet.

Kontaktdaten
Proton Technologies AG
Unternehmenssitz: Genf/Schweiz
www.protonmail.com

Runbox Solutions AS
Unternehmenssitz: Oslo/Norwegen
www.runbox.com

38 Schützen Sie jetzt Ihre Privatsphäre mittels digitaler Selbstverteidigung

900.000 Telekom-Anschlüsse waren deutschlandweit Ende November 2016 für längere Zeit ohne Internet, Telefon und Fernsehen. Die Ursache war ein gravierender Hackerangriff, bei dem nicht ausgeschlossen werden kann, dass dadurch private Router mit einer Schadsoftware infiziert wurden.

Deutschland befindet sich auf dem Weg zu einem neuen Überwachungsstaat

Zusätzlich zu den kriminellen Hackerangriffen wurden in den vergangenen Monaten – von der breiten Öffentlichkeit kaum bemerkt – einige sehr unschöne Gesetze und Überwachungsmaßnahmen beschlossen. Mit massiven Eingriffen in Ihre Privatsphäre und Bürgerrechte.

Ich spreche hier vom neuen BND-Gesetz, der Vorratsdatenspeicherung VDS sowie dem Videoüberwachungsverbesserungsgesetz. Das neue BND-Gesetz erlaubt dem Bundesnachrichtendienst, voraussichtlich ab Anfang 2017 Internetknotenpunkte in Deutschland anzuzapfen, über die der weltweite Datenverkehr abgewickelt wird. Amnesty International sprach in diesem Zusammenhang von einem Freibrief für die Massenüberwachung.

Die Vorratsdatenspeicherung ist die Mutter staatlicher Überwachung

Bereits im Oktober 2015 wurde die Vorratsdatenspeicherung durch den Bundestag verabschiedet. Vielen Bürgern ist gar nicht bewusst, welche gravierende Maßnahmen hier beschlossen wurden. Telefon- und Internetunternehmen müssen bis zum 01.07.2017 sicherstellen, dass zehn Wochen lang gespeichert werden kann, mit wem Sie telefoniert haben und mit welcher IP-Adresse Sie im Internet unterwegs waren. Vier Wochen lang muss Ihr Aufenthaltsort gespeichert werden.

Stasi oder NSA? In Deutschland gibt es eine neue Behörde namens Zitis

Die Strafverfolgungsbehörden werden zukünftig neue Möglichkeiten erhalten. Eine zentrale Stelle für Informationstechnik im Sicherheitsbereich mit dem Namen Zitis wird im neuen Jahr ihre Tätigkeit aufnehmen. Auch das ist der breiten Bevölkerung nicht bekannt. 60 Zitis-Mitarbeiter werden bereits zum Start Polizei und Verfassungsschutz unterstützen und verschlüsselte Nachrichten dechiffrieren. Bis zum Jahr 2022 soll Zitis über 400 Mitarbeiter verfügen.

Der PrivacyDongle schützt einfach und wirkungsvoll Ihre Privatsphäre im Internet

Das Internet ist eine Datenkrake. Sie müssen sich bewusst sein, dass allein Ihre Suchanfragen und die von Ihnen besuchten Internetseiten eine sehr große Menge an persönlichen Informationen über Sie preisgeben, beispielsweise Ihre Interessen, Familienverhältnisse, politische Einstellung, Kaufverhalten oder auch Ihren Gesundheitszustand. Es gibt dagegen Antispionagesoftware für Ihren PC.

Die Schutzprogramme von www.steganos.de sind hier beispielsweise empfehlenswert. Vielen ist das aber zu kompliziert zu installieren und zu aufwändig in der praktischen Umsetzung. Das sind meine Erfahrungen aus zahlreichen Gesprächen mit Lesern und Kunden. Hierzu habe ich eine tolle Lösung als Alternative.

Das anonyme Surfen im Internet ist ein Grundrecht, das Sie einfordern müssen.

Der sogenannte PrivacyDongle (Dongle bedeutet übersetzt Kopierschutzstecker) der gemeinnützigen Datenschutzorganisation Digitalcourage e. V. ist ein USB-Stick, auf dem ein spezieller Firefox-Browser installiert ist. Jede Verbindung zu einer Webseite wird damit verschlüsselt und über das sogenannte Tor-Netzwerk hergestellt.

Dies ermöglicht Ihnen ein unbeobachtetes Surfen, denn damit weiß weder Ihr Internetprovider, welche Webseiten Sie aufgerufen haben, noch der Webseitenbetreiber, wer Sie sind. Die Software hinterlässt auch keine Spuren auf Ihrem Rechner, da sie direkt vom USB-Stick gestartet wird.

Nutzen Sie die bequeme und wirkungsvolle Lösung zum Preis von 25 Euro!

Sie müssen keine Software installieren, sondern gehen ganz einfach auf die Internetseite www.shop.digitalcourage.de Dort können Sie sich den PrivacyDongle für den fairen Preis von einmalig 25 Euro bestellen. Sie können den USB-Stick auch ganz bequem mit sich führen und an den unterschiedlichsten Geräten verwenden. Ganz einfach nur einstecken und schon können Sie anonym im Internet lossurfen! Nutzen Sie diese bequeme, kostengünstige und wirkungsvolle Möglichkeit!

Kontaktdaten
Digitalcourage e. V.
Tel.: (0049) 0521 52 19 79 17
www.digitalcourage.de

39 Edelmetalle gehören nicht in Bankschliessfächer

Die zunehmenden Bargeld- und Bargoldeinschränkungen und weitere gravierende Entwicklungen in der EU aus der jüngeren Vergangenheit – wie beispielsweise die Kontrolle und Sperrung von privaten Schließfächern bei griechischen Banken – zeigen eines deutlich: Edelmetalle gehören nicht in Bankschließfächer! Zumindest nicht bei Banken innerhalb der EU-Bankenunion.

Unter den anderen europäischen Ländern bieten sich die Schweiz und vor allem das Fürstentum Liechtenstein als sicherster Schutz vor derartigen Zwangsmaßnahmen an. Zusätzlich ist es sinnvoll, Edelmetalle durch Rechtsträger wie Versicherungspolicen oder Fonds aus Liechtenstein zu ummanteln; das schützt vor weiteren Restriktionen wie einem möglichen Bargoldverbot. Ein Basis-Investment dafür ist der SafePort Focus Fund aus dem Fürstentum Liechtenstein.

Der SafePort Focus Fund (ISIN: LI0133662929) ist ein Investmentfonds nach liechtensteinischem Recht, der das Fondsvermögen weltweit in mindestens sieben Zielfonds investiert. Als Anleger profitieren Sie von einer Vermögensverwaltung mit einem regelmäßigen Reporting für Ihre Kontrolle. Mit nur einem Investment haben Sie dadurch die Möglichkeit, breit in physisches Gold, physisches Silber, physische strategische Metalle, Minengesellschaften sowie Agrarbeteiligungen und Bio-Energieanlagen zu investieren, und zwar gezielt über den Standort Liechtenstein.

Die aktuelle Portfolio-Struktur des SafePort Focus Fund		
Zielfonds	**ISIN**	**Gewichtung**
SafePort Precious Metals 95+ Fund	LI0103770074	16,63 %
SafePort Physical Gold 95+ Fund	LI0103770082	15,81 %
SafePort Physical Silver 95+ Fund	LI0103770090	8,05 %
SafePort Gold & Silver Mining Fund	LI0020325713	11,27 %
SafePort Silver Mining Fund	LI0026391222	10,55 %
SafePort Strategic Metals & Energy Fund	LI0103770108	10,05 %
SafePort PM Value Fund	LI0103770116	6,38 %
SafePort Loick Bio-Products & Bio-Energy	VCP8244T2077	20,79 %
Liquidität		0,47 %

Die SafePort Funds: 100 Prozent Fürstentum Liechtenstein!

Das Unternehmen Perfect Management Services AG mit Sitz im liechtensteinischen Triesen ist Initiator und Strategie-Berater der SafePort Funds. Perfect Management Services AG ist eine von der Finanzmarktaufsicht Liechtenstein FMA (**www.fma.li**) konzessionierte Vermögensverwaltungsgesellschaft sowie Mitglied des Vereins unabhängiger Vermögensverwalter in Liechtenstein (**www.vuvl.li**).

Die Fondsverwaltung CAIAC Fund Management AG (**www.caiac.li**) aus Liechtenstein ist für die einwandfreie Erfüllung der administrativen Aufgaben zuständig. Das Unternehmen ist in Liechtenstein führend in diesem Bereich. Die renommierte Neue Bank AG (**www.neuebankag.li**) mit Sitz in der Hauptstadt Vaduz ist die Depotbank für die SafePort-Fondsgruppe.

SafePort hat nach meinen umfassenden Recherchen und mittlerweile langjährigen Erfahrungen sehr überzeugende Antworten und innovative Lösungen parat für die aktuell unsicheren politischen und wirtschaftlichen Rahmenbedingungen. Große gesellschaftliche oder wirtschaftliche Ungleichgewichte, labile Papiergeldwährungssysteme, massive Geldmengenerhöhungen – und damit einhergehende, kaum mehr kontrollierbare Verschuldungsexzesse zahlreicher Industriestaaten – sind für mich ein idealer Nährboden für Vermögensverwaltungskonzepte, die auf realen Werten basieren.

Das Fort Knox Liechtensteins außerhalb des Bankensystems

Zu Beginn des Jahres 2015 bekam ich von einem meiner Leser eine Zuschrift, ob ich das neue Offene Zollfreilager Liechtenstein OZL kenne. Das hat mich dazu veranlasst, das OZL Liechtenstein (www.ozl.li) persönlich zu besuchen, was ich bereits am 28.01.2015 getan habe. Nicht selten wurde ich dabei an den James-Bond-Film »Goldfinger« erinnert. Der Begriff Fort Knox Liechtensteins trifft aufgrund meiner persönlichen Erfahrungen deswegen absolut zu.

SafePort nutzt das Offene Zollfreilager OZL in Liechtenstein für seine Investmentfonds. Mittlerweile nutzt auch SafePort das OZL Liechtenstein. Ein Zollfreilager hat den großen Vorteil, dass bei dieser Verwahrform keine Mehrwertsteuer anfällt. Das OZL war das erste Zollfreilager im Fürstentum Liechtenstein, dem auch die Eidgenössische Zollverwaltung im Rahmen des seit Jahrzehnten bestehenden Zollvertrages zwischen der Schweiz und Liechtenstein die Zulassung erteilte.

Alle SafePort-Bestände werden im OZL vollständig getrennt von den Beständen anderer Kunden verwahrt. Zusätzlich gibt es eine weitere Sicherheit. Die Neue Bank als Depotbank trägt in Liechtenstein eine Mithaftung gegenüber den Fondsanlegern für die tatsächliche Existenz des physischen Materials im Zollfreilager. Im Kapitel »Geheimtipp Alpenfestung« finden Sie zu den umfassenden Gestaltungsmöglichkeiten über das Fürstentum Liechtenstein weiterführende Informationen.

Die SafePort Funds sind Ihr bankenunabhängiges Sachwert-Standbein

Die SafePort Funds, bei denen physische Metallwerte im ersten Zollfreilager in Liechtenstein eingelagert werden, sind eigene liechtensteinische Rechtspersonen. Der liechtensteinische Staat wird ihnen dadurch mit aller Konsequenz den höchstmöglichen eigentumsrechtlichen Schutz gewähren.

In der Schweiz besteht eine Notstandsgesetzgebung, aufgrund derer die Regierung grundsätzlich jederzeit eigentumsrechtliche Einschränkungen vornehmen kann. Beispielweise für Schweizer Gold-ETFs. In Liechtenstein gibt es keine solche gesetzliche Grundlage, durch die die Eigentumsrechte der Fondsanleger eingeschränkt werden können. Sollten ausländische Staaten zukünftig eigentumsrechtliche Ansprüche an liechtensteinische Rechtspersonen stellen, bedürfen diese zur Durchsetzung auch einer gesetzlichen Grundlage in Liechtenstein, die dann erst geschaffen werden muss. Dadurch erhalten die Investmentfonds ein ausreichendes Zeitfenster, um geeignete und für die Anleger vorteilhafte Anpassungsentscheidungen zu treffen. Sie erhöhen dadurch Ihre Handlungsfähigkeit bei Zwangsmaßnahmen signifikant.

Niedriges Mindestvolumen ohne teures Liechtenstein-Konto und -Depot

In den SafePort Focus Fund können Sie wie in alle anderen SafePort Funds bereits ab einer Anlagesumme von 5.000 Euro investieren. Das ist für den Standort Liechtenstein eine enorm niedrige Einstiegshürde. Für ein Bankdepot im Fürstentum Liechtenstein benötigen Sie in der Regel eine Mindestanlagesumme von mindestens 100.000 Euro, teilweise sogar deutlich mehr.

Die Investmentfonds von SafePort sollten Sie gerade auch aus strategischen Gründen der rechtlichen und geografischen Diversifikation direkt in Liechtenstein erwerben. Am kostengünstigsten zeichnen Sie die Fonds direkt bei der Fondsgesellschaft über SafePort Funds. Das hat den großen Vorteil, dass Sie je nach Anlagevolumen den Ausgabeaufschlag deutlich reduzieren können. Darüber hinaus erreichen Sie eine sichere Direktverwahrung Ihrer Fondsanteile im Fürstentum Liechtenstein, ohne dass zusätzliche Kosten für ein Depot bei einer meist sehr teuren Liechtensteiner Bank anfallen.

Kontaktdaten
SafePort Funds
Perfect Management Services AG
Landstraße 340
FL-9495 Triesen
Tel.: (00423) 390 01 75
www.safeport-funds.com

40 Kennen Sie die wertvollste Banknote der Welt?

Seit Dezember 2015 ist die Anzahl der umlaufenden 500-Euro-Scheine bereits erheblich gesunken. Daher war es für mich keine Überraschung, dass der EZB-Rat am 04. Mai 2016 beschlossen hat, die Ausgabe der größten Euro-Banknote gegen Ende des Jahres 2018 komplett einzustellen.

In der Praxis bedeutet das, dass rund 600 Millionen 500er-Banknoten aus dem Bargeldverkehr genommen werden. Die Abschaffung des 500-Euro-Scheins untergräbt für mich weiter das Vertrauen in die nachhaltige Handlungsfähigkeit der Europäischen Zentralbank und der Politik in der EU.

Diese Maßnahme dient nicht dem Kampf gegen die internationale Terrorfinanzierung, Geldwäsche, Kriminalität oder Schwarzarbeit. Sondern sie schadet den Bürgern. Die wichtige Wertaufbewahrungsfunktion unseres immateriellen Papiergeldes bzw. Bargeldes wird weiter eingeschränkt.

Bargeld wird staatlich reglementiert und technisch substituiert

Die Diskussion um eine Abschaffung des Bargelds hat insgesamt deutlich an Fahrt gewonnen. Europäische Staaten wie Italien oder Frankreich untermauern ihre gesetzlich festgelegte Barzahlungshöchstgrenze von nur noch 1.000 Euro mit dem Kampf gegen Steuerhinterziehung und Kriminalität.

Dänemark oder Schweden begründen die Abschaffung von Bargeld mit den hohen Produktions-, Zähl- und Bearbeitungskosten. In den nordischen Ländern Europas hat das elektronische Bezahlen das Zahlen mit Bargeld bereits weitestgehend verdrängt. Die Notenbank Dänemarks hat angekündigt, ab 2017 keine neuen Banknoten mehr zu drucken. Auch in Norwegen gibt es starke Bestrebungen hin zu einer bargeldlosen Gesellschaft.

Das Bargeldzeitalter neigt sich dem Ende zu!

Im Gegensatz zu Skandinavien lehnen in Deutschland drei von vier Bürgern die Abschaffung von Bargeld ab. Der Grund dafür liegt hauptsächlich in der Furcht vor einem absolut gläsernen Menschen. Freiheits- und Eigentumsrechte könnten dann eingeschränkt werden.

Diese Ängste sind berechtigt. Dennoch sehe ich Bargeld in seiner heutigen Form als Auslaufmodell. Ich erwarte keine vollkommene Abschaffung. Das Geldsystem wird sich aber allein aufgrund der technologischen Entwicklungen massiv verändern.

In Singapur sind 10.000-Dollar-Banknoten in Umlauf.

Der 500-Euro-Schein ist übrigens nicht die wertvollste Banknote der Welt. Die Währung des Insel- und Stadtstaates Singapur, des kleinsten Staates in Südostasien, ist der Singapur-Dollar mit dem Währungskürzel SGD.

10.000er-Banknote des Singapur-Dollar, Screenshot http://banknote.ws/COLLECTION/countries/ASI/SIN/SIN0044.htm

Die frei gehandelte Währung wird über einen geheim gehaltenen Warenkorb anderer Währungen überwacht. In Singapur ist die wertvollste Banknote der Welt in Umlauf. Der Geldschein mit einem Nominalwert von 10.000 Singapur-Dollar. Das entspricht umgerechnet einem Gegenwert von 6.500 Euro.

Auch im Sultanat Brunei auf der Insel Borneo gibt es einen 10.000-Brunei-Dollar-Schein, der allerdings eins zu eins an den Singapur-Dollar gekoppelt ist. Nur zum Vergleich. Der größte Geldschein der USA hat einen Wert von lediglich 100 US-Dollar. In Großbritannien ist die größte Banknote der 50-Pfund-Schein.

Schweiz und Liechtenstein: Der 1.000-Franken-Schein bleibt!

In der Schweiz und im Fürstentum Liechtenstein ist der Schweizer Franken die Nationalwährung. Das Währungskürzel ist CHF. Die größte Banknote, der 1.000er ist hier fast doppelt so viel wert wie der 500-Euro-Schein. 1.000 Schweizer Franken entsprechen aktuell einem Gegenwert von rund 900 Euro.

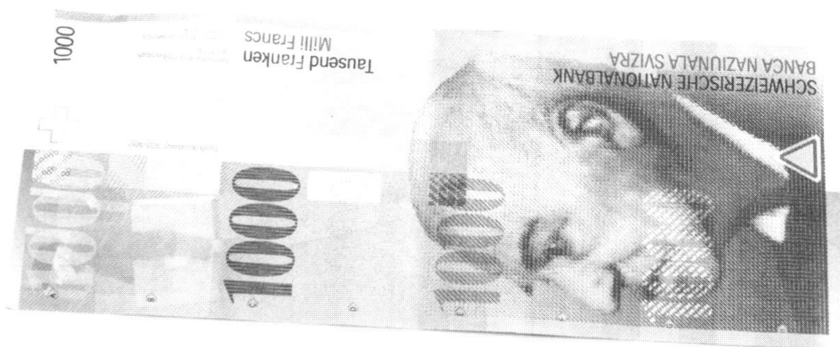

1.000-Schweizer-Franken-Schein (CHF), © Shutterstock/yurchello108

Die Schweizer Bundesregierung hat sich vor kurzem öffentlich zum weiteren Bestand der 1.000-Schweizer-Franken-Banknote bekannt. Im Gegensatz zur Politik der EZB sieht der Schweizer Bundesrat keinerlei Anhaltspunkte für eine kriminelle Verwendung oder einen Missbrauch der 1.000er-Banknote. Die Wertaufbewahrungsfunktion wird daher auch in der Zukunft ordnungs- wie fiskalpolitisch geschätzt und geschützt!

41 Kennen Sie das teuerste Material der Welt?

Gold ist für mich zu jeder Zeit ein absolutes Basis-Investment. Aber auch andere alternative und mobile Sachwerte wie Silber, Diamanten oder strategische Metalle beurteile ich als attraktive Investments. Gleiches gilt für edle Anlageuhren, allen voran der Marke Rolex. Ich bekomme aufgrund meiner Berichte zu edlen Anlageuhren immer wieder Zuschriften mit dem kritischen Hinweis, dass der Materialpreis einer Gold-Rolex deutlich unter dem Goldpreis liegt. Das ist natürlich richtig.

Eine Uhr aus Glas für 57.100 Euro

Hublot Big Bang Unico Sapphire, © Hublot

Hier möchte ich Ihnen Folgendes zu bedenken geben: Wie sieht es eigentlich aus mit dem Glaspreis oder dem Silikonpreis? Aktuelles Beispiel von der Uhrenmesse Baselworld 2016: Die Hublot Big Bang Unico Sapphire. Deckglas, Mittelteil, Lünette und Gehäuseboden bestehen aus Saphir, die Ziffern, Indexe und Zeiger aus Kunstharz und das Armband aus transparentem Silikon. Also eine wahre »Glasuhr«. Es werden allerdings lediglich 500 Exemplare produziert zum Stückpreis von 57.100 Euro. Die Diskrepanz zwischen Materialpreis und Verkaufspreis ist somit massiv höher als bei jeder Rolex aus Gold. Für mich ist diese limitierte Hublot aus Glas unabhängig vom Materialwert dennoch ein absolut interessantes Investment! Derartige Uhren-Investitionen sind eher vergleichbar mit

Kunst. Bei einem van Gogh hat doch auch noch niemand gefragt, wie hoch der Holz- oder Aluminiumpreis des Rahmens, der Preis der Farbe oder der Papierpreis der Leinwand ist, oder? Edle Anlageuhren sind daher weit mehr Kunst als Metall!

Kennen Sie das teuerste Material der Welt?

Zum Ende des Jahres 2015 waren in den breiten Medien zahlreiche Prognosen zu lesen, dass es nur noch eine Frage der Zeit ist, bis Gold unter die symbolisch wichtige Marke von 1.000 US-Dollar fällt. Zahlreiche Analysten und Anlageberater haben gleichzeitig zum Verkauf von Edelmetallen geraten. Natürlich kann auch ich nicht ausschließen, dass Gold unter 1.000 US-Dollar fällt, aber die Entwicklungen der Preise an den Märkten haben die Prognosen in den letzten Monaten – wie so häufig – mittlerweile längst ad absurdum geführt.

Gold, Silber und auch Diamanten als härteste Währung der Welt bleiben für mich nach wie vor ein ganz wichtiger, realer Baustein in einer Finanzwelt, die zunehmend weiter an Stabilität und Realitätsbezug verliert. Diese realen Materialien haben seit Jahrtausenden einen werthaltigen Bestand, der im Gegensatz zu Papiergeldwährungen nie verloren ging.

Vor kurzem habe ich eine interessante Studie gelesen zu realen Werten. Dabei ging es unter anderem darum, welcher Rohstoff bzw. welches Material die wertvollste Substanz ist. Nicht Gold, Platin oder Plutonium hat den höchsten Wert, sondern ein Material namens Endohedrale Fullerene. Diesen Begriff hatte ich nie zuvor gehört oder gelesen.

Kennen Sie Endohedrale Fullerene?

Das sind kugelförmige Nanostrukturen, die aus 60 Kohlenstoffatomen bestehen. Sie ermöglichen beispielsweise Atomuhren, die man in Smartphones einbauen könnte. Forscher haben aktuell einen Preis von 32.000 US-Dollar, was einem Gegenwert von rund 28.000 Euro entspricht, für 200 Mikrogramm Endohedrale Fullerene erzielt. Nur einmal als Vergleich. Die identische Menge an Gold hätte lediglich einen Wert von 0,008 Euro!

1 Gramm Antimaterie für 100 Billionen US-Dollar

Wenn Sie nun denken, dieser Preis ist utopisch, dann habe ich noch ein weit unglaublicheres Beispiel für Sie. 1 Gramm Antimaterie – man könnte auch vereinfacht behaupten ein Gramm »Nichts« – kostet schätzungsweise 100 Billionen US-Dollar.

Natürlich wird Antimaterie nirgendwo gehandelt. Im Jahr 2011 ist es Forschern der Europäischen Organisation für Kernforschung gelungen, rund 300 Antiwasserstoffatome für ungefähr 17 Minuten einzufangen. Diese Kurzlebigkeit wird als Grund für den exorbitant hohen Preis von Antimaterie genannt. In der Zukunft könnte allerdings Antimaterie beispielsweise für gigantische Hochleistungsraketen genutzt werden.

III.
VON PAPIER ÜBER METALL ZU DIGITAL: DIE WICHTIGSTEN ALTERNATIVEN ZUM EURO

Auf unserer Welt gibt es derzeit neben den massiv schuldenbeladenen Leitwährungen des US-Dollar und des Euro rund 160 offizielle Währungen. Staaten besitzen ein Währungsmonopol und können auf dieser Grundlage im eigenen Hoheitsgebiet gesetzliche Zahlungsmittel einführen. Der Wert der Währung eines Landes ist dabei ein Indikator und Spiegelbild des wirtschaftlichen, sozialen und politischen Status quo.

Währungen basieren nicht ausschließlich auf Zentralbankgeld

Verantwortlich für die Währungspolitik in den staatlichen Währungsräumen sind die zentralen Notenbanken der jeweiligen Länder. Sie steuern Zinshöhen und Geldmengen. Sie legen die Grundlage dafür, dass die Geschäftsbanken neues Papiergeld schöpfen können, basierend auf Krediten und Schuldscheinen. Alle gesetzlichen Papiergeldwährungen sind rein durch die volkswirtschaftliche Leistung der jeweiligen Länder gedeckt. Je höher die Schulden, desto schwächer die Deckung. Daneben gibt es auch zentralbankunabhängige Währungen wie Gold oder Bitcoin, auf die sich ein näherer Blick lohnt.

Mit Fremdwährungen diversifizieren und stabilisieren!

Für zahlreiche Privatanleger bedeutet es nach wie vor eine gewisse Hürde, Fremdwährungsinvestitionen sinnvoll in die Praxis umzusetzen, auch wenn die Zugangs- und Handelsmöglichkeiten in den vergangenen Jahren deutlich zugenommen haben.

Damit Sie auch im Fremdwährungsbereich eine ausgewogene Depotstruktur erreichen, sollten Sie eine Verteilung auf unterschiedliche Anlagewährungen vornehmen. Fremdwährungen diversifizieren und stabilisieren Ihre Vermögenswerte. Anhand meiner Empfehlungsliste mit zwölf ausgesuchten Fremdwährungen kommen Sie ans Ziel.

Geheimtipp: Das Multiwährungskonto

Immer mehr Banken bieten mittlerweile Währungskonten an, ohne dass diese an ein Wertpapierdepot gekoppelt sein müssen. Dennoch habe ich bei meinen aktuellen Recherchen bei fast allen bekannten Discountbrokern ein zu geringes Angebot und zahlreiche Fallstricke vorgefunden.

Allerdings bin ich bei meinen Recherchen auch auf ein noch ziemlich unbekanntes Angebot gestoßen, das mich wegen der Vielfältigkeit seiner Möglichkeiten und der hervorragenden Konditionen in jeglicher Hinsicht überzeugt hat: das einzigartige Multiwährungskonto der DZ Privatbank.

1 Fremdwährungen: Zwölf empfehlenswerte Währungen für Ihre Investments – auch in bar oder als »Plastikgeld«

Grundsätzlich sind Fremdwährungen ausländische Zahlungsmittel in Form von Devisen (Buchgeld) oder Sorten (Bargeld). Allerdings können die offiziellen Währungen ausländischer Staaten nicht nur für den Zahlungsverkehr verwendet werden, sondern vor allem auch zur Wertaufbewahrung und zur Risikodiversifikation in der Kapitalanlage. Der internationale Handelsplatz für Devisen nennt sich Forex (Foreign Exchange).

Der Währungsmarkt ist hochliquide und rund um die Uhr handelbar

Die Forex ist der umsatzstärkste und liquideste Markt der Welt mit einem Tageshandelsvolumen von über 4 Billionen US-Dollar. Dieser gigantische Markt ist nicht vergleichbar mit einer Börse an einem bestimmten Ort. Der internationale Devisenhandel ist vielmehr ein Netzwerk von unzähligen Banken, Börsen und Brokern weltweit. Durch die Zeitverschiebung in Kombination mit der Vielzahl an Marktteilnehmern ist der Devisenmarkt 24 Stunden an jedem Tag zugänglich.

In der nachfolgenden Tabelle finden Sie meine grundlegenden Fremdwährungsfavoriten. Das sind zum einen Währungen aus relativ stabilen Nachbarländern – oder zumindest geografisch nahen Staaten – außerhalb der Eurozone, beispielsweise Dänemark, Schweiz, Liechtenstein, Norwegen, Polen oder Tschechien.

Zum anderen aus soliden und moderat verschuldeten Ländern wie Australien, Hongkong, Kanada, Neuseeland oder Singapur. Ebenso darf die Weltleitwährung des US-Dollar der wirtschaftlichen und militärischen Supermacht USA in einem Fremdwährungsportfolio nach meiner Überzeugung nicht fehlen. Trotz aller Schuldenprobleme der Vereinigten Staaten.

Zwölf attraktive Fremdwährungen auf einen Blick		
Australischer Dollar (AUD) 	Britisches Pfund (GBP) 	Dänische Krone (DKK) 
Hongkong-Dollar (HKD) 	Kanadischer Dollar (CAD) 	Norwegische Krone (NOK) 
Neuseeland-Dollar (NZD) 	Polnischer Zloty (PLN) 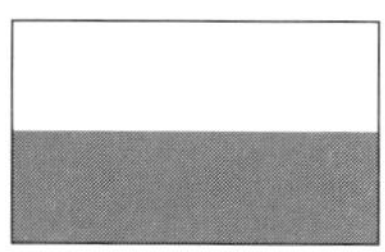	Schweizer Franken (CHF) 
Tschechische Krone (CZK) 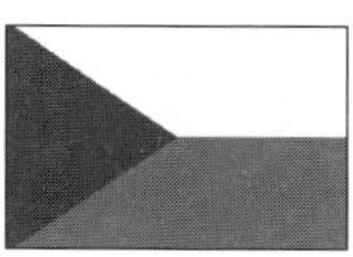	Singapur-Dollar (SGD) 	US-Dollar (USD) 

Steuervorteil Währungskonto: Kursgewinne sind nach einem Jahr steuerfrei

Ein Fremdwährungskonto ist im Prinzip ein normales Bankkonto, das lediglich in einer ausländischen Währung geführt wird. Wie bei Giro- oder Tagesgeldkonten auch sind Guthaben auf Währungskonten täglich verfügbar. In der Praxis werden Fremdwährungskonten meist als reine Abwicklungskonten im Zusammenhang mit einem Wertpapierdepot eingesetzt.

Wenn Sie als Anleger beispielsweise hauptsächlich amerikanische Aktien an der US-Heimatbörse in US-Dollar oder Schweizer Aktien in

Schweizer Franken an der Börse Zürich kaufen, macht ein Währungsabwicklungskonto bei Ihrer Bank oder Ihrem Online-Broker allein schon aus Kostengründen Sinn.

Dadurch entfällt die ansonsten bei jeder Order fällige Währungskonvertierung, bei der die Banken sehr häufig kräftig mitkassieren. Neben den Kostengesichtspunkten und den Chancen auf Währungsgewinne bieten Fremdwährungskonten einen weiteren, sehr attraktiven steuerlichen Vorteil: die Kursgewinne, die Sie aus Devisengeschäften erzielen, sind nach Ablauf der Spekulationsfrist von einem Jahr nach wie vor komplett steuerfrei.

Empfehlung: Nutzen Sie das einzigartig attraktive Multiwährungskonto

Die Volksbank Lübeck bietet im exklusiven Vertrieb das STARPLAN-Konto-Online der DZ-PRIVATBANK S.A. an. Dieses sogenannte Multi-Currency-Konto ermöglicht Ihnen die Anlage in 19 unterschiedliche Fremdwährungen über nur ein Konto. Die Mindesteinlage für die Nutzung dieser einzigartigen Möglichkeit beträgt dabei vertretbare 10.000 Euro. Zugänglich ist dieser Service über die Internetplattform Zinspilot. Alle zwölf von mir empfohlenen Fremdwährungen sind über das Multiwährungskonto handelbar.

Einfache Kontoeröffnung über den Postweg

Eine weiterführende Beratung zum Produkt erhalten Sie bei der Volksbank Lübeck, die die Dienstleistungen wiederum über Ihren Dachverband der DZ PRIVATBANK S.A. Luxemburg offeriert. Dadurch erhalten Sie die volle Einlagensicherung in Höhe von 100.000 Euro und kostenlose Tagesgeldkonten mit fairen Wechselkurskonditionen für alle 19 Fremdwährungen. Nach Ausfüllen der Kontoeröffnungsdetails werden Ihnen die Unterlagen zur Kontoeröffnung per Post zugesendet. Sie müssen diese nur noch unterschreiben und einmalig das Postident-Verfahren durchführen.

Kontaktdaten

Zinspilot
Tel.: (0049) 040 21 03 13 73
www.zinspilot.de

Volksbank Lübeck
Tel.: (0049) 0451 1 40 44 52
www.volksbank-luebeck.de

Fremdwährungsbargeld kennt keine Negativzinsen und kein Einlagenrisiko

Neben der Eröffnung eines Währungskontos gibt es eine weitere Alternative oder Ergänzung, um in ausländische Zahlungsmittel zu investieren. Ich spreche vom direkten, physischen Kauf von ausländischem Bargeld. Das hat den Vorteil, dass Sie keine Bankrisiken eingehen. Vor Negativzinsen und möglichen Zugriffsbeschränkungen bei Problemen im Bankensystem sind Sie dann geschützt.

Durch den direkten Erwerb und Besitz ausländischen Geldes haben Sie natürlich auch immer unmittelbaren Zugriff darauf. Das Fremdwährungs-Bargeld können Sie als strategische Krisenvorsorge auch sicher – über ein wiederum bankenunabhängiges Schließfach – im Ausland außerhalb des Euro-Systems verwahren.

Ich habe für Sie drei Anbieter recherchiert, die ich für sehr empfehlenswert halte.

ReiseBank, Travelex und DKB sind meine Top-Anbieter für Fremdwährungsbargeld

Die ReiseBank ist mit rund 70 bestellbaren Sorten Deutschlands Marktführer im Geschäft mit Fremdwährungen. Travelex ist ein weltweit führender Spezialist für Fremdwährungen, der auch in Deutschland tätig ist. Travelex offeriert den Erwerb von 30 Fremdwährungen, darunter auch die Tschechische Krone, den Polnischen Zloty, den Singapur-Dollar oder den Hongkong-Dollar zu hervorragenden Konditionen. Die Deutsche Kreditbank (DKB) bietet für bestehende Kunden sogar eine Bestellmöglichkeit von 55 Fremdwährungen.

Als weitere Ergänzung bietet die ReiseBank eine empfehlenswerte Multiwährungskarte (TravelCard) in acht Währungen an. Dieses »Plastikgeld« ist eine weitere attraktive Möglichkeit, in Fremdwährungen zu investieren.

Kontaktdaten ReiseBank AG	**Travelex Deutschland GmbH**	**Deutsche Kreditbank AG**
Tel.: (0049) 069 9 78 80 76 55	**Tel.:** (0049) 069 90 72 12 76	**Tel.:** (0049) 030 12 03 00 00
www.reisebank.de	**www.travelex.de**	**www.dkb.de**

2 Metallwährungen: Setzen Sie auf Edelmetallmünzen, die gesetzliche Zahlungsmittel sind

Grundsätzlich empfehle ich Ihnen im Bereich der Anlagemünzen, den sogenannten Bullioncoins, auf etablierte Edelmetallmünzen zu setzen. Anlagemünzen sind in den Ländern, in denen sie durch die staatlichen Münzprägeanstalten geprägt werden, in der Regel zugleich gesetzliche Zahlungsmittel.

Die wichtigsten Anlagemünzen auf einen Blick	
American Eagle (USA)  	Britannia (Großbritannien) 
Kangaroo Nugget (Australien)  	Krügerrand (Südafrika) 
Maple Leaf (Canada)  	Wiener Philharmoniker (Österreich) 

Der Vorteil ist, dass diese Metallwährungen eine hohe Bekanntheit und somit Akzeptanz haben. Zudem ist der Aufschlag auf den Materialpreis gering oder entfällt ganz. Anlagemünzen werden mittlerweile nicht nur aus Gold oder Silber geprägt, sondern auch aus den Edelmetallen Platin und Palladium. Nachfolgend finden Sie die weltweit wichtigsten Bullioncoins, auf die Sie sich bei Ihren Metallwährungskäufen grundsätzlich konzentrieren sollten.

Attraktiv: Die Edelmetallmünzen aus Frankreich

Die staatliche französische Münzprägeanstalt Monnaie de Paris gibt in regelmäßigen Abständen Gold- und Silbermünzen mit unterschiedlichen Nominalwerten heraus.

Beispielhafte französische Nominalwert-Münzen auf einen Blick		
Material	**Nennwert und Kaufpreis**	**Bezeichnung und Details**
Silber	10 Euro	»The Rooster« (Der Hahn) 2016, Gewicht: 17 g, 333/1.000, 31 mm, Auflage: 500.000 Stück
Silber	50 Euro	Der kleine Prinz und das Schaf 2016, Gewicht 41 g, 900/1.000, 41 mm, Auflage: 50.000 Stück
Silber	50 Euro	Der kleine Prinz und die Vögel 2016, Gewicht 41 g, 900/1.000, 41 mm, Auflage: 50.000 Stück
Gold	1.000 Euro	»The Rooster« (Der Hahn) 2015, Gewicht: 20 g, 999/1.000, 39 mm, Auflage: 10.000 Stück
Gold	1.000 Euro	»The Rooster« (Der Hahn) 2016, Gewicht: 20 g, 999/1.000, 39 mm, Auflage: 10.000 Stück
Gold	5.000 Euro	»The Rooster« (Der Hahn) 2016, Gewicht: 100 g, 999/1.000, 45 mm, Auflage: 2.000 Stück

Die Frankreich-Münzen auf einen Blick	
50 Euro Silber	**5.000 Euro Gold**

Empfehlung: Nutzen Sie das Edelmetall-Bargeld mit eingebauter Put-Option

Wenn Sie von steigenden Edelmetallpreisen ausgehen, sollten Sie grundsätzlich die klassischen Anlagemünzen erwerben, die nahe am Materialpreis liegen. Wenn Sie allerdings Sorge um die Stabilität unseres Papiergeldes oder Bankensystems haben, gleichzeitig aber auch keine Kursrisiken eingehen möchten oder Ihre Bargeld- und Edelmetallquoten nicht weiter erhöhen wollen, sind die Gold- und Silber-Euros zum Nennwert eine hervorragende Alternative.

Neben der Nennwertsicherung haben Sie die Chance auf Sammlerpreissteigerungen

Durch eine Investition in die Edelmetall-Münzen zum Nennwert, die gleichzeitig ein gesetzliches Zahlungsmittel in Frankreich sind, tauschen Sie eine Papierwährung in eine Metallwährung, weil die französischen Edelmetall-Euros neben dem stabilen Nennwert auch zusätzlich einen Materialwert beinhalten. Darüber hinaus erhalten Sie eine kostenlose Wertverfallsabsicherung (Put-Option), da der garantierte Nennwert vor Kursrückgängen im Materialpreis schützt.

Ich empfehle Ihnen, die französischen Gold- und Silbermünzen bei dem Edelmetallhändler www.anlagegold24.de zu bestellen. Sie bezahlen weder einen Aufschlag auf den Nennwert noch Mehrwertsteuern. Auch die Silbermünzen sind mehrwertsteuerfrei. Aufgrund der niedrigeren Auflagenzahlen sollten Sie die 50-Euro-Silbermünze sowie die 1.000-Euro- oder die 5.000-Euro-Goldmünzen bevorzugen. Sie finden die Münzen im linken Navigationsmenü unter dem Punkt »Tauschaktion«.

Kontaktdaten
Anlagegold24
Gesellschaft für Münzeditionen mbH
Tel.: (0049) 05371 5 89 00
www.anlagegold24.de

3 Sachwertwährungen: Sechs bewährte Investment-alternativen: Diamanten, strategische Metalle, Kunst, Numismatik, Rolex und Whisky

Notenbanken und eine zunehmende Zahl von Geschäftsbanken sowie Versicherungskonzernen investieren Teile ihres Eigenkapitals mittlerweile in Gold. Das sollten Sie auch als Privatanleger tun. Ebenso sollten Sie sich die Superreichen und Familiendynastien zum Vorbild nehmen, die in weitere mobile Sachwertanlagen investieren wie beispielsweise Kunst oder Whisky.

Nehmen Sie sich die Strategien der Notenbanken und Superreichen zum Vorbild!

Aus dem Segment der Sachwertwährungen habe ich Ihnen nachfolgend sechs hervorragende Investmentmöglichkeiten zusammengestellt.

3.1 Diamanten: Investieren Sie in die härteste Währung der Welt

Diamanten sind der älteste Sachwert der Welt. Kein Stein ist jünger als 900 Millionen Jahre. Weltweit wurden 2011 rund 135 Mio. Karat natürliche Diamanten im Gesamtwert von rund 16 Mrd. US-Dollar abgebaut. Lediglich geschätzte 20 Prozent erreichten Schmuckqualität und somit den Status der Wertanlage. In den letzten zwölf Jahren stiegen die Preise eines hochwertigen Einkaräters um durchschnittlich 8 Prozent pro Jahr.

Die Wertentwicklung ist abhängig von der Qualität jedes einzelnen Stückes

Der Durchschnittspreis von hochwertigen Einkarätern ist in den vergangenen 50 Jahren um rund 1.000 Prozent gestiegen. Wie jeder Markt ist auch der für Diamanten immer wieder Schwankungen ausgesetzt. Zumindest in der Vergangenheit waren diese jedoch geringer als etwa bei Gold oder anderen Edelmetallen.

Jeder zweite weltweit gefundene Rohdiamant stammt zwar aus Afrika, das mit Abstand größte Förderland ist jedoch Russland. Dort liegen auch die bislang größten bekannten Reserven. Der Handel findet an Diamantenbörsen statt. Die größte befindet sich im belgischen Antwerpen. Mehr als 80 Prozent der weltweit geförderten Rohdiamanten und rund die Hälfte der geschliffenen Steine werden hier gehandelt.

Ein Diamant besitzt erstaunliche Eigenschaften

- er ist das härteste aller natürlichen Minerale
- er verfügt über eine unvergleichbare Transparenz
- er besitzt die höchste Wärmeleitfähigkeit
- er verfügt über die höchste Brechzahl im sichtbaren Licht

Lupenreiner Einkaräter von Diamondstoxx, © Shutterstock/Sararwut Jaimassiri

Formel-1-Weltmeister Lewis Hamilton trägt zwei Einfamilienhäuser bei sich

Diamanten sind der mobilste Sachwert und stellen den größten Wert auf kleinstem Raum dar. Zum Vergleich: Ein 12,5-Kilogramm-Barren Gold entspricht bei einem Preis von rund 400.000 Euro dem Wert eines Top-Brillanten in bester Qualität von 4 Karat, also lediglich 0,8 Gramm Gewicht. Für diese Werthaltigkeit auf kleinstem Raum gibt es ein sehr interessantes Praxisbeispiel.

Der mehrfache Formel-1-Weltmeister Lewis Hamilton (Bild rechts) trägt in der Regel neben schweren Massivgoldketten stets zwei Diamanten an seinen Ohren im Gegenwert von zwei Einfamilienhäusern.

© Shutterstock/Featureflash Photo Agency

Der Wert eines Diamanten wird nach einheitlichen Regeln beurteilt, den vier Cs

Jedes C steht für ein Qualitätsmerkmal: Carat (Gewicht; ein Carat sind 0,2 Gramm), Colour (Farbe), Clarity (Reinheit) und Cut (Art des Schliffs). In der Praxis kommt noch ein fünftes C hinzu: Certificate, das Zertifikat. Ab einem Gewicht von 0,3 Carat stellen geprüfte Fachleute dieses Papier aus und vermerken darin die individuellen Merkmale eines Steins. Die messbaren Kriterien der vier Cs erlauben es, Steine und ihren Preis zu vergleichen, obwohl jeder Diamant individuell bleibt und ebenso taxiert wird.

Die Eigenschaften eines Diamanten bestimmen seinen Wert

Für Preistransparenz am Diamantenmarkt sorgen die sogenannten Rapaport-Listen, in die seit Mitte der 1970er-Jahre die Großhandelspreise Tausender Diamantenhändler rund um den Globus einfließen. Sie bilden das reale Verhältnis zwischen Angebot und Nachfrage ab. Die Rapaport-Listen gelten heute als elementarer Bestandteil der Preisfindung in diesem Markt.

Diamanten-Fakten auf einen Blick	
Vorteile	**Nachteile**
physisch – Diamanten als Ergänzung zu Gold, Silber, Aktien etc. **steigende Nachfrage** auf dem Weltmarkt insbesondere der Schwellenländer **begrenzt** – Rohstoff wird zur begrenzten Ressource **keine Spekulanten** – kein geregelter Markt, keine Hedgefonds etc. **stabil** – Oligopol der großen Förderer wie DeBeers, ALROSA, RioTinto etc. sorgen für stabile, stetig steigende Preise **mobil** – viel Vermögen auf kleinem Raum, extrem transportfähig, 1 Karat = 200 Milligramm (10 kg Gold = ca. 4 Karat) **weltweit konvertibel** mit international anerkanntem Zertifikat von GIA – Gemological Institute of America **keine Maintenance,** keine nennenswerten laufenden Betriebskosten **keine bzw. geringe Korrelation** zu anderen Anlageklassen **werthaltig und stabil** – Inflationsschutz und absehbarer Wertzuwachs **steuerlich attraktiv** – Gewinne aus privaten Veräußerungsgeschäften nach einem Jahr Haltedauer steuerfrei **Erbschaft und Schenkung** – Diamanten gelten als generationsübergreifende Anlage **anonym** – keine behördliche Meldepflicht bei Diamanten	**keine Zinsen** oder Dividenden **nicht geeignet** für Spekulationszwecke **keine Börsenkurse** – kein geregelter Markt, keine genaue Bewertung möglich, Kauf nahe den internationalen Beschaffungsmärkten empfohlen **19 % MwSt.** – bei Kauf fallen in Deutschland 19 % Mehrwertsteuer bei Einfuhr an. Alternativ ist jedoch der Erwerb über ein Zollfreilager möglich.

Diamanten-Direkt-Investments als solide Wertanlage

Diamanten versprechen als Wertanlage dauerhafte Ertragszuwächse. Bereits in der Vergangenheit galten Diamanten als Ersatz- und Krisenwährung. Als leicht transportables Tauschmittel stellen sie auch in Zukunft einen mobilen Sachwert mit Inflationsschutz dar.

Der globale Diamantenmarkt auf einen Blick

In einer vielbeachteten Studie der renommierten Beratungsgesellschaft Bain & Co wird für den Zeitraum ab 2015 bis 2020 festgestellt, dass die steigende Nachfrage nach Diamanten aus den asiatischen Märkten das Angebot an Rohdiamanten deutlich übertreffen wird. Das wird zwangsläufig zu höheren Diamantpreisen führen müssen.

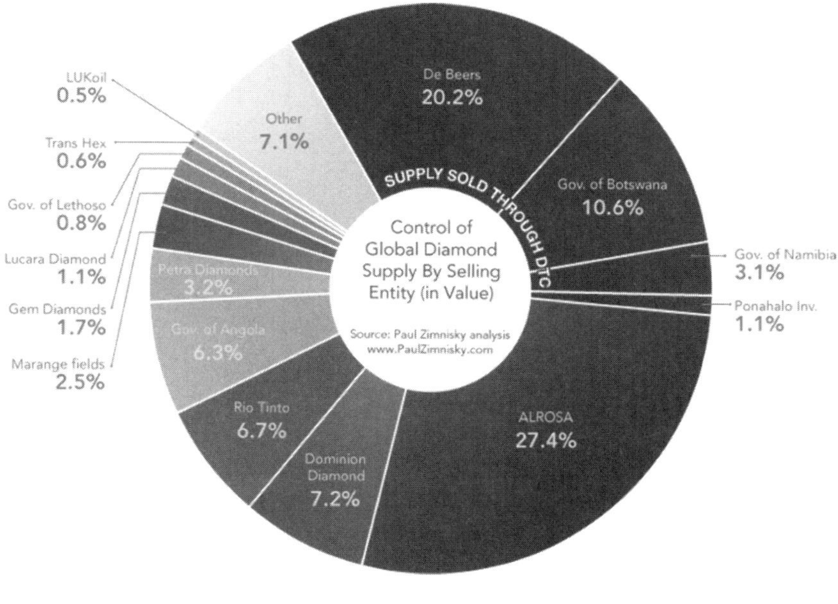

Rohdiamanten – Angebot und Nachfrage 2007 bis 2020, © Paul Zimnisky analysis, www.paulzimnisky.com

Nutzen Sie Tafelgeschäfte mit Diamanten über Diamondstoxx

Der Erwerb, Besitz und Verkauf von Diamanten unterliegen keiner behördlichen Meldepflicht. Das renommierte Diamanthandelshaus Diamondstoxx bietet Tafelgeschäfte an, bei denen Sie sich bis zu einem Kaufpreis von 14.999 Euro nicht legitimieren müssen. Als getrennt kaufendes Ehepaar erhöht sich der Betrag auf 29.998 Euro. Achtung: Diese Grenze wird voraussichtlich ab Mitte 2017 gesenkt auf 9.999 Euro.

Diamondstoxx bietet lupenreine Diamanten in der höchsten Qualität mit einem international anerkannten GIA-Echtheitszertifikat (Gemological Institute of America) als Tafelgeschäfte an. Die Preise der Diamanten sind nach meinen Recherchen sehr zu empfehlen. Es stehen Ihnen zahlreiche Abholorte in Deutschland zur Verfügung, weitere können vereinbart werden.

Bei persönlicher Abholung der Diamanten fällt normalerweise eine Logistikpauschale von 46 Euro an und zusätzlich 22 Euro für die Barzahlung vor Ort. Ich konnte für meine Leser allerdings einen Rabatt aushandeln, den ich Ihnen als Leser dieses Buches ebenfalls sehr gerne zugänglich mache. Wenn Sie den Bestellcode beziehungsweise das Stichwort »KSVRabatt« angeben, entfallen die gesamten Kosten der Logistikpauschale und Barzahlung für Sie.

Kontaktdaten
Diamondstoxx
Freiherr GmbH
Tel.: (0049) 069 6 78 30 61 40
www.diamondstoxx.de

3.2 Strategische Metalle: Investieren Sie in die Welt der echten Werte

Strategische Metalle sind heute für die Industrie zwingend benötigte Bausteine in der Produktion und bei der Entwicklung neuer Zukunftstechnologien. Als Privatanleger können Sie ergänzend zu realen Investments in Gold, Silber oder Diamanten mittlerweile direkt in strategische Metalle investieren.

Strategische Metalle sind die Mutter aller realwirtschaftlichen Sachwerte

Strategische Metalle sind die Mutter aller Sachwerte, welche einen direkten Bezug zur Realwirtschaft haben. Ohne diese Werte würde auf unserem fortschrittlichen Hochtechnologie-Planeten vieles überhaupt nicht funktionieren. Dennoch werden strategische Metalle in Bezug auf ihre enorme geopolitische wie realwirtschaftliche Wichtigkeit nach wie vor gerade auch im Segment der Kapitalanleger massiv unterschätzt.

In unserem Leben sind wir täglich meist vollkommen unbewusst auf strategische Metalle angewiesen. Ohne diese Grundrohstoffe würde es keine modernen Autos, Flugzeuge, Häuser, Computer oder Handys geben. Selbst für Ihre Kleidung sind strategische Metalle wichtig in der modernen Textilindustrie.

Nachfolgend finden Sie eine Auswahl strategischer Metalle:

Wismut 	Indium 	Hafnium 
Chrom 	Kobalt 	Gallium 
Tellur 	Zirkonium 	Molybdän 
Silber 	Wolfram 	Tantal 

Strategische Metalle sind natürlich begrenzt – Der Mensch kann sie nicht künstlich vermehren

Strategische Metalle sind auf unserem Planeten im Gegensatz zu Aktien, Papiergeldern, Derivaten oder Anleihen nur in einem natürlich limitierten Ausmaß vorhanden. Sie können weder unbegrenzt gefördert noch künstlich geschaffen werden. Sie wachsen auch nicht nach. Das Chancen- und Risikoprofil von strategischen Metallen ist ebenso einzigartig. Im totalen Zusammenbruch bleiben diese aufgrund ihres beständigen Wertes erhalten.

Metalle werden in Zukunft auch nach Krisenzeiten benötigt werden. Sie sind daher ein ideales Wertaufbewahrungsmittel selbst für die Zeit nach einer Krise, wie beispielsweise einer Währungsreform oder einem Staatsbankrott. Sollten diese Schreckensszenarien ausbleiben, was ich uns allen wünsche, dann sind strategische Metalle ebenso gefragt. Eine blühende Weltwirtschaft hat einen enormen Rohstoffhunger. Vor allem die Hochtechnologie-Industrie, für welche diese harten Rohstoffe die strategischen Ressourcen der Zukunft sind.

Strategische Metalle sind eine der wichtigsten Grundlagen für alle auf der Welt produzierenden Industriezweige

Wenn Staaten wie China sich bereits wie ein Eichhörnchen Notvorräte anlegen, können und sollten Sie dies auch tun. Zumindest für Teile Ihrer Aktien- und Geldanlagen. Aus meiner Sicht macht eine Investition von ca. 5 bis 10 Prozent Ihrer Vermögenswerte im Segment der strategischen Metalle Sinn. Diese Anlage sollte zusätzlich, oder besser gesagt aufbauend, auf die Investition von Edelmetallen oder Diamanten erfolgen, die ebenfalls im Bereich von 5 bis 10 Prozent Ihres Gesamtvermögens veranlagt werden sollten.

Insgesamt ist eine Investitionsquote von 10 bis 20 Prozent in Edelmetallen, Diamanten und strategischen Metallen aufgrund der aktuellen Rahmenbedingungen nicht nur vertretbar, sondern unbedingt anzuraten. Attraktive Investitionsmöglichkeiten bietet Ihnen die SMH Schweizerische Metallhandels AG Deutschland.

Die Eichhörnchen-Strategie: Das Eichhörnchen sammelt instinktiv und richtet sich nicht nach Prognosen

Ein Eichhörnchen weiß nie, wie hart und wie lange ein Winter wird oder ob Teile seiner Vorräte geplündert (enteignet und umverteilt) werden. Ein Eichhörnchen sammelt instinktiv und kümmert sich nicht um Prognosen. Sogar wenn es in Gefangenschaft lebt und Nahrung im Überfluss hat, vergräbt es Teile seiner »Nahrungswerte« an unterschiedlichen Orten.

Das Eichhörnchen hat einen angeborenen Instinkt

Kapitalanleger haben diesen Instinkt leider nicht. Darum müssen Sie diesen wichtigen Instinkt in sich wecken und Ihre Vermögenswerte gezielt und taktisch verteilen. Gerade auch im Anlagesegment der strategischen Metalle.

Streuen auch Sie Ihre Investitionen in strategische Metalle!

Für Investitionen in strategische Metalle gibt es verschiedene Wege. Zum einen über indirekte Investitionen in Unternehmen (Minenaktien), Investmentfonds, welche wiederum indirekt in Aktien oder auch direkt in die strategischen Metalle investieren, ebenso wie ETCs, die physisch hinterlegte, strategische Metalle verbriefen.

Spezialisierte Metallhändler wie die SMH Schweizerische Metallhandels AG Deutschland bieten Ihnen die Möglichkeit, strategische Metalle in physischer Form über bankenunabhängige Zollfreilager direkt in der Schweiz zu erwerben. Der Kauf und die Verteilung Ihrer Investitionen allen voran in einem soliden Land außerhalb der Europäischen Union sollten meines Erachtens die Grundlage Ihrer Strategie sein.

Sie sollten eine direkte Verwahrung in Ihrer Heimat aus Gründen der geografischen Diversifikation und der rechtlichen Risikoreduktion sowie aus steuerlichen Gründen ganz bewusst vermeiden. Ebenso sollten Ihre Investments in strategische Metalle mit einem direkten Eigentumsübergang erfolgen. Diese Rahmenbedingungen erfüllt die SMH AG.

Nutzen Sie die Möglichkeiten der Risikostreuung durch die SMH-Warenkörbe

Die Warenkörbe der SMH AG umfassen unterschiedliche strategische Metalle von verschiedenen Industriezweigen (Schlüsselindustrien, Solar- & Energietechnik, Konstruktion & Maschinenbau, Hightech & Elektronik). Mit dem Kauf von SMH-Warenkörben profitieren Sie wie ein Eichhörnchen von einer Risikostreuung, die den volatilen Preisentwicklungen einzelner Metalle entgegenwirkt.

Dies ist auf dem Metallhandelsmarkt relativ einzigartig. Neben Einmalanlagen offeriert die SMH auch ratierliche Sparverträge auf monatlicher Basis. Der Erwerb und die sichere Verwahrung von Edelmetallen wie Gold und Silber zählen ebenfalls zum Angebotsspektrum der SMH AG.

Kontaktdaten
SMH Schweizerische Metallhandels AG Deutschland
Ludwigstrasse 19
97688 Bad Kissingen
Tel.: (0049) 0971 69 91 90 60
www.smhag.com

3.3 Kunst: James Rizzi: Liquide wie eine Währung, seltener als ein Rohstoff

Meine besten Berichte und Recherchen basieren immer auf eigenen Erfahrungen, auf direkten Informationen meiner Leser oder von Spezialisten aus meinem umfangreichen Expertennetzwerk. Ihre Leserzuschriften bestätigen mich in dieser Einschätzung. Durch solch eine sehr persönliche Erfahrung entstand auch die nachfolgende Analyse und Empfehlung.

Nehmen Sie sich die Reichen dieser Welt zum Vorbild

Immobilien, Beteiligungen an Unternehmen, Wald- und Ackerland, Edelmetalle, Schmuck, Diamanten und Kunst sind Anlageformen, die typisch für sehr vermögende Familien – oftmals seit Generationen und Jahrhunderten – sind. Denken Sie nur an Dynastien wie Rothschild, Thurn und Taxis, Quandt, Krupp, Oetker oder Flick.

Werthaltige Kunstwerke überdauern Jahrhunderte

Es ist historisch belegt, dass Kunst sogar Währungs- und Staatsreformen übersteht. Für mich spielt Kunst eine immer wichtigere Rolle als Baustein meiner Diversifikations-Strategien in der risikooptimierten Kapitalanlage.

Meine eigenen Praxiserfahrungen mit der Anlageklasse Kunst: Steuerfreie Renditen von 50 Prozent p. a.

Ich lebe seit Langem auf Mallorca und bin ein großer Freund von Kreuzfahrten. Einer der Haupthäfen der AIDA-Flotte, eines der führenden Kreuzfahrtunternehmen, ist meine Wahlheimat Palma de Mallorca, sodass ich mindestens einmal jährlich eine Kreuzfahrt von Mallorca aus unternehme. Im Jahr 2010 führte mich mein Weg mit dem Schiff AIDAbella unter anderem nach Rom.

Auf allen großen AIDA-Schiffen gibt es mittlerweile eine Kunstgalerie mit Werken namhafter zeitgenössischer Künstler wie Janosch, Feliks Büttner, Udo Lindenberg, Peter Bauer, Malte Brekenfeld oder auch James Rizzi. Ich hatte zum damaligen Zeitpunkt neben Janosch (»Ach wie schön ist Panama«) lediglich von James Rizzi gehört. Udo Lindenberg kannte ich natürlich auch, aber bis dahin nur als Musiker, nicht als Maler.

An den langen Tagen auf dem Mittelmeer hatte ich ausgiebig Zeit, mich mit den ausgestellten Kunstwerken zu beschäftigen. Mein Interesse steigerte sich vor allem, weil ich auf Malta erfahren hatte, dass James Rizzi in Rom zusteigen werde. Bei einer Auktion auf dem Schiff habe ich dann in Neapel ein Bild von ihm ersteigert, um es mir in Rom mit einer persönlichen Widmung versehen zu lassen. Das Bild, auf dem ein Schiff sowie zwei küssende Fische abgebildet sind, trägt den Titel »A Cruise to Remember«. Die Auflage ist limitiert auf 350 Exemplare und wie alle Rizzi-Collagen signiert.

Auf einer Mittelmeerkreuzfahrt wurde ich ein großer James-Rizzi-Fan

In Rom habe ich James Rizzi dann persönlich kennengelernt und mir wie geplant mein ersteigertes Bild mit einer persönlichen Widmung von ihm versehen lassen. Seit diesem Zeitpunkt bin ich ein großer James-Rizzi-Fan.

Ich habe seine Kunstwerke und deren Wertentwicklungen intensiv studiert und verfolgt. Aus Neugier habe ich damals in Rom James Rizzi gefragt, wie viele Bilder und wie viele Serien er denn noch anfertigen wolle. Denn je mehr Bilder produziert werden, desto geringer beurteilte ich damals die Preischancen. Rizzi hat mir dann sehr ausführlich seine Strategie erläutert und darauf hingewiesen, dass natürlich jedes Lebenswerk erst mit dem Tod ende.

Ich hätte damals nicht für möglich gehalten, dass mir seine Worte sehr schnell wieder in Erinnerung kommen würden. Am 26.12.2011 starb James Rizzi leider in seiner Heimatstadt New York im Alter von nur 61 Jahren. Er hinterlässt nun ein Lebenswerk und zahlreiche limitierte Einzelkunstwerke. Er ist einer der bedeutendsten Künstler der Neuzeit – vor allem als Maler der Pop-Art –, zu denen auch Persönlichkeiten wie Andy Warhol oder Roy Lichtenstein zählen.

James Rizzi (1950–2011), Steigende Preise: Tote Künstler können nicht mehr malen, Screenshot http://www.james-rizzi.com/das-lebenswerk

Ich habe das kleine Bild von James Rizzi damals für lediglich 180 Euro ersteigert. Nach seinem Tod hatte der Wert sich rund zwei Jahre später bereits mehr als verdoppelt. Die persönliche Widmung steigert den Wert darüber hinaus deutlich weiter. Mittlerweile hat sich der Preis für das Bild vervielfacht.

An diesen Werten können weder Staatsschulden- noch Eurokrise rütteln. Ebenso ist es Fakt – so traurig das auch ist –, dass ein verstorbener Künstler ein abgeschlossenes Lebenswerk hinterlässt. Das ist ein wichtiger Aspekt bei einer Kapitalanlage dieser Art.

Rizzis Werke strahlen Lebensfreude und Optimismus aus

Die 3-D-Werke von James Rizzi sind in allen Preisklassen erhältlich – von rund 300 Euro für die kleinen Kunstwerke, rund 1.000 bis 5.000 Euro für die mittelgroßen und größeren Werke bis hin zu fünfstelligen Euro-Beträgen für sehr große und vor allem limitierte Kunstwerke, von denen nur wenige Stücke produziert wurden.

Rizzis 3-D-Bilder befassen sich sehr häufig mit New York und dessen Einwohnern. Die Bilder sind meist sehr bunt; sie strahlen Fröhlichkeit, Lebensfreude und Optimismus aus. Das sind Attribute, die in unserer konfusen Finanz- und Wirtschaftswelt heute oft nichts mehr zählen.

Bei den für James Rizzi typischen 3-D-Kunstwerken wurde eine dreidimensionale Konstruktionstechnik angewendet. Aus einem Duplikat des eigentlichen Bildes, das als Hintergrund dient, werden dabei die Elemente des Vordergrundbildes ausgeschnitten.

Mittels Brücken aus Schaumstoff wird somit eine zweite Bildebene gesetzt. Dadurch wird dem Betrachter durch die entstehenden Schatten der Eindruck von zwei Ebenen vermittelt. Diese erzeugen den 3-D-Effekt.

Deutliche Wertsteigerungen bei überschaubaren Risiken

Werke von James Rizzi sind absolut stabil im Werterhalt. Das liegt natürlich zum einen an der Qualität seiner Werke und der Bekanntheit des Künstlers. Zum anderen aber vor allem auch daran, dass sein Lebenswerk durch seinen Tod abgeschlossen ist und nicht mehr weitergeführt werden kann. Wie bei der Anlageklasse der Metalle steht hier ein begrenztes Angebot zur Verfügung. Die 3-D-Bilder sind darüber hinaus absolut liquide handelbar. Der Verkauf von James-Rizzi-Bildern zu attraktiven Preisen ist nach meiner Erfahrung jederzeit möglich, sei es über Galerien, Inserate oder Internetplattformen wie eBay.

Aufgrund dieser Rahmenbedingungen erwarte ich für die 3-D-Bilder von James Rizzi bei überschaubaren Risiken deutliche Wertsteigerungen. Diese Wertsteigerungen sind darüber hinaus nach Ablauf der Spekulationsfrist von einem Jahr steuerfrei.

Wenn Sie Kunst-Einsteiger sind, empfehle ich Ihnen ausgesuchte Online-Shops und Galerien für den Erwerb von Rizzi-Kunstwerken. Außerdem gibt es in jeder größeren Stadt Galerien, die auch die Werke Rizzis führen. Sollten Sie einmal eine AIDA-Kreuzfahrt planen, kann ich Ihnen die Preise und Angebote auf den Schiffen ebenfalls sehr ans Herz legen.

Achtung! Kaufen Sie keine Kunstdrucke oder Massenprodukte!

Ich empfehle von James Rizzi ausschließlich die Original-3-D-Werke zu Kapitalanlagezwecken. Diese wurden in streng limitierter Auflage produziert, sind alle nummeriert und von James Rizzi signiert. Preiswerte Kunstdrucke, welche in beliebiger Zahl produziert werden können, sind keine Kapitalanlage in Kunst, sondern billige Massenware. Nachfolgend finden Sie die Kontaktdaten von zwei empfehlenswerten, seriösen Händlern mit einer großen Auswahl an Bildern von James Rizzi zu fairen Preisen.

Kontaktdaten

Kunst Zimmermann & Heitmann GmbH
Wißstraße 18a
44137 Dortmund
Tel: (0049) 0231 57 21 33
www.rizzi24.com

Popart Gallery – Rizzi-Galerie
Rupprechtstr. 9
66954 Pirmasens
Tel.: (0049) 06331 1 49 67 32
www.popart-gallery.com

3.4 Numismatik: Kaufen Sie die historischen Goldmark-Währungen

Grundsätzlich bin ich der Ansicht, dass Sie als Kapitalanleger Anlagemünzen erwerben sollten, die einen geringen Aufschlag zum reinen Materialpreis aufweisen. Doch auch bestimmte historische Münzen mit vertretbaren Materialpreisaufschlägen haben ihre Berechtigung.

Reichsgoldmark – Anlagemünze mit Sammlerwerteigenschaften

Sollten Sie im Münzsegment auf der Suche nach weiteren alternativen Anlageformen sein, rate ich Ihnen zum Kauf von Goldmark-Münzen aus dem Kaiserreich. Das Deutsche Reich entstand 1871. Im Zuge der Reichsgründung wurde eine Währungsreform durchgeführt, und die Mark löste den Taler als Zahlungsmittel ab. Das Deutsche Reich bestand zur damaligen Zeit aus 25 Teilstaaten – und jeder Regent dieser Staaten hatte das Recht, seine eigene Reichsgoldmark zu prägen.

Dadurch ist über all die Jahrhunderte nach wie vor eine hohe Anzahl an Münzen vorhanden, die auch in Krisenzeiten ihren Wert stets bewahrt haben. Die historischen Münzen haben dabei zwei Weltkriege und zahlreiche weitere politische Konflikte und wirtschaftliche Verwerfungen vollkommen unbeschadet überstanden. Sie besitzen eine Feinheit von 900/1000. Durch diese Goldlegierung sind die historischen Goldmark-Münzen im Vergleich zu modernen Feingoldprägungen ausgesprochen robust und in der Regel hervorragend erhalten.

Die Münzen wurden in drei verschiedenen Größen und Werten geprägt: 5, 10 und 20 Reichsmark. Die 10-Mark-Münzen haben dabei ein Feingewicht von 3,58 Gramm, die 20-Mark-Münzen ein Feingewicht von 7,17 Gramm. Auf der Vorderseite der Münzen ist der jeweilige Regent abgebildet. Auf der Rückseite befinden sich das Staatswappen, der Nennwert sowie das Jahr der Prägung. Die Münzen sind darüber hinaus mehrwertsteuerfrei erwerbbar.

Investieren Sie in die Kaiserreich-Münzen Wilhelm I. und II.

Attraktiv, weil am kostengünstigsten für Anlagezwecke, sind aus meiner Sicht die Münzen Wilhelm I. (mit den Jahrgängen 1871 bis 1888) sowie Wilhelm II. (mit den Jahrgängen 1888 bis 1913). Münzen anderer Regenten wurden weit seltener geprägt und haben dagegen teilweise erhebliche Aufschläge. Diese reinen Sammlermünzen empfehle ich Ihnen daher nicht.

Die attraktivsten Kaiserreich-Münzen zu Anlagezwecken	
Wilhelm I.	Jahrgang 1871–1888
Wilhelm II.	Jahrgang 1888–1913

Interessant sind die Wilhelm-I.-und-II.-Kaiserreich-Münzen vor allem, weil sie eine Mischung aus reinen Anlage- und Sammlermünzen sind. Der Sammlerwert-Aspekt bietet beispielsweise auch einen zusätzlichen Schutz vor fallenden Goldpreisen. Eine Sammlermünze ist weit weniger von der reinen Materialpreisentwicklung abhängig als eine reine Anlagemünze.

Daher kann durchaus auch behauptet werden, dass diese Münzen eine zusätzliche Sammlerpreis-Put-Option vor fallenden Goldkursen eingebaut haben. Dadurch sind diese Münzen, die Sie selbst verwahren, eine ideale Ergänzung für Ihre physischen Edelmetalle. Das Unternehmen MP Edelmetalle ist für die Kaiserreich-Münzen aus meiner Sicht ein sehr empfehlenswerter Anbieter. Sowohl von der Auswahl als auch von den Preisen her.

Kontaktdaten
MP Edelmetalle GmbH
Tel.: (0049) 02753 50 77 50
www.mp-edelmetalle.de

20 Goldmark Wilhelm I.	**20 Goldmark Wilhelm II.**

© MP Edelmetalle GmbH

Vor allem die 20-Mark-Reichsgoldmünzen wurden so zahlreich geprägt, dass sie heute noch als beliebte Anlagemünzen gehandelt werden. Sie stehen jedoch nicht so stark im Rampenlicht der Öffentlichkeit wie beispielsweise der Krügerrand oder die Gold-Euros.

3.5 Rolex: Die globale Uhren-Währung für das Handgelenk

Im Jahr 2004, als ich noch für ausländische Privatbanken gearbeitet habe, hatte ich einen Kunden, der regelmäßig Bargeld abgehoben hat. Das ist so weit nichts Ungewöhnliches. Dieser Kunde kam allerdings immer kurze Zeit nach der Auszahlung wieder zu mir in die Bank, um an sein Schließfach zu gelangen.

Ich habe ihn eines Tages gefragt, was er denn eigentlich alle paar Monate in sein Schließfach legt? Er holte eine kleine Edelholzbox aus seiner Tasche und öffnete sie. Darin befand sich eine wunderschöne Rolex Submariner. Eine Edeluhr, die er in der Schweiz gekauft hat.

Ausgesuchte Anlageuhren sind eine wertstabile Kapitalanlage

Mit meinem Kunden von damals stehe ich heute noch in regelmäßigem Kontakt. Mittlerweile besitzt er rund 50 Rolex-Uhren in mehreren Schließfächern, die einen aktuellen Marktwert von rund 400.000 Euro haben. Über all die Jahre waren diese Uhren seine beste Kapitalanlage. Gerade auch über die Finanzkrise mit einer steuerfreien Rendite von durchschnittlich rund 8 Prozent jährlich.

Seither verfolge ich die Entwicklung der Markenuhren sehr intensiv. Damals dachte ich, mein Kunde ist ein Uhrensammler. Heute weiß ich, bestimmte Uhren sind eine wertstabile Kapitalanlage mit einem ausgezeichneten Wertsteigerungspotenzial, die ganz schnell und einfach wieder in Geld umgewandelt werden kann.

Rolex-Uhren haben wie Gold oder Diamanten einen weltweit anerkannten Wert

Ich habe mir einige Monate später in der Schweiz dasselbe Rolex-Submariner-Modell gekauft, das mir mein Kunde gezeigt hatte. Eine Sonderedition mit grüner Lünette. Als Lünette wird der Drehring über dem Uhrenglas bezeichnet. Ich bin seither ein absoluter Rolex-Liebhaber geworden. Absolut fasziniert von der Geschichte dieser Marke.

Wussten Sie beispielsweise, dass James Bond eine Rolex-Submariner in elf Filmen getragen hat? Roger Moore trug eine Rolex-Submariner einst im Film »Leben und sterben lassen«. Die Original-Submariner aus diesem Film wurde vor kurzem in der Schweiz versteigert zum fast schon unglaublichen Preis von 335.000 Euro.

Als erster Mensch der Erde bezwang Sir Edmund Hillary 1953 den Mount Everest, natürlich mit einer Rolex am Handgelenk. Selbst der Dalai-Lama trägt überraschenderweise eine Rolex. Rolex Submariner aus Edelstahl erhalten Sie bereits ab rund 5.000 Euro. Eine goldene Rolex im Schließfach ist ein realer Sachwert, der darüber hinaus weit weniger anfällig ist für Materialpreisschwankungen als ein Goldbarren.

Die Rolex ist der Krügerrand unter den edlen Anlageuhren

Das Unternehmen Rolex hat in seiner über 100-jährigen Geschichte zahlreiche revolutionäre Erfindungen und Patente hervorgebracht. Ich persönlich würde Rolex von seiner Designstrategie mit der Automarke Porsche vergleichen. Ein Porsche hat sich rein optisch in den letzten Jahrzehnten relativ wenig verändert.

Die Adaptionen und Weiterentwicklungen wurden sehr behutsam in den Details durchgeführt. Ein Porsche ist optisch sofort zu erkennen. Gleiches gilt für die klassischen Rolex-Modelle. Fast alle der heute erhältlichen Modelle gab es in ihrer grundlegenden Erscheinungsform bereits vor 50 Jahren.

Das Unternehmen verzichtet bewusst auf hochkomplizierte Modelle und legt großen Wert auf Dauerhaftigkeit, Präzision und Funktionssicherheit. Der Eigentümer der Firma ist eine vom Unternehmensgründer Hans Wilsdorf bereits im Jahr 1944 gegründete gemeinnützige Stiftung mit dem Namen Fondation Hans Wilsdorf. Rolex produziert jährlich rund 800.000 Uhren, was den Konzern zum absoluten Marktführer im Segment der Luxusuhren macht.

Jede noch so kleine Gebrauchsspur verringert den Wert Ihrer Uhr

Der eigentliche Sinn einer hochwertigen Uhr ist es natürlich, am Handgelenk getragen zu werden. Davon müssen Sie sich bei Uhren, die Sie ganz gezielt zur Kapitalanlage kaufen möchten, leider verabschieden. Jede noch so kleine Gebrauchsspur verringert den Wert Ihrer Uhr.

Lagern Sie Ihre Edeluhr originalverpackt mit allen Dokumenten und Zertifikaten umgehend in einem Schließfach oder Safe, damit das so wichtige Prädikat »absolut neuwertig und ungetragen« erhalten bleibt. So schwer das auch manchmal fällt: Eine reine Anlageuhr gehört in den Safe und nicht ans Handgelenk!

Selbst 12.000 Prozent Rendite sind mit Rolex-Uhren möglich!

Ähnlich wie im Aktienbereich gibt es auch bei Rolex Modelle, die fast unglaubliche Renditen hervorbringen. Beispielsweise gibt es das Rolex-Daytona-Modell mit einem Ziffernblatt des Hollywood-Schauspielers Paul Newman. In den 1960er-/70er-Jahren kam diese Uhr auf den Markt zu einem absolut erschwinglichen Preis von damals 900 D-Mark. Die Uhr war damals ein Ladenhüter. Heute kostet sie – je nach Erhaltungsgrad – bis zu 60.000 Euro. Das entspricht einer Wertsteigerung von rund 12.000 Prozent! Selbst Preise um die 100.000 Euro wurden mittlerweile auf Auktionen erzielt.

Dieses Beispiel ist natürlich eine Ausnahme. Dennoch haben Rolex-Uhren nach meinen Erkenntnissen eine fast schon unvergleichbare Tendenz zur Wertsteigerung. Das liegt unter anderem daran, dass das Unternehmen jährliche Preiserhöhungen für seine neuen Uhrenmodelle festlegt. In den letzten sechs Jahren hat Rolex für seine Uhren die Preise zwischen 45 und 60 Prozent erhöht. Allein dieser Mechanismus, der unabhängig von der fragwürdigen Wertschöpfung unseres Papiergeldes oder der Börsen ist, macht diese Uhren somit weit wertstabiler, als es jede Währung sein kann!

Dadurch steigen automatisch auch die Preise für ältere Modelle oder gebrauchte Uhren in gutem Erhaltungszustand. Die besten Rolex-Modelle sind aus meiner Sicht die Submariner als absolutes Basis-Investment, die GMT Master II, die Datejust, die Explorer sowie die heute schon legendäre Daytona.

Attraktive Rolex-Uhren

Submariner	GMT Master II
Datejust	Explorer
Sea-Dweller	Cosmograph Daytona
Milgauss	YACHT-MASTER
AIR-King	Oyster Perpetual

Screenshot https://www.rolex.com/de

Rolex-Uhren sind ein mobiler und flexibler Wertspeicher

Ausgesuchte Uhren der Marke Rolex sind nach meinen Erfahrungen ein hervorragender mobiler Wertspeicher. Gleichzeitig bleiben Sie mit dieser Kapitalanlage jederzeit liquide, da Sie Ihre neuwertige und ungetragene Anlageuhr zu sehr transparenten Preisen bei Bedarf jederzeit wieder veräußern können.

Der Verkauf und die Wartung einer Rolex sind ausschließlich den offiziellen Rolex-Fachhändlern vorbehalten. Mit großer Kompetenz, technischem Fachwissen und einer speziellen Ausstattung garantieren sie die Echtheit und exakte Funktion eines jeden einzelnen Details einer Rolex. Eine Fachhändlerübersicht erhalten sie direkt über die offizielle Internetseite von Rolex.

Kontaktdaten
Rolex SA
Rue François-Dussaud 3-5-7
1211 Genf 26
Tel.: (0041) 223 02 22 00
www.rolex.com

3.6 Whisky: Das hochprozentige flüssige Gold

Whisky ist für mich eine bewährte und solide alternative Kapitalschutz-Anlage mit dennoch hohem Ertragspotenzial. Die sehr gute Lagerfähigkeit, die hohe Wertstabilität und teilweise enorme Preissteigerungen machen den Getreidebrand für mich zum Krügerrand unter den edlen Spirituosen. Nicht nur wegen der Farbe spreche ich hier von flüssigem Gold.

Whisky hat sich seit 1980 im Schnitt mit 5 Prozent jährlich verzinst

Seit dem Jahr 1980 hat sich Whisky im Schnitt mit 5 Prozent jährlich verzinst. In den letzten Jahren ist Whisky als eigenständige Anlageklasse verstärkt in den Fokus internationaler Investoren, aber auch privater Anleger gerückt. Zudem ist vor kurzem ein Unternehmen entstanden, das bei deutschsprachigen Kapitalanlegern derzeit noch vollkommen unbekannt ist.

WhiskyInvestDirect bietet Ihnen als Privatanleger die einzigartige Möglichkeit, direkt in schottischen Whisky zu investieren, welcher überwiegend noch in Fässern lagert. WhiskyInvestDirect wurde im Jahr 2014 gegründet. Trotz dieser noch sehr kurzen Historie habe ich von Beginn an ein sehr großes Vertrauen in das Geschäftsmodell von WhiskyInvestDirect, weil das Unternehmen auf der Edelmetallhandel-Handelsplattform von BullionVault www.bullionvault.de aufbaut.

Hier kaufen und lagern Sie Whisky so einfach wie Gold

Über BullionVault können Sie ganz einfach online physisches Gold oder Silber kaufen und in bankenunabhängigen Hochsicherheitstresoren in Zürich, Singapur, London oder Kanada zu sehr günstigen Konditionen einlagern. BullionVault habe ich Ihnen vor rund zehn Jahren das erste Mal empfohlen. Meine persönlichen Erfahrungen, ebenso wie die zahlreicher Leser, sind seither sehr positiv. Im Prinzip funktioniert WhiskyInvestDirect wie BullionVault, mit dem wesentlichen Unterschied, dass Sie anstatt in Gold oder Silber eben in unterschiedliche Whiskys aus Schottland physisch investieren.

WhiskyInvestDirect bietet die Möglichkeit der Investition in Whisky in Fässern, © Shutterstock/Ilyarexi

WhiskyInvestDirect macht die Anlageklasse Whisky einfach online investierbar

Die Handelskommission bei Kauf und Verkauf der unterschiedlich handelbaren Whiskysorten beträgt bei WhiskyInvestDirect 1,75 Prozent. Bei einer Flasche, die Sie im Supermarkt oder einem Spirituosengeschäft erwerben, ist die Handelsmarge um ein Vielfaches höher. Zusätzlich fallen für die Verwahrung Ihres erworbenen Whiskys Einlagerungskosten an. Diese betragen – inklusive einer Versicherung – jährlich 0,15 Britische Pfund GBP (0,17 Euro-Cent) je Litre of Pure Alcohol (LPA). Bei Mindestlagerungskosten von 3 GBP (3,50 Euro) pro Monat. Auch das ist absolut vertretbar.

Die Whiskyindustrie handelt in der Maßeinheit Litre of Pure Alcohol (LPA). Ein LPA sind dabei ungefähr 3,5 Standard-Whiskyflaschen mit einem Inhalt von 70 cl bei einem Alkoholgehalt von 40 Prozent. Auf den ersten Blick mag das sehr verwirrend erscheinen, aber dass eine Unze Gold und Silber 31,1 Gramm sind oder ein Barrel Öl 159 Liter sind, war für mich vor 20 Jahren auch Neuland. Heute sind es vollkommen etablierte Maßeinheiten, an die ich mich längst gewöhnt habe.

Testen Sie die Plattform: Sie erhalten 1 Liter schottischen Whisky risikolos geschenkt

Leider ist die Handelsplattform von WhiskyInvestDirect im Gegensatz zu BullionVault, derzeit zumindest noch, nur in englischer Sprache zugänglich. Eine Mindestanlage gibt es nicht, Sie können einen Liter Whisky je nach Sorte und Jahrgang bereits ab rund 1,20 Euro erwerben. Ebenso haben Sie die Möglichkeit, bereits ab 100 GBP (116 Euro) Investitionssumme in Whiskyinvestmentpakete unterschiedlicher Sorten und Jahrgänge zu investieren. Das halte ich für sehr empfehlenswert, weil Sie dadurch Ihr Geld zusätzlich streuen können.

Registrieren Sie sich ganz einfach online auf **www.WhiskyInvestDirect.com** und eröffnen Sie ein Konto. Sie erhalten dafür einen Liter schottischen Whisky als erste Kontogutschrift geschenkt, um die Handels- und Lagerungssysteme zu testen. Nutzen Sie diese tolle Möglichkeit!

Kontaktdaten
WhiskyInvestDirect (Galmarley Ltd)
Unternehmenssitz: London/UK
Tel.: (0044) 020 86 00 01 35
www.WhiskyInvestDirect.com

4 Gold, Silber, Platin: Die Top-Adressen für einen Sparplan zum Kauf von physischen Edelmetallen

Wir leben in historischen Zeiten: Wir haben noch nie dagewesene Null- oder gar Negativzinszeiten, und es herrscht ein Vertrauensverlust, was die politischen Systeme der großen Volkswirtschaften, die internationalen Notenbanken und die Stabilität der Währungs- und Finanzmärkte angeht. Vor diesem Hintergrund ist es zwingend erforderlich, unterschiedliche Investment-Strategien diszipliniert zu befolgen.

Mit Zinsen oder gar Zinseszinsen können Sie derzeit kaum mehr rechnen. Im Gegenteil, wir befinden uns sogar auf direktem Weg zu negativen Zinsen. Dafür wird aber der Cost-Average-Effekt immer wertvoller. Dieser optimiert nachhaltig Ihre durchschnittlichen Einstiegskosten, indem Sie in Tranchen investieren. Beispielsweise über regelmäßige Investitionen mittels selbstdisziplinierender Sparpläne.

Zeitliche Diversifikation ist eine bewährte Anlagestrategie

Dadurch verteilen Sie Ihre Anlagegelder auf unterschiedliche Einstiegszeitpunkte. Und: Mittels ganz einfacher Sparplanstrategien befreien Sie sich von der Abhängigkeit angeblicher »Expertenprognosen« und schützen sich vor Ihrem eigenen Bauchgefühl, das Ihnen bestimmt schon einmal ein Schnippchen geschlagen hat. Denn Bauchgefühle, oder besser gesagt Emotionen, sind an der Börse meist sehr schlechte Ratgeber.

Edelmetalle sind Werte ohne Ausfall- und Gegenparteienrisiken

Physisches Gold und Silber waren, sind und bleiben grundlegende strategische Bausteine eines jeden Kapitalanlegers, unabhängig vom Preisniveau. Vermögenswerte werden dabei gegen Inflation, Wertverluste von Papierwährungen, Kursverluste in anderen Anlagen oder gegen allgemeine Systemrisiken geschützt und versichert.

Die Eigenschaften von Gold und Silber als Diversifikationsmittel und Realwerte – ohne Ausfall- und Insolvenzrisiko – sind wichtig, um bestehendes Vermögen in Krisenszenarien zu bewahren. Edelmetalle sind im Gegensatz zu Papiergeld, Derivaten oder Anleihen nur in begrenztem Ausmaß vorhanden.

Vorsicht vor »Papiergold«!

Aber Achtung: Zahlreiche Sparpläne auf Edelmetalle beziehen sich auf reine Zahlungsversprechen, also Papiergold. Einige Anbieter sind darüber hinaus bei Sparplänen unverhältnismäßig teuer. Auch sogenanntes Xetra-Gold oder Euwax-Gold – als besicherte Anleihen und somit als Finanzprodukte – beurteile ich als strategische Goldinvestments kritisch, weil Sie sich mit diesen Produkten weiterhin direkt im Banken- und Finanzsystem bewegen.

Nutzen Sie bankenunabhängige Sparplankonzepte für physische Edelmetalle

Neben dem direkten Erwerb von Edelmetallen in Eigenverwahrung sowie der Lagerung von Edelmetallen im Ausland in Schließfächern, Zollfreilagern, liechtensteinischen Sachwertfonds oder Versicherungspolicen sind für mich der physische Erwerb und die Lagerung von Gold und Silber über spezialisierte Online-Plattformen ein weiterer wesentlicher Baustein meiner Kapitalschutz-Strategie.

In diesem Zusammenhang habe ich Ihnen bereits mehrfach meinen Favoriten für die sogenannten Tresormetalle vorgestellt: das Unternehmen Goldmoney, **www.goldmoney.com**, mit Sitz auf der britischen Kanalinsel Jersey. Leider werden hier keine automatisierten Sparplanmöglichkeiten angeboten.

Dafür habe ich aber zwei alternative Empfehlungen für Sie, die dasselbe Prinzip wie Goldmoney verfolgen. Beide Anbieter beurteile ich nach wie vor als wahre Geheimtipps.

Ich spreche von den nach wie vor relativ unbekannten Unternehmen BullionVault aus London und GoldRepublic aus Amsterdam. Über GoldRepublic investieren Sie online in Gold, Silber und Platin ohne umständliche Verfahren oder versteckte Kosten, die oftmals erst nach dem Kauf erkennbar werden. Die Anmeldung für ein Konto nimmt maximal fünf Minuten in Anspruch.

Das Gleiche gilt auch für BullionVault. Teilweise nutzen beide Unternehmen dieselben bankenunabhängigen Hochsicherheitslager zur Verwahrung der Goldbestände ihrer Kunden. BullionVault ist der weltweit größte Online-Anbieter für direkte Tresormetalle. Mittlerweile hat das Unternehmen mehr als 60.000 Kunden und verwaltet Edelmetalle im Wert von über 2 Milliarden US-Dollar.

BullionVault und GoldRepublic bieten Ihnen die besten Edelmetall-Sparpläne

BullionVault bietet einen automatischen Goldanlageplan, der es Ihnen ermöglicht, regelmäßig Gold mit minimalem Aufwand zu kaufen. Dafür aktivieren Sie einfach diesen Service in Ihren Kontoeinstellungen und legen eine monatliche Überweisung von Ihrem Bankkonto auf Ihr BullionVault-Konto an. Jede Einzahlung wird dann genutzt, um automatisch Gold zum Londoner Referenzkurs zu kaufen.

Nutzen Sie die einzigartig günstigen Handelskonditionen

Die Handelskommission bei BullionVault beträgt dabei sehr günstige 0,8 Prozent. Zum Vergleich: Der Aufschlag für eine 1-Unzen-Goldmünze beträgt rund 10 Prozent oder mehr. Ihr Gold wird im Tresor in Zürich gelagert. Sie können jederzeit Ihre Einzahlungen beenden, Ihr Edelmetall verkaufen und/oder Ihr Geld abheben. Hierfür gibt es weder eine Kündigungsfrist noch fallen Extrakosten an.

GoldRepublic ermöglicht Anlegern, physisches Gold, Silber und Platin anzusparen. Edelmetallsparpläne sind bereits ab 50 Euro pro Monat möglich. Bei dem monatlichen Kauf bezahlen Sie dabei sogar nur 0,5 Prozent Transaktionsgebühren, ohne feste Vertragsdauer. Sie können kostenlos zu jedem gewünschten Zeitpunkt Ihren Sparplan beenden. GoldRepublic gibt eine Rückkaufgarantie, wodurch Sie Ihr Edelmetall jederzeit wieder verkaufen können.

Sie haben die regionale Wahl. Das Interessante ist, dass BullionVault seinen Sitz zukünftig außerhalb der Europäischen Union hat. Ich sehe hier Vorteile der geografischen Diversifikation und der rechtlichen Streuung. BullionVault verwahrt Ihre Edelmetalle in bankenunabhängigen Tresoren, wahlweise in Zürich, London, Singapur, Toronto oder New York.

GoldRepublic hat hingegen seinen Sitz innerhalb der EU und wird reguliert durch die Niederländische Finanzmarktaufsicht AFM. Auch das hat seinen Charme für diejenigen unter Ihnen, die diese zusätzliche Sicherheit und geografische Nähe wünschen. Verwahrt werden Ihre Edelmetalle bei GoldRepublic wahlweise in Zürich, Amsterdam oder Frankfurt.

Im Gegensatz zu Goldmoney gibt es übrigens noch einen weiteren Vorteil, der für viele von Ihnen sehr wichtig ist: Beide Plattformen sind in deutscher Sprache zugänglich, mit deutschsprachigen Ansprechpartnern.

Kontaktdaten

BullionVault
Rechtlicher Sitz: London/UK
Tel.: (0044) 020 86 00 01 30
www.bullionvault.de

GoldRepublic
Rechtlicher Sitz: Amsterdam/NL
Tel.: (0031) 020 7 94 60 21
www.goldrepublic.de

5 Digitalwährungen: Die Zukunft des Bargeldes wird digital sein

Bundesbankpräsident Dr. Jens Weidmann sieht in der Blockchain-Technologie und in Kryptowährungen eine Schlüsselrolle für die Zukunft. Zentralbanken wie die Deutsche Bundesbank erforschen derzeit bereits sehr intensiv die Einsatzmöglichkeiten für die Praxis. Weidmann vertritt die Auffassung, dass es bald möglich sein könnte, zum Beispiel an der Börse mit Digitalwährungen wie den Bitcoin zu handeln. Auch ich bin der Meinung, dass die Entwicklung hier schneller voranschreiten wird, als wir es uns aktuell ausmalen.

Die wichtigsten Grundlagen digitaler Währungen

Cryptocoins – Kryptowährung

Cryptocoins oder Kryptowährungen werden nicht durch Notenbanken geschaffen, sondern durch Algorithmen generiert. Diese Digitalwährungen basieren auf kryptografischen Verschlüsselungsverfahren, die jede einzelne Cryptocoin einzigartig machen. Die weltweit verbreitetsten Kryptowährungen sind Bitcoin (BTC) und Ether (ETH).

Mining – Digitale Geldschöpfung

Bevor eine Goldmünze geprägt werden kann, muss das Gold aus der Erde gefördert werden, was im englischen »Mining« genannt wird. Cryptocoins hingegen werden erschaffen durch den mathematischen Prozess des Entschlüsselns von Datensätzen über hochkomplexe Softwareprogramme auf leistungsstarken Rechnern. Analog zum »Goldmining« trägt dieser technische Prozess der Berechnung und Generierung neuer Digitalwährungen wie des Bitcoin den Namen »Mining«. Übersetzt wäre der Begriff »digitale Geldschöpfung« zutreffend.

Blockchain – Blockketten-Technik

Hinter einer Blockchain, was mit »Blockketten-Technik« übersetzt werden kann, steht einfach ausgedrückt ein Register, in dem alle Transaktionen verzeichnet werden. Dieses Register wird von einer Vielzahl von Rechnern dezentral verwaltet. Das macht die Technik fälschungssicher. Im übertragenen Sinne zu herkömmlichen Währungen ersetzt die unabhängige Blockchain somit die Bank.

Wallet – Elektronische Geldbörse

Wallet ist der englischsprachige Begriff für Geldbörse. Statt Banknoten und Geldmünzen in ein Portemonnaie zu stecken, kommen bei Digitalwährungen elektronische Geldbörsen zur Anwendung, und zwar in Form von Datenspeichern auf PCs, Laptops, Smartphones oder USB-Sticks. Informationen und Dienstleistungen des weltweit führenden Anbieters für Bitcoin-Wallets finden Sie in deutscher Sprache unter www.blockchain.info Auf dieser Seite können Sie beispielsweise ein kostenloses Bitcoin-Wallet für sich erstellen.

Bitcoin (BTC)

Bitcoin heißt frei übersetzt »digitale Münze«. Der Bitcoin basiert auf der sogenannten »Blockketten-Technik« namens Blockchain. Jeder Bitcoin-Nutzer erhält eine elektronische Geldbörse, in der sich ein öffentlicher und privater kryptografischer Schlüssel befinden. Der öffentliche Schlüsselteil dient als Adresse zum Senden und Empfangen von Bitcoins. Der private Schlüsselteil autorisiert Ihre persönlichen Transaktionen. Aufgrund zufälliger Generierung enthalten die Adressen keinerlei Informationen über den Besitzer; sie sind also genauso anonym wie Bargeld. Der im deutschsprachigen Raum führende und empfehlenswerte Bitcoin-Marktplatz ist **www.bitcoin.de**

Ethereum/Ether (ETH)

Ethereum ist eine im Jahr 2013 geschaffene Kryptowährung mit einer eigenen Währungseinheit namens Ether. Ethereum basiert wie auch Bitcoin auf der Blockchain-Technologie. Ethereum bietet jedoch zusätzlich die Möglichkeit, programmierte intelligente Verträge (Smart Contracts) rechtssicher abzuschließen. Dadurch ergeben sich neben den wichtigen Geldfunktionen der

Digitalwährung Ether zusätzliche Anwendungsmöglichkeiten. Beispielsweise können Notardienstleistungen in Zukunft durch den Einsatz dieser Technologie erweitert oder gar ersetzt werden. Die wichtigste Internetseite zu Ethereum finden Sie unter **www.ethereum.org**

Weltweit gibt es heute bereits mehr als 700 Digitalwährungen

Weltweit existieren mittlerweile über 700 virtuelle Währungen. Der technologische Fortschritt in Kombination mit staatlichen Restriktionen des bestehenden Bargeldes macht es unerlässlich, sich mit digitalen Währungen zu befassen, vor allem mit dem Bitcoin als der führenden Digitalwährung.

Bei weitem nicht jede neue Währung, die das Wort »Coin« beinhaltet, ist allerdings empfehlenswert. Vor Pseudodigitalwährungen wie OneCoin oder Swisscoin warne ich.

Die zehn führenden digitalen Währungen auf einen Blick

Rang	Kryptowährung	Volumen in Mio. USD
1.	Bitcoin	16.467
2.	Ethereum	750
3.	Ripple	229
4.	Litecoin	225
5.	Monero	225
6.	Ethereum Classic	129
7.	Dash	85
8.	Augur	45
9.	MaidSafeCoin	43
10.	Steem	36

Quelle: Statista.de – Stand Januar 2017

Die neue Anlageklasse: Nutzen Sie Digitalwährungen als elektronisches Bargeld!

Digitale Währungen besitzen die drei grundlegenden Geldfunktionen: Sie sind Wertspeicher, Zahlungsmittel und Recheneinheit. Die Idee eines freien Marktgeldes, einer marktwirtschaftlichen Geldordnung, die unabhängig ist von der Geldschöpfung der Notenbanken über die Geschäftsbanken, ist für viele Bürger und Anleger heute noch völlig neu.

Ich beschäftige mich mittlerweile nahezu täglich mit den Entwicklungen im Bereich digitaler Währungen. Wie Sie anhand der Volumenverteilung in der obigen Tabelle sehen, ist der Bitcoin die mit weitem Abstand wichtigste Kryptowährung, gefolgt von Ethereum. Aus diesem Grunde sollten Bitcoin und Ethereum die Basis für Ihren Einstieg in den Markt bzw. die eigenständige Anlageklasse digitaler Währungen sein.

Die Weltleitwährung der Zukunft wird kryptografisch sein

Aus meiner Sicht wird es in Zukunft mindestens eine neue, gesetzlich anerkannte Währung geben, die kryptografisch sein wird. Der Bitcoin erfüllt nach heutigem Stand alle Voraussetzungen dafür. Ich kann mir darüber hinaus aber auch vorstellen, dass es offizielle Währungen geben wird, die die Eigenschaften von physischem Geld mit der modernen Technologie der Kryptografie über mathematische Verschlüsselungssysteme kombinieren.

Im Sinne meiner Diversifikations-Strategien sollten Sie analog zu einem Auslandsstandbein in der Schweiz oder im Fürstentum Liechtenstein auch über ein Konto für Digitalwährungen verfügen. Ich empfehle Ihnen hier zwei Unternehmen, zu denen ich mittlerweile über langjährige Erfahrungen und auch zahlreiche positive Leserrückmeldungen verfüge.

Anycoindirect und Bitpanda sind meine favorisierten Handelsplattformen für Digitalwährungen

Die Internetplattform www.bitpanda.com hat ihren rechtlichen Sitz in Österreich. Über diese Handelsplattform können Sie die beiden wichtigsten Digitalwährungen Bitcoin und Ether sicher handeln. Die Digitalwährungsplattform www.anycoindirect.eu mit Sitz in den Niederlanden bietet Ihnen neben dem Erwerb von Bitcoin und Ether den Erwerb von elf weiteren Kryptowährungen. Beide Anbieter offerieren ihre Dienstleistungen in deutscher Sprache.

Kontaktdaten
Coinimal GmbH (Österreich)
Handelbare Digitalwährungen: Bitcoin, Ether
www.bitpanda.com

Phoenix Payments BV (Niederlande)
Handelbare Digitalwährungen: Bitcoin, Ether, Monero, Factcom, Ether Classic, Litecoin, Gulden, Dogecoin, Dash, Feathercoin, Blackcoin, Peercoin, Zcash
www.anycoindirect.eu

6 Komplementärwährungen: Regiogelder und Amazon-Warenwertgutscheine haben sich als Parallelwährungen etabliert

Einer wachsenden Zahl an Bürgern werden die Probleme unseres Geldsystems immer stärker bewusst. Dadurch steigt der Wunsch nach einem realwertgedeckten Geldsystem. Ein durch Gold oder Silber gedecktes privates Geldsystem zur Wertaufbewahrung gibt es heute bereits. Sie können es über die Edelmetallkonten bei www.goldmoney.com umsetzen. Hier haben Sie über die Goldmoney-Prepaid-Kreditkarte auch eine Einsatzmöglichkeit für den Zahlungsverkehr.

In Deutschland gibt es derzeit 30 aktive Regiowährungen

Der Fachverband Regiogeld e.V. mit Sitz in Magdeburg verzeichnet derzeit 30 aktive Regiogeld-Währungen in Deutschland, die neben dem Euro existieren. Vor allem in den Randregionen im Westen und Süden des Landes haben sich Komplementärwährungen etabliert. Die im Osten gehandelten Regiowährungen folgen dabei ausschließlich dem Prinzip der Leistungs- und Warendeckung. Die bekanntesten Regionalwährungen in Deutschland sind der Chiemgauer, der Roland, der Sterntaler, der Bethel-Euro und der Lindentaler.

Das »Finanzsystem« wird dadurch zumindest lokal transparenter und erhält einen direkten Bezug zur lokalen Realwirtschaft. Falls Sie sich für die Nutzungsmöglichkeiten von Regiogeldern an Ihrem Wohnort interessieren, finden Sie auf der Internetadresse **www.regiogeld.de** unter »Mitglieder« eine Landkarte mit den derzeit verfügbaren Regionen und Parallelwährungen.

Ich halte die grundlegende Idee derartiger Komplementärwährungen, die auf einer realen Wertschöpfung bzw. realen Waren basieren, für sehr interessant und empfehlenswert. Leider sind diese Konzepte aber immer auf bestimmte Regionen beschränkt. Daneben gibt es allerdings längst das überregionale, ja sogar global zugängliche Warengeldsystem des großen US-Konzerns amazon.com

Warengutscheine kennen weder Negativzinsen, Bankpleiten noch Bargeldverbot

Neben der alternativen bzw. komplementären Zahlungsverkehrs- und Wertaufbewahrungsfunktion haben Warengutscheine zahlreiche weitere Vorteile. Beispielsweise im Fall von möglichen Bargeld- oder Devisenverkehrsbeschränkungen. Auch von möglichen Negativzinsen ist ein Warengutschein nicht betroffen. Ebenso sind Warengutscheine unabhängig von möglichen Bankschieflagen.

Amazon.com ist längst eine weltweit tätige »Bank« mit Warenhandel

Eine hervorragende ergänzende Währungsstrategie setzt auf die Warengutscheine des US-Versandhändlers amazon.com Die Amazon-Warengutscheine sind eine durch zahlreiche Warenwerte gedeckte Komplementärwährung. Amazon ist im übertragenen Sinne eine Bank, die heute bereits ihr eigenes Geld in Form von Warengutscheinen, oder auch den Amazon Coins, einer eigenen virtuellen Währung, nutzt.

Dadurch ist Amazon praktisch nicht nur eine Geschäftsbank, sondern eine Zentralbank außerhalb des Bankensystems. Die Bonität von amazon.com als dem Herausgeber, also dem Emittenten der Warengutscheine, schätze ich dabei als weitaus höher ein als die zahlreicher Banken.

Amazon-Warengutscheine sind meine Nr. 1 unter den Komplementärwährungen

Die Warengutscheine von Amazon, die eine sehr lange Gültigkeit von zehn Jahren haben, können Sie ganz einfach online erwerben. Zudem können Sie Gutscheine im Checkkartenformat aus Plastik mit einem Warenwert von 25, 50 oder 100 Euro an zahlreichen Tankstellen (Agip, Aral, BP, Esso, JET, Shell, Total), Lotto-Annahmestellen, Drogeriemärkten (dm, Rossmann,) oder in Supermärkten (Rewe, Netto, penny, toom) erwerben. Auch in Österreich führen viele Supermärkte (Billa, Eurospar, Interspar, Spar) die Amazon-Warengutscheine.

Die deutschsprachige Internetseite ist **www.amazon.de** (Deutschland, Schweiz) oder **www.amazon.at** für Österreich. Über die ausländischen Internetplattformen von Amazon außerhalb der Eurozone – oder direkt vor Ort im Ausland – haben Sie zusätzlich die Möglichkeit, Warengutscheine auch in Fremdwährungen zu erwerben. Beispielsweise in US-Dollar über **www.amazon.com**, Britischen Pfund über **www.amazon.co.uk** oder in Kanadischen Dollar über **www.amazon.ca**

7 Pseudowährungen: Finger weg von OneCoin und Swisscoin

Bei weitem nicht alles, was sich Währung nennt und das Wort »Coin« beinhaltet, ist allerdings empfehlenswert. Im Gegenteil! Hierzu möchte ich Ihnen zwei Praxisfälle als warnende Beispiele an die Hand geben.

Achtung! Freie »Anlageberater« vertreiben zunehmend fragwürdige Produkte

Vor einigen Wochen bekam ich von einem neuen Leser von »Kapitalschutz vertraulich« eine Frage in Bezug auf eine Kapitalanlage, die dieser vor kurzem getätigt hatte. Er bat mich dabei um meine neutrale Beurteilung seiner Investitionsentscheidung. Auf Rat seines unabhängigen Anlageberaters hat der Leser 80.000 Euro, die er bislang in physischen Industriemetallen veranlagt hatte, in eine neue virtuelle Währung namens OneCoin investiert. OneCoins wären nach Aussage seines »Beraters« die neuen Bitcoins mit gigantischen Gewinnmöglichkeiten. Der Weg zum Millionär sei bereits vorprogrammiert.

Bedenklicher Trend: Scheinbar unabhängige Finanzdienstleister vermitteln OneCoins

Ein weiteres Mal bin ich kurz nach der Zuschrift des Lesers auf die OneCoin-Thematik getroffen, als ich einen Vortag vor 40 freien Finanzdienstleistern gehalten habe. Diese Berater haben derzeit große Probleme. Zum einen wurden in der Vergangenheit oftmals schlechte Finanzprodukte vermittelt, die zu großen Vermögensschäden bei Kunden geführt haben, bis hin zu Totalverlusten.

Das Vertrauen bei den betroffenen Kunden ist dadurch vollkommen verloren gegangen. Einnahmen und Selbstvertrauen bei den Vermittlern fehlen dadurch ebenfalls. Zusätzlich sind viele Finanzberater mittlerweile in Prozesse verwickelt und dadurch teilweise in ihrer beruflichen, finanziellen und privaten Existenz bedroht.

Zum anderen haben viele freie Vermittler das sehr große Problem, dass sie aufgrund gesetzlicher Regulierungen zahlreiche Finanzprodukte gar nicht mehr beraten und vermitteln dürfen. Speziell ältere, eigentlich sehr erfahrene Finanzberater vertreiben aufgrund dieser Problematik mittlerweile ausschließlich Produkte, die keine aufsichtsrechtliche Zulassung als Finanzdienstleister erfordern.

Dazu zählen beispielsweise physische Warengeschäfte mit Edelmetallen wie Gold und Silber, Technologie-Metalle, Diamanten oder auch Handelsgeschäfte mit Immobilien. Das ist für mich grundsätzlich in Ordnung, nur entstehen dadurch natürlich sehr häufig Klumpenrisiken bei den Kunden, weil wichtige Anlageklassen wie Aktien oder Investmentfonds in der Beratung außen vor bleiben müssen. Eine ganzheitliche Kundenberatung, in die auch die Bewertung von Wertpapieren mit einfließt, ist dadurch nicht mehr möglich. Die einstigen Finanzberater werden dadurch zu reinen Produktverkäufern mit einem nur noch sehr begrenzten Angebot.

Zahlreiche freie Finanzberater sind heute reine Marketingvertriebler

Mit Erschrecken musste ich darüber hinaus feststellen, dass viele freie Finanzberater ihren Lebensunterhalt mittlerweile nicht mehr über die Beratung und Vermittlung von Finanzprodukten verdienen, sondern über sogenannte MLM-Systeme. Dieses Kürzel steht für »Multi Level Marketing«.

Der Begriff ist auch unter Network- oder Empfehlungsmarketing bekannt.

Auch das ist grundsätzlich nicht pauschal schlecht. Vielleicht kennen Sie seriöse Unternehmen wie »Tupperware«, die ihre Kunststoff-Küchenartikel sehr erfolgreich seit Jahren durch ein direktes Empfehlungsmarketing vertreiben. Aber eine solche Vertriebsform hat natürlich überhaupt nichts mehr mit einer soliden Anlage- und Finanzberatung zu tun.

Kennen Sie Lyoness, Dubli, Herbalife, My Advertising Pays, Juice Plus und OneCoin?

Im Rahmen eines Vortrages habe ich mich mit vier anwesenden Finanzberatern am darauffolgenden Tag in Ruhe zusammengesetzt und sie gefragt, mit welchen Produkten sie derzeit ihr Geld verdienen. Genannt wurden mir keine Emittenten, Fondsgesellschaften oder Vermögensverwaltungen, sondern die Unternehmen Lyoness, Dubli, Herbalife, My Advertising Pays, Juice Plus und OneCoin. Das sind alles keine Finanzanlagen, sondern reine Marketing- beziehungsweise Gesundheitsprodukte.

Lyoness und Dubli sind beispielsweise Einkaufsgemeinschaften und Vertriebsprogramme mit Kooperationsverträgen zu den unterschiedlichsten Unternehmen. Sie versprechen bei allen Einkäufen Rabatte. Für Nutzer von Lyoness und Dubli gibt es dadurch Rückvergütungen, sogenannte Cashback-Zahlungen. Sowohl Lyoness als auch Dubli haben eigene Kreditkarten, die CashbackCards. Auf diesen Karten werden die Rückvergütungen gutgeschrieben.

Passive Einkommensquellen sind ein unseriöser Unsinn!

Der Haken dabei ist: Sowohl bei Lyoness als auch bei Dubli werden Neukunden animiert, sich als Partner für mehrere Tausend Euro einzukaufen und neue Kunden zu vermitteln. Dadurch entsteht ein Pyramidensystem. An jedem neu geworbenen Kunden verdient der Vermittler wiederum mit. Am Ende des Tages sind diese angeblichen Einkaufsgemeinschaften bei rationaler Betrachtung häufig reine Schneeballsysteme.

Es ist für mich traurig, feststellen zu müssen, dass freie Finanzberater aus ihrer eigenen Orientierungslosigkeit heraus nunmehr derart fragwürdige Geldquellen erschließen und ihre Kunden mit scheinbar gigantischen Gewinnversprechen oder sogenannten »passiven Einkommensmöglichkeiten« ködern. Es gibt kein passives Einkommen, das ist schlicht unseriöser Unsinn! Jedes Einkommen basiert auf einer Aktivität. Selbst ein Lottogewinn basiert auf der Aktivität, der Abgabe eines Scheins.

Am kritischsten sehe ich derzeit die stark zunehmende Vermittlung von OneCoin als angeblich neuer virtueller Währung. Die Werbeaussage des Unternehmens sowie der Vermittler lautet: »OneCoin ist die nächste

Bitcoin.« Bei OneCoin kann, oder besser gesagt muss, ein Neukunde und zukünftiger Vermittler unterschiedliche Ausbildungspakete erwerben. Von 100 Euro Investitionssumme bis zu 25.000 Euro. Dieses investierte Geld muss der Vermittler natürlich durch Weiterempfehlungen wieder hereinholen.

Zusätzlich kann Geld in OneCoins als scheinbare Kapitalanlage investiert werden. Je mehr Personen vermittelt werden und Geld einzahlen, desto höher fallen die verdienten Provisionen für den Vermittler aus. Die Provisionen bei erfolgreicher Vermittlung von OneCoin sind enorm hoch und bewegen sich bis weit in den zweistelligen Prozentbereich. Das kann und wird nicht funktionieren!

Achtung: OneCoin ist ein reines Schneeballsystem

OneCoin ist keine neue Kryptowährung, vergleichbar mit Bitcoins. Ein OneCoin ist im Gegensatz zum Bitcoin zentralisiert, hat keinen offenen Quellcode, keine effiziente Limitierung und es gibt keinen freien Handel. OneCoin ist ein reines Pyramidensystem, das die Anpreisung der Vorteile einer Kryptowährung gezielt als Marketinginstrument einsetzt und für fragwürdige Vertriebszwecke nutzt.

Für mich ist OneCoin ein immer größer werdendes Vertriebssystem mit großen Gefahren für unbedarfte Vermittler und Anleger. Mein neuer Leser versucht bislang übrigens erfolglos, sein investiertes Geld in Höhe von 80.000 Euro zurückzuerhalten. Ich habe ihm empfohlen, rechtliche Schritte gegen seinen »Finanzberater« einzuleiten. Ebenso habe ich ihm geraten, umgehend eine Anzeige wegen Betruges zu erstatten!

Für Sie gilt: Finger weg von Angeboten wie OneCoin!

Ich rate Ihnen zu erhöhter Vorsicht bei bankenunabhängigen Angeboten von freien Finanzberatern. Sollten Sie eine bestimmte, scheinbar neue virtuelle Währung oder ähnliche Anlage- oder Einkommensmöglichkeiten empfohlen bekommen, können Sie sehr gerne auf mich zukommen. Ihre Zuschriften helfen mir stets weiter bei meiner Arbeit.

Swisscoin: Ein toller Name ohne Fundament

Eigentlich könnte es sich bei Swisscoin ja um eine gute alternative Digitalwährung handeln. Mit »Swiss« im Namen hat sie ja bereits einen soliden Klang, oder? Leider ist das aber nicht der Fall. Die Macher von Swisscoin setzen Werbemails ein, in denen mir eine Investition in Swisscoins empfohlen wird. Ich könne dabei zusätzlich Geld durch die Anwerbung neuer Interessenten für Swisscoin verdienen. Hier einer dieser Briefe im Originalwortlaut.

Swisscoin: Haben Sie auch bereits diesen Werbebrief bekommen?

Sehr geehrter Herr Miller,
wir sind auf XING (Anmerkung: Das ist ein Businessnetzwerk im Internet) miteinander verbunden, deshalb erlaube ich mir, Sie kurz anzuschreiben und Ihnen eine neue Kryptowährung vorzustellen. Das ist eines der Geldsysteme der Zukunft. Jeder (wirklich jeder!), der sich bei Swisscoin gratis anmeldet, bekommt 100 Swisscoins geschenkt!

Was ist Swisscoin?
Swisscoin ist eine zukünftige digitale Kryptowährung. Das ist die konsequente Weiterentwicklung der Bitcoin-Erfolgsstory auf Schweizer Art.

Was ist eine Kryptowährung?
Experten sind sich einig, dass Kryptowährungen wie Swisscoin die Zukunft sind und den Papiergeldwährungen Konkurrenz oder sie gar überflüssig machen werden. Im Gegensatz zu Papiergeld sind sie inflationssicher, weil nicht beliebig vermehrbar (ähnlich wie Gold). Im Gegensatz zu Papiergeld haben nicht Regierungen, Zentralbanken und Hochfinanz die Kontrolle. Swisscoin ist die Rettung bei Bargeldverbot und dem wegen der Überschuldung früher oder später kommenden Crash des westlichen Geldsystems. Swisscoin kann Ihnen die langersehnte finanzielle Freiheit verschaffen.

Was, wenn Ihnen folgendes auch passiert: 2009 investierte ein Deutscher ca. 25 Euro in Bitcoins. Als er sich ein paar Jahre später wieder an sein Guthaben erinnerte, waren seine 5.000 Coins sage und schreibe 500.000 Euro wert!

Nur noch kurze Zeit! Holen Sie sich deshalb gleich hier Ihre 100 Swisscoins, solange es noch geht. Ihre Anmeldung ist kostenlos und unverbindlich, aber voller Potenzial. Sie haben nichts zu riskieren und zu verlieren!
Viele Grüße
08/15-Vertriebler

Swisscoin ist ein Pyramidensystem

Im Anschluss an dieses Schreiben folgt ein Link, über den ich mich zu Testzwecken auch registriert habe. Ein Leser hat sich dann mit »meinem« Link ebenfalls angemeldet und erschien danach im System in meiner Pyramide. Bei jeder Einzahlung des Lesers oder der von ihm vermittelten Kunden profitiere ich von nun an zusätzlich. Ebenso wie die Person, die mir diesen Brief bzw. diese Werbemail geschrieben hat. Sie wird durch meinen Klick auf den Link automatisch als mein »Sponsor«, oder besser gesagt Vermittler, bei Swisscoin registriert.

Wenn ich oder eine von mir angeworbene Person Geld einzahlt und in Swisscoin umtauscht, fließt jedes Mal eine Provision an den Vermittler. Für die von mir geworbenen Personen erhalte ich ebenfalls eine Provision. Und so weiter. Ich habe daraufhin mein Swisscoin-Konto umgehend wieder gelöscht. Gleiches habe ich auch meinem Leser empfohlen, der mich dankenswerterweise bei meinen Recherchen so toll unterstützt hat.

Fazit: Swisscoin basiert wie OneCoin auf einem Strukturvertrieb

Swisscoin ist ein reiner Strukturvertrieb, der auf dem bekannten Pyramidensystem basiert. Jene, die oben stehen, profitieren; die, die unten stehen, bekommen immer weniger oder zahlen drauf. Das hat nichts mit einer seriösen und fundierten Digitalwährung aus der Schweiz zu tun, sondern ist ein klassisches Pyramidensystem, das früher zusammenbricht, als man gemeinhin denkt. Finger weg – investieren Sie hier keinen Cent!

Finger weg von Swisscoin!

Lassen Sie sich von interessanten Namen und utopischen Gewinnversprechen von Initiatoren und Vermittlern wie im Fall Swisscoin nicht verleiten. Bei weitem nicht jede neue Internetwährung hat diesen Namen auch verdient. Immer mehr Werbekonzepte und Pyramidensysteme tarnen sich als angeblich neue Digitalwährungen.

8 Geldersatzmittel? Der Mythos von den kleinen Goldbarren

Mit einer Ende 2016 veröffentlichten Studie – in Auftrag gegeben von einem Edelmetallhändler namens Karatbars – hat sich das Berlin Institute of Finance Innovation and Digitalization in die Diskussion um aktuelle Krisensituationen und die Folgen für die Bargeldbestände eingeschaltet. Dabei ging es den angeblichen Wissenschaftlern um die Frage, inwieweit beispielsweise bei einem länger anhaltenden Blackout oder anderen außergewöhnlichen, durch Ausfall von IT-Systemen verursachten Ereignissen die Bargeldreserven der Bundesbürger ausreichend seien und inwieweit auf andere Ersatzwährungen zurückgegriffen werden müsste.

Darunter fällt beispielsweise auch das Thema Gold. Hierzu wurde medienwirksam eine Pressemitteilung durch einen Edelmetallhändler namens »Karatbars International« veröffentlicht, deren Passagen Sie in wesentlichen Auszügen nachfolgend finden.

Interessanterweise erhielt während der Erstellung der Studie die Untersuchung eine besondere Aktualität, da die Bundesregierung Ende August ein Konzept verabschiedet hat, das auf 69 Seiten die Sicherheitsvorsorgen für die Bundesbürger beschreibt. Auch wenn ein Krisenfall von außen sehr unwahrscheinlich sei, verlange die Sicherheitsvorsorge, »sich trotzdem auf eine solche, für die Zukunft nicht grundsätzlich auszuschließende existenzbedrohende Entwicklung angemessen vorzubereiten«.

Eine mögliche IT-Krise ist im Bewusstsein der Bevölkerung noch nicht angekommen

Dabei hat die Bundesregierung eine IT-Krise noch gar nicht berücksichtigt. Auch im öffentlichen Bewusstsein ist dieses Thema noch nicht angekommen. Eine einfache Google-Analyse zeigt das deutlich. »Die Informationsquellen sind überfüllt mit Krisenbegriffen und empfohlenen Maßnahmen. Interessanterweise sind beim Stichwort Datenkrise lediglich 1.640 Treffer bei Google angegeben. Dies verwundert, da eine Datenkrise beinahe jede der oben genannten Krisen im digitalen Zeitalter auslösen kann«, heißt es dazu in der Studie.

Zu geringe Bargeldversorgung

Die Studie bemängelt, dass die durchschnittliche Versorgung der bundesdeutschen Bürger mit Bargeld viel zu gering sei, da im Falle einer IT-Krise oder eines Blackouts auch die Bargeldversorgung der Bürger unterbrochen werde. Aufgrund des hohen Automatisierungs- und Digitalisierungsgrads der bundesdeutschen Banken würde die Bargeldversorgung an Geldautomaten unterbrochen.

»Die Studie zeigt, dass die statistisch aktuell festgestellte Menge von ca. 103 EUR pro Person in Bargeldform insbesondere in spezifischen Situationen nicht ausreichend ist.« Zudem könne in einer IT-Datenkrise »... die adäquate Versorgung mit Bargeld nicht von den Bundesbanken ermöglicht werden«. Die Studie stellt die Frage nach der Umsetzung der Bargeldversorgung von 40,77 Millionen Privathaushalten in Deutschland (in 2015) durch lediglich 35 Bundesbankfilialen.

Gold ist Werterhalt

Harald Seiz, Chef von Karatbars, der Auftraggeber der Studie war, sieht sich durch die Studie bestätigt. Schließlich heißt es in ihr weiter: »Sollte es zu einer Vertrauenskrise in das gesetzliche Zahlungsmittel kommen, hat die Vergangenheit in verschiedensten Inflationsszenarien gezeigt, welche Reaktionen in der Bevölkerung hervorgerufen werden.« Die Autoren folgern, dass Gold in diesem Fall ein adäquates und allseits anerkanntes Zahlungsmittel werden könnte. »Gold wird seit Jahrtausenden für rituelle Gegenstände und Schmuck sowie seit dem 6. Jahrhundert vor Christus in Form von Goldmünzen als Zahlungsmittel genutzt.«

Gold und andere Edelmetalle (ggf. auch Diamanten) haben den sowohl empirisch als auch historisch bewiesenen Werterhalt und eignen sich somit als Tauschmittel in Zeiten von Unsicherheit. Die implizite Problematik liegt in der »Teilbarkeit« und der Bestimmbarkeit in kleinen Mengen. In Krisen ist es sinnvoll anzunehmen, dass Goldschecks oder Goldguthaben (eingezahlt) bei Banken nicht im Barverkehr akzeptiert werden.

Die Studie ist zum Ergebnis gekommen, dass Bargeld für Krisen, die mehr als zehn Tage andauern, in den überwiegenden Fällen nicht ausreicht und Edelmetalle wie Gold als ideale Reserve dienen.

Gestützt wird dies übrigens auch durch die aktuelle Entwicklung auf dem Goldmarkt. Allein die Unsicherheiten durch den Ausgang der US-amerikanischen Präsidentenwahl haben die Anleger sichere Häfen ansteuern lassen. So kostete Anfang November eine Feinunze Gold rund 1.332 US-Dollar, so viel wie lange nicht mehr. Anmerkung: Dieser Trump-Effekt hatte sich in weiterer Folge allerdings – zumindest temporär – deutlich relativiert.

Fazit der Untersuchung auf Basis der Pressemitteilung: Die kleinste »vernünftig« handelbare Einheit liegt bei 1 Gramm?

In bestimmten Extremfällen ist die aktuell vorhandene durchschnittliche Bargeldmenge von 103 Euro nicht ausreichend. Zudem erweitert die Studie die bisherigen Empfehlungen zum Halten von Bargeldreserven um weitere Zahlungsmittelformen. Somit sollte neben einem Bargeldbestand in Euro auch eine andere als sicher angesehene und international akzeptierte Währung wie der US-Dollar sowie Edelmetalle wie Gold und/oder Silber (in kleinen Stückelungen) vorrätig gehalten werden.

Die empfohlene Höhe ist dabei stark abhängig von der Dauer eines IT-Blackouts. Jedoch empfiehlt es sich, für einen Zeitraum von bis zu zehn Tagen einen Gegenwert in Höhe von 2.000 EUR zu halten. Die Verteilung auf die einzelnen Zahlungsmittelformen kann einer Gleichverteilungsfunktion folgen, das heißt, jedes der drei zentral empfohlenen Zahlungsmittel – Euro, eine stabile Währung außerhalb der Eurozone und Edelmetalle – sollte zu jeweils einem Drittel vorhanden sein.

Allerdings könne mit gleicher Verve behauptet werden, dass ausgehend von der Quelle der Krise ein Vertrauensverlust in andere Währungen nicht auszuschließen sei. Dieses spräche für einen höheren Anteil von Edelmetallen in kleinen ›handelbaren‹ Stückelungen. So weit einmal das Marketing-Bla-bla-bla von Karatbars International auf Basis der Studie des Berlin Institute of Finance Innovation and Digitalization.

Achten Sie auf die Auftraggeber derartiger Gefälligkeits-Studien!

Die Grundlagen der Studie sind aus meiner Sicht durchaus nicht uninteressant. Die Schlussfolgerungen des Auftraggebers der Studie (Edelmetallhändler Karatbars International) sind jedoch ein reiner Marketingunsinn!

Ich habe vom Berlin Institute of Finance Innovation and Digitalization BIFID noch nie zuvor gehört. Wenn man einmal nach diesem Institut recherchiert, dann stellt man fest, dass hier zwar ein schöner Name mit einem pseudowissenschaftlichen Anspruch vorliegt, aber relativ wenig Substanz dahinter.

Die Studie wurde von einem relativ unbedeutenden Edelmetallhändler namens Karatbars International GmbH aus Stuttgart in Auftrag gegeben. Dieses Unternehmen hat sich nach eigenen Angaben auf den Verkauf von kleinen Goldbarren und Geschenkartikeln mit Goldbarren spezialisiert.

Lagern Sie Ihre Edelmetalle in sicheren Strukturen im Ausland!

Einen maximalen Handbestand an Edelmetallen, Fremdwährungen oder auch Diamanten in einer Größenordnung Ihrer Lebenshaltungskosten von drei bis sechs Monaten sollen Sie natürlich haben, aber auch hier sollten Sie auf Anlagemünzen setzen und keine kleineren Einheiten als eine Unze bei Gold und Silber erwerben. Maximal können Sie bei Goldbarren noch eine halbe Unze erwerben, aber nicht weniger.

Meine Anbieter-Empfehlung mit hervorragenden Konditionen ist hierfür Anlagegold24, aber auch pro aurum, MP Edelmetalle oder Degussa, für Diamanten der Anbieter Diamondstoxx, für physische Fremdwährungen Travelex oder die ReiseBank. Selbst bei seriösen Händlern sollten Sie beachten: Je kleiner der Barren oder je kleiner die Münze, desto höher der Aufschlag.

Finger weg von kleinen Gramm-Barren und Münzen! Finger weg von Karatbars!

Bei 1-Gramm-Barren hingegen zahlen Sie nur drauf und Edelmetallhändler wie Karatbars International freuen sich über schöne Gewinne mit Ihrem Geld und eine Verkaufsgeschichte von den kleinen Barren und Münzen, die einfach nur ein Marketingunsinn ist. Am 15.12.2016 um ca. 16:40 bei der Erstellung dieser Recherche und Analyse musste ich bei Karatbars für deren 1-Gramm-Goldbarren 56,56 Euro zahlen. Bei dem von mir oben genannten, empfehlenswerten Anbieter zahle ich hingegen im Durchschnitt nur 39,55 Euro. Das ist in Bezug auf Karatbars International schlicht als nicht empfehlenswert und nicht seriös einzustufen!

9 2.700 Prozent Aufschlag bei Münzen aus Kupfer!

In diesem Bereich der angeblichen Hartgeldwährungen habe ich noch eine weitere Warnung für Sie zu einer Anlagethematik, die mir immer wieder einmal auf den Tisch, oder besser gesagt Laptop, kommt.

Neben Barren und Münzen aus den gängigen Edelmetallen Gold, Silber, Platin oder Palladium gibt es mittlerweile auch Münzen, die aus Industriemetallen geprägt sind. Einige Edelmetallhändler verkaufen beispielsweise Andorra-Kupfermünzen.

Diese Andorra-Münzen aus reinem Kupfer mit einem Gewicht von einer Unze (31,1 Gramm) werden beispielsweise zum Preis von 4,95 Euro verkauft. Eine Krügerrand-Goldmünze mit einem Gewicht von einer Unze Gold kostet rund 1.200 Euro. Optisch erscheint das günstig und mag manch uninformierten Anleger daher ansprechen.

Die Kupfermünzen aus Andorra haben utopische Aufschläge auf den Materialpreis

Wenn Sie hingegen den Taschenrechner zur Hand nehmen und nachrechnen, werden Sie schockiert sein. Ich habe mehrfach meine Rechnung überprüft, weil ich es gar nicht glauben konnte. Der aktuelle Kupferpreis liegt bei rund 6.000 US-Dollar pro Tonne. Eine Tonne sind 1.000.000 Gramm. Der Kupferpreis pro Gramm beträgt also 0,006 US-Dollar oder 0,0057 Euro.

Das Münzgewicht von 31,1 Gramm hat somit einen Materialwert von 0,18 Euro-Cent. Verkauft wird die Münze aber zu 4,95 Euro. Das ist mehr als das 27-Fache oder ein Aufgeld von über 2.700 Prozent. Unglaublich. Ein Wahnsinnsgeschäft für Andorra, sicherlich auch für die Edelmetallhändler als Vertriebspartner, aber nicht für einen Kapitalanleger, der diese Münzen gutgläubig erwirbt.

Fazit: Finger weg von Kupfermünzen und Kupferbarren!

Kupfer ist kein Edelmetall und aus meiner Sicht macht es keinen Sinn, Münzen aus Kupfer zu Anlagezwecken zu prägen. Schon gar nicht, wenn dabei derartig gigantische Unterschiede zwischen Material- und Verkaufspreis entstehen. Gleiches gilt für Kupferbarren, die als angebliche Kapitalanlagen offeriert werden. Ich habe selbst auf einer Anlagemesse einmal einen 500-Gramm Kupferbarren zum »Sonderpreis« von 10 Euro erworben.

Der heutige Verkaufspreis, zu dem diese Kupferbarren verkauft werden, beträgt 12 Euro. Kupfer ist seither von 5.000 US-Dollar auf 6.000 US-Dollar gestiegen. Der Materialpreis beträgt somit lediglich 5,70 Euro. Auch hier muss noch ein Aufschlag von über 100 Prozent bezahlt werden. Mir hat das nichts ausgemacht, weil ich meinen Kupferbarren als dekorativen Briefbeschwerer auf meinem Schreibtisch nutze und dafür waren die 10 Euro eine gute Investition. Mit einer Kapitalanlage hat das allerdings überhaupt nichts zu tun.

IV.
ALPENFESTUNG LIECHTENSTEIN: DIE REAL-SCHUTZ-STRATEGIE FÜR IHR GELD

Papier ist bekanntlich geduldig, so auch das Papier, auf dem unsere aktuellen Staatsschulden – oder sollte ich besser sagen Volksschulden? – stehen. Denn die Höhe der Staatsschulden ist nichts weiter als ein nominaler Wert. Gesetzlich festgelegt, aufgedruckt auf Geldscheinen und Münzen.

Dem Nominalwert des Geldes steht der Begriff des realen Wertes gegenüber

Ein Realwert kann zum Beispiel ein um die Inflation bereinigter Nominalwert sein. Oder nehmen Sie die Zinsen bei einem Kredit. Viele Banken werben mit einem scheinbar günstigen Nominalzinssatz. Dem hinzurechnen müssen Sie allerdings noch Gebühren etc., um auf den realen, effektiven Zinssatz zu kommen. Dieser reale Zinssatz ist der, den Sie tatsächlich zahlen. Ein weiteres gutes Beispiel ist das vielzitierte Versprechen von Norbert Blüm: »Die Rente ist sicher.« Diese Aussage stimmt natürlich in der nominalen Geldwelt. Die gleichbleibende Kaufkraft dieses absoluten, staatlich versprochenen Rentenbetrags ist jedoch keinesfalls sicher.

Ich beobachte leider häufiger, dass gerade konservative Kapitalanleger diese Unterscheidung vernachlässigen. Ich möchte Ihnen in meiner aktuellen Sonderanalyse einen Weg zeigen, wie Sie Ihr reales Vermögen sichern und sogar aufbauen.

Ändern Sie Ihr persönliches Finanzsystem: Realisieren Sie nominales Geld! Im derzeitigen Finanzsystem sind nominale Kredite und Guthaben die Basis der staatlichen Geldfunktion. Sie nutzen Geld, um damit zu zahlen oder es als Wert aufzubewahren. Diese Wertaufbewahrungsfunktion des Geldes ist mittlerweile jedoch stark gefährdet: Weil nominale Geldguthaben ein immer weiter steigendes Risiko der beliebigen Vermehrbarkeit in sich tragen.

Politik und Notenbanken fluten unser System mit Geld, um die Wirtschaftstätigkeit überhaupt am Leben zu halten. Eine ganz wichtige Branche, die davon massiv betroffen sein wird, ist die der klassischen deutschen Lebens- und Rentenversicherungen. Rund 90 Prozent der Vermögenswerte der Versicherungsgesellschaften sind in rein nominalen Geldwerten, überwiegend in europäischen Staatsanleihen investiert.

Reale Werte dagegen, allen voran Edelmetalle, tragen diese Risiken der beliebigen, künstlichen Produzierbarkeit nicht in sich. Im Gegenteil: Diese Werte werden in Relation zu den nominalen Geldmengen allein aufgrund des zinsbasierten Geldsystems und der damit verbundenen immer weiter steigenden Verschuldungen – real – täglich seltener.

Einzigartig bei dem nachfolgend beschriebenen Konzept der Kapitalschutz Real-Wert-Police ist der Vorteil, dass diese für Sie als aktiver Selbstentscheider ebenso geeignet ist wie für Kapitalanleger, die eine ganz bequeme Vermögensverwaltung suchen!

Die Kapitalschutz Real-Wert-Police wurde darüber hinaus gezielt erweitert um zwei ausgesuchte und bewährte Investmentfonds-Strategien. Zusätzlich haben Sie als Anleger die Möglichkeit, jeden Investmentfonds oder auch Exchange Traded Fund (ETF), der am Markt zur Verfügung steht, ganz flexibel nach Ihren individuellen Zielen und Wünschen in Ihre persönliche Kapitalschutz Real-Wert-Police zu erwerben.

1 Das Kapitalanlage-Umfeld: Schaffen Sie sich für Ihr Kapital gezielt geschützte Zellen und Lagerstätten

Die Schreckensszenarien von Bankpleiten, Staatsbankrott oder Währungsreformen bis hin zu direkten Umverteilungen und Enteignungen von Vermögenswerten greifen mittlerweile immer mehr Medien und Finanzexperten auf. Ich weise Sie schon seit langer Zeit auf die zunehmenden Gefahren der aktiven Staatseingriffe hin.

Und ich beobachte, dass viele Privatanleger Zukunftssorgen im Hinblick auf ihr Vermögen und eine damit verbundene sinkende Lebensqualität haben. Es ist nur natürlich, sich vor derartigen Szenarien schützen zu wollen. Allerdings sind professionelle Mittel und Wege, um den realen Kapitalschutz in der Praxis effektiv umzusetzen, den meisten Privatanlegern nicht bekannt.

Egal, welche Zeitungen oder Finanzjournale Sie aufblättern, Inflation oder Deflation aufgrund der Staatsschuldenkrise sind die vorherrschenden Themen. Die Experten empfehlen dann meist Lösungen für Sachwertinvestitionen – von Immobilien-Investments über Edelmetalle bis hin zu Aktien. Ich teile zwar viele negative Prognosen im Hinblick auf unser Finanz- und Wirtschaftssystem, doch reine Pauschalempfehlungen, wie »Sachwerte kaufen«, liegen mir fern. Dies ist für mich kein qualifizierter Ratschlag Sie als für Kapitalanleger.

Sichern Sie Ihr Vermögen gegen die finanzielle Repression

In den letzten zehn Jahren haben sich die Schulden der Eurozone annähernd verdoppelt. Die Staaten haben über ihre Verhältnisse gelebt, Bankenrettungen mussten seit Beginn der Finanzkrise teuer bezahlt werden. Am Ende werden wir Konsumenten, Steuerzahler, Sparer und Arbeitnehmer für diese Schulden aufkommen müssen.

Die Frage ist nur, auf welche Art und Weise – über einen harten Währungsschnitt, verbunden mit einer Währungsreform, oder über eine kalte Enteignung, in Form von schleichenden Abgabeerhöhungen und Umverteilungen. Europa wird natürlich nicht von heute auf morgen bankrott sein. Ebenso wenig wird eine Währungsreform über Nacht erfolgen. Bevor dies eintritt, werden sich Staaten mit allen Mitteln dagegen wehren.

Ich bin der festen Überzeugung, dass Europa seine strukturelle Schuldenkrise überwinden kann. Das Mittel zum Zweck, um die Staaten zu retten, heißt »finanzielle Repression«. Diesen Begriff und seine damit verbundenen Maßnahmen gegenüber dem Volk vermisse ich in fast allen Finanzmedien bislang komplett. Hier werden häufig lediglich Inflations- oder Deflationsszenarien beschrieben, ohne dass dabei effiziente, intelligente Praxislösungen aufgezeigt werden.

Das bedeutet eine finanzielle Repression für Sie konkret

Finanzielle Repression bedeutet – wie in der Nachkriegszeit – die Entschuldung von Staaten durch negative Realzinsen. Ich schätze die Wahrscheinlichkeit der Staatsentschuldung durch eine kalte Enteignung über die Zinsfunktion und schleichende Steuererhöhungen als sehr hoch ein. Klassische, »kapitalbildende« deutsche Lebensversicherungen mit ihren hohen Beständen an nominalen Geldwerten sind dabei absolut gefährdet.

Ebenso alle nominalen Geldwerte wie Festgelder, Staatsanleihen, Sparbücher. Ebenso natürlich auch nominale Rentenansprüche aus staatlichen, betrieblichen oder privaten Vorsorgequellen! Geht eine finanzielle Repression noch über diese kalte Enteignung hinaus, werden protektionistische Maßnahmen des Staates gegenüber dessen Bevölkerung in Form von Steuern, Sonderabgaben oder Verboten angewandt, welche in Umverteilung und Enteignung münden.

Die deutsche Volksbilanz	
Soll	**Haben**
2 Billionen Euro Volksschulden durch die Staatsverschuldung	5 Billionen Euro Volksvermögen durch private Sparguthaben

Deutschland ist isoliert betrachtet – ohne die europäischen Haftungsrisiken über den ESM – von einem Staatsbankrott (was einem Bankrott des Volkes entspräche) weit entfernt, weil sogar nach der Umbuchung der 2 Billionen Euro Staatsschulden (Buchung: Volk an Staat) immer noch weit über 3 Billionen Euro privates Volksvermögen übrig blieben. Das Hauptproblem ist, dass Vermögen und Kapital in Deutschland wie in anderen Ländern sehr ungleich verteilt sind. Das Risiko der Umverteilung für Kapitalinhaber steigt daher in der Zukunft massiv an.

Kalte Enteignung über Zinsfunktion und schleichende Steuern

Das kann über Steuern, Inflation, einen Währungsschnitt bis hin zur Währungsreform oder protektionistischen Zwangsabgaben durch eine gezielte Umverteilung geschehen. Letzteres bedeutet nichts anderes als eine Zwangsenteignung. Auch eine Bankenabgabe oder eine Finanztransaktionssteuer trifft am Ende des Tages den privaten Kapitalanleger, da die Banken diese Belastungen an ihre Kunden weitergeben werden.

Schützen Sie sich vor allem vor politischen und rechtlichen Gefahren!

So wie Staatsschulden natürlich Volksschulden sind, dienen kapitalbildende Lebensversicherungen in Deutschland nicht der Versicherung des Ablebens, sondern dem Vermögensaufbau und der Vermögensverwaltung. Vor allem die steuerlichen Vorteile haben zu dieser Fehlsteuerung geführt. Für die Versicherung des Ablebens (nicht des Lebens!), also den Todesfallschutz, reicht jedem Bürger eine kostengünstige Risikolebensversicherung.

Ein Staat oder eine Staatengemeinschaft kann das eigene Land oder den entsprechenden Binnenmarkt (EU) schützen, indem protektionistische (protectio = Schutz) und auch prohibitionistische (prohibitio = Verbot) Gesetze eingeführt werden. Das können beispielsweise Zölle oder Sondersteuern, aber auch Einfuhr- oder Ausfuhrbeschränkungen sowie vollständige Handelsverbote sein.

Es ist mittlerweile zu beobachten, dass gerade in den Finanzbereichen Protektionismus zunimmt. Großbritannien ist ein sehr gutes Beispiel, es wollte seinen Finanzplatz schützen. Daher hat das Land um Premier David Cameron die EU-Verträge nicht unterzeichnet. Ein weiteres Beispiel ist das Leerverkaufsverbot. Es konnte nicht EU-weit umgesetzt werden und war daher weitestgehend ein deutscher Alleingang. Das ist Protektionismus. Ein Anleger mit einer Inlandsbankverbindung kann somit keine Leerverkäufe tätigen.

Derjenige, der beispielsweise über London handelt, sehr wohl. Ein weiterer Vorlaufindikator ist die diskutierte »Banken-Zwangsabgabe«. Es ist hier noch unwahrscheinlicher, dass diese EU-weit oder gar weltweit umgesetzt wird. Womöglich trifft diese dann nur die europäischen Banken in der Bankenunion, nicht aber Banken in der Schweiz oder im Fürstentum. Natürlich legen die Banken derartige Zwangsabgaben auf die Kunden um, wodurch die Auslandsbanken außerhalb der Europäischen Bankenunion einen Vorteil hätten.

Der Zinseszinseffekt – Die Hauptgefahr unseres nominalen Geldwesens

Der Kaufmann Mayer Amschel Rothschild (1744–1812), Gründer des Bankhauses Rothschild, war das prägende Mitglied dieser einflussreichsten Bankiersfamilie. Das Rothschild-Vermögen hat alle Krisen der Geschichte bestens gemeistert. Gerade aus Zeiten der Veränderung und des Umbruchs ging diese Dynastie immer weiter gestärkt hervor.

Bedenken Sie immer Rothschilds Aussage: »Der Zinseszinseffekt ist das achte Weltwunder!« Der Zinseszinseffekt beziehungsweise die Zinsfunktion ist nichts anderes als ein finanztechnisches Instrument, bei dem die Zeit die wichtigste Rolle spielt. Wenn Sie diesen Effekt bei einer Kapitalanlage zum gezielten Auf- und Ausbau Ihres Vermögens nutzen, entstehen geldwerte Vorteile. Das hat nichts mit einem Wunder zu tun, sondern rein mit den Gesetzen der Mathematik. Der Zinseszinseffekt wirkt bei Schulden aber natürlich in die entgegengesetzte Richtung. Das bekommen derzeit all jene Staaten massiv zu spüren, die sich immer weiter verschulden.

Es entsteht für die Staaten und deren Steuerbürger ein negativer Zinseszinseffekt. Das bedeutet ein automatisches Ansteigen der Pro-Kopf-Verschuldung der Bevölkerung, welche vom Staat durch Steuern und Umverteilungen eingetrieben werden kann. Je länger die Zeiträume, desto deutlicher wirkt sich dieser aus.

Der mathematische Effekt bei Zinsbelastungen kommt auch bei Steuern auf Kapitalanlagen zum Tragen. Diese zehren fortlaufend an Ihrem Vermögen. Ich bezeichne diesen Prozess analog zum Zinseszinseffekt als negativen Steuersteuereffekt. Ihr Kapital wurde nämlich bereits besteuert, als Sie es erarbeitet hatten. Nun bezahlen Sie als Vermögensinhaber weitere Abgaben darauf in Form der Abgeltungsteuer. Auch die Wiedereinführung der Vermögensteuer in naher Zukunft halte ich für sehr wahrscheinlich. Gleiches gilt für eine Erhöhung der Abgeltungsteuer.

Fazit: Reale Werte in sicheren Strukturen sind die beste Antwort!

Ich rate Ihnen, diese schleichenden Entwicklungen von Umverteilungs- und Zwangsmaßnahmen nicht zu unterschätzen. Die Mauer an der innerdeutschen Grenze war auch eine Art Staatsprotektionismus (antifaschistischer Schutzwall). Dieser »Schutz« des Staates der DDR ging aber massiv zu Lasten der Freiheit, Rechtsstaatlichkeit und der Eigenbestimmung der Bevölkerung. Für mich geht jede Art von staatlichem Protektionismus in diese Richtung.

Schützen Sie Ihr Kapital, indem Sie es international verteilen und strukturieren. Schaffen Sie sich gezielt geschützte Zellen und Lagerstellen im Ausland. Die Umverteilung ist für mich der kleine Bruder der Enteignung. Der Protektionismus, mit dem sich der Staat nach außen schützen will – was in einer globalisierten Welt übrigens unmöglich ist –, ist für mich der kleine Bruder der Prohibition.

Für diese Entwicklungen gibt es mittlerweile ganz klare Belege. Aber ebenso gibt es für Sie intelligente und gesetzeskonforme Mittel und Wege, sich davor zu schützen. Der von mir hochgeschätzte Ökonom Friedrich August von Hayek beschreibt diese Entwicklungen bereits Anfang der 1940er-Jahre in seinem Buch »Der Weg zur Knechtschaft«.

Für den nachhaltigen Erfolg Ihres Vermögensmanagements und den Schutz Ihres Kapitals kommt es ganz entscheidend auf eine gezielte, intelligente Strukturierung Ihrer Vermögenswerte an. Gerade auch im Hinblick auf rechtliche und steuerliche Risiken. Mit diesem Buch gebe ich Ihnen eine hochqualifizierte Profilösung an die Hand, die in dieser Ausgestaltung am Markt absolut einzigartig ist.

2 Fürstentum Liechtenstein: Der Versicherungsstandort #1 für intelligente Kapitalanleger

Die besten Rahmenbedingungen für Ihr Kapital finden sich nach meiner Überzeugung in Liechtenstein. Das Fürstentum legt größten Wert auf wirtschaftspolitische Unabhängigkeit und auf die Wahrung der Standortvorteile für die Versicherungswirtschaft. Dank der liberalen Wirtschaftsordnung bietet die liechtensteinische Regierung den Versicherungsgesellschaften ideale Rahmenbedingungen, um innovative Investment-Strategien und Kapitalanlage-Strukturen zu entwickeln.

Der Versicherungsplatz Liechtenstein bietet Ihnen daneben als einziger einen direkten Marktzugang zum EU-Raum sowie zur Schweiz. Seit 1995 gehört das Fürstentum dem Europäischen Wirtschaftsraum (EWR) an. Anfang 1996 trat ein EU-konformes Versicherungsaufsichtsgesetz in Kraft, dem ein Jahr später die entsprechende Verordnung folgte. Die liechtensteinischen Versicherungs- und Sorgfaltspflichtgesetze bieten Ihnen als Kunden darüber hinaus eine ideale Kombination von Diskretion und Regulation.

Das Fürstentum Liechtenstein auf einen Bick, © Shutterstock/Peter Hermes Furian

Die Versicherungswirtschaft profitiert von Steueroasen-Diskussion

Im Unterschied zu der Bank- und Treuhänderbranche des Finanzdienstleistungsplatzes im Fürstentum konnte die Versicherungswirtschaft sogar von der internationalen Steueroasen-Diskussion profitieren. Steuerkonforme Versicherungspolicen als Renten- oder Lebensversicherungen sind für vermögende Privatkunden ideale Gestaltungslösungen, um professionelle Rechtsstrukturen für Kapitalanlagen gesetzeskonform zu schaffen. Zahlreiche Anleger haben diese Möglichkeiten erkannt – als intelligente Alternativen zu nicht mehr zukunftsfähigen Offshore-Gesellschaftsformen oder Stiftungen aus Liechtenstein.

3 Kapital-Rechtsschutz: Wahren Sie Ihre Eigentumsrechte und nutzen Sie das Modell der geschützten Zellen!

Kapitalschutz Real-Wert-Police« – zugegeben ein sehr sperriges Wort. Dennoch lohnt es sich, einen tiefergehenden Blick auf diese Police zu werfen. Erläutern möchte ich Ihnen die Funktionsweise anhand des Beispiels Gold.

Gold ist eine Währung, an der keine Schulden hängen. Das hat zur Folge, dass sich das Edelmetall gerade in Krisenzeiten bewährt hat. Zahlreiche »Crashpropheten« und Vermögensberater geben nun die Empfehlung, Gold physisch und direkt zu erwerben. Dieser Ratschlag ist grundsätzlich nicht falsch, auch ich empfehle seit Langem, dem Depot physisches Gold beizumischen. Die Betonung liegt auf »beimischen«. Setzen Sie nicht alles auf eine Karte, sondern streuen Sie Ihre Investitionen auch in Bezug auf die rechtliche Struktur Ihres Vermögens.

Aus diesem Grund habe ich beispielsweise seit Langem die Liechtensteiner SafePort Fonds (**www.safeport-funds.com**) als Strategie-Baustein in meiner Best-Buy-Strategie-Empfehlungsliste. Ebenso einen Fonds nach Liechtensteiner Recht auf Silber. Der direkte, physische Besitz von Gold birgt nicht unerhebliche Risiken, dessen müssen Sie sich bewusst sein. Ich denke an mögliche Steuererhöhungen für Spekulationsgewinne bis hin zu Substanzsteuern auf physische Edelmetalle, was einer (kalten) Enteignung oder einem Goldverbot gleichkommen würde.

Für dieses Profimodell müssen Sie kein Millionär sein

Eine geschützte Zelle (Protected Cell) ist eine juristische Person als eigenständige Rechtspersönlichkeit. Diese besteht aus einem Kern und einer beliebigen Anzahl an eigenständigen Zellen. Diese Gesellschaftsstruktur nutzen sehr vermögende Familien, um ihr Kapital zu verwalten und zu schützen. Auch große Unternehmen setzen diese empfehlenswerten und bewährten Instrumente der geschützten Zell-Strukturen aktiv ein.

Ich gebe Ihnen nun ein Modell an die Hand, mit dem Sie – ohne Millionen- oder Milliardenvermögen bereits ab 20.000 Euro – diese professionellen Möglichkeiten ebenfalls nutzen können. Eine liechtensteinische Versicherungspolice ist eine juristische Person mit eigener Rechtspersönlichkeit. Ein Liechtensteiner oder Luxemburger Fonds ebenso.

Die Zwischen- oder Vorschaltung dieser geschützten Zellen schützt Ihr Kapital, welches Sie als natürliche Person besitzen, deutlich stärker. In der nachfolgenden Grafik sehen Sie am Beispiel Gold den Zell-Schutzeffekt. Links halten Sie das physische Gold direkt. Über die Zwischenschaltung der geschützten Zellen mittels der Kapitalschutz Real-Wert-Police besitzen Sie Ihr Gold indirekt als Versicherungspolice.

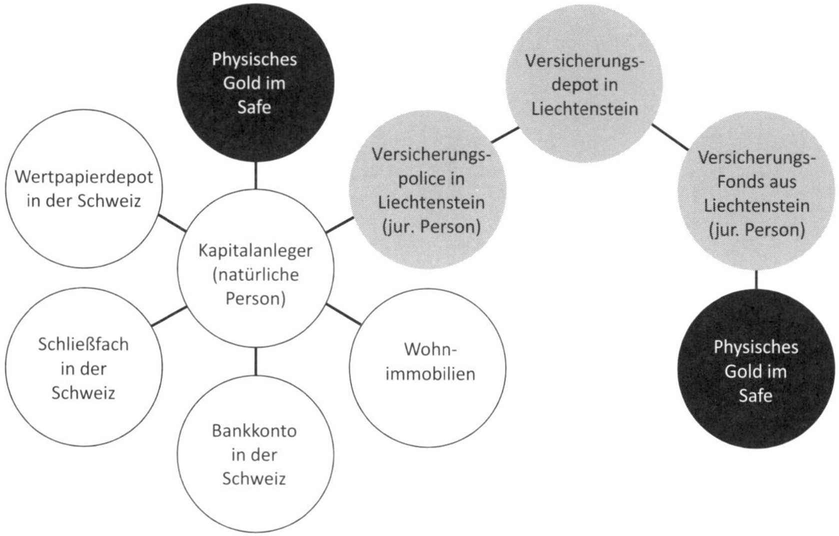

Die geschützte Zell-Struktur am Beispiel von physischem Gold, © eigene Abbildung, Quelle: Geheimtipp Alpenfestung

Rechtlich besitzen Sie bei dieser Vermögensstrukturierung gar kein Gold. Ein »Lebensversicherungsverbot« ist bei weitem nicht so wahrscheinlich wie ein Goldverbot. Sollte es also wirklich zu einem Gold- oder Edelmetallverbot (Prohibition) kommen, müssen Sie Ihr Gold, das in derartigen Rechtsstrukturen lagert, weder offenlegen, abliefern noch strafbesteuern lassen. Sie besitzen ja lediglich eine Lebens- oder Rentenversicherung.

Sie werden dann froh sein, in einer solchen Situation ehrlicherweise »Nein« sagen zu können auf die Frage: »Besitzen Sie Gold?« Genau dies erreichen Sie, indem Sie Edelmetalle nur indirekt besitzen. Dadurch, dass Ihr physisches Gold über liechtensteinische Fonds gehalten wird, die bei einer liechtensteinischen Bank verwahrt werden, erhöhen Sie diese Schutzfunktion durch weitere geschützte Zell-Strukturen zusätzlich.

4 Die Kapitalschutz-Funktionen: So öffnen Sie Ihren persönlichen Rettungsschirm – natürlich in Liechtenstein

Die Kapitalschutz Real-Wert-Police in ihren individuellen Strategie-Varianten bietet für Sie als Kapitalanleger und die von Ihnen begünstigten Personen maßgeschneiderte Lösungen in mehrfacher Hinsicht. Dadurch haben Sie die Möglichkeit, Ihren eigenen Rettungsschirm für Ihr Vermögen in Liechtenstein aufzubauen und zu verwalten.

Die vierstufige Kapitalschutz-Struktur der Real-Wert-Police

Kapitalschutz-Funktion I: Versicherungspolice einer Versicherungsgesellschaft aus Liechtenstein

Eine liechtensteinische Versicherung in Form einer Aktiengesellschaft hat als juristische Person eine eigene Rechtspersönlichkeit. Die Verlagerung und Verteilung (Diversifikation) Ihrer Vermögenswerte auf verschiedene Rechtsstrukturen stellen eine wichtige – oftmals vernachlässigte – Ergänzung des bekannten Diversifikationsgebots dar. Die Streuung muss nicht nur bezüglich der Anlageklassen und Investmentvehikel erfolgen, sondern auch in anderen Rechtsstrukturen mit weiterführenden Schutzmechanismen – vor allem im Hinblick auf Überwachung in Kombination mit dem Schutz der Eigentumsrechte.

Eine Lebens- oder Rentenversicherungspolice hat gesellschaftsrechtlich genau diese eigenständige Rechtspersönlichkeit. Ihre Kapitalanlagen werden über den Versicherungsvertrag nicht durch Sie selbst als natürliche Person, sondern durch die Versicherungsgesellschaft als juristische Person gehalten. Das bringt Ihnen den zusätzlichen Vorteil, dass Sie Ihr

Vermögen vor externen Zugriffen auch rechtlich noch besser verteilen und schützen.

Kapitalschutz-Funktion II: Versicherungsdepotführung bei einer liechtensteinischen Bank

Die Verwaltung und Aufbewahrung der Kapitalanlagen und Investment-Strategien der Kapitalschutz Real-Wert-Police erfolgen nicht in Deutschland, sondern im Ausland bei einer renommierten liechtensteinischen Privatbank. Der liechtensteinische Bankenplatz hat im Vergleich zu Deutschland aufgrund neuer Abkommen eine stabile, rechtssichere und zukunftsfähige Basis. Liechtenstein steht für politische Stabilität, sozialen Frieden, solides Wirtschaften sowie für ein liberales Gesellschaftsrecht.

Durch die Kombination mit der Kapitalschutz Real-Wert-Police der Vienna-Life, welche die vereinbarte Anlagestrategie beim liechtensteinischen Privatinstitut Bank Frick verwalten und führen lässt, entsteht ein ganz wichtiger Effekt: die Kombination von rechtlich geschützten Kapitalanlagestrategien von liechtensteinischen Anbietern bei einer liechtensteinischen Depotbank, gehalten von einer Liechtensteiner Versicherungsgesellschaft. Dadurch erhöht sich der mehrschichtige Schutz für Sie als Versicherungsnehmer und Kapitalanleger ganz massiv.

Kapitalschutz-Funktion III: Sicherung der realen Werte über Fonds mit Sitz in Liechtenstein

Reale Werte, allen voran die Edelmetalle Gold und Silber, sind die einzigen Währungen, an denen keine Schulden hängen. Edelmetalle gelten zu Recht als werterhaltende Fluchtwährungen, sobald die offiziellen Papiergeldwährungen durch die massive Geldmengenausweitung in ihrem Wert, ihrer Glaubwürdigkeit und Vertrauensbasis zerstört werden. Auch der direkte Besitz von realen Werten kann in einer derartigen Situation durchaus mit erheblichen Risiken verbunden sein.

Immobilien beispielsweise können nicht weglaufen: Bei einem absoluten Staatsnotstand ist es durchaus vorstellbar, dass diese mit Zwangshypotheken belegt werden. Auch physische, direkt gehaltene Edelmetalle werden in einer solchen Situation sehr wahrscheinlich aus Ermangelung von Einnahmen des Staates mit Sondersteuern oder Investitionsvorschriften (»Goldverbot«) belegt.

Viele Anleger sind nun der Ansicht, dass ein Schließfach im Ausland für derartige Fälle die Lösung sei. Wichtig: Bei staatlichen Interventionen ist der Weg zur Selbstdeklaration oder der Gang in die Illegalität des Anlegers vorgezeichnet. Ich halte einen undeklarierten Goldbesitz in einem solchen Fall für nicht empfehlenswert. Sie können auch in Krisenzeiten alle Grenzen dieser Welt überschreiten. Eine Grenze jedoch sollten Sie niemals überschreiten, nämlich die in die Illegalität. Es gibt genügend legale Mittel und Wege. Für mich gibt es nur eine Rechtfertigung, sich nicht an Recht und Gesetz zu halten. Nämlich dann, wenn ein totalitäres Regime, eine Diktatur die Macht übernimmt.

Bürgerrechte werden in Krisen immer eingeschränkt. Die Wahrung von Freiheits- und Menschenrechten hingegen sind für mich Grundrechte jedes Menschen. Die Diktaturen der jüngeren deutschen Vergangenheit des Dritten Reichs und der DDR sind Beispiele, von denen wir aber natürlich trotz aller Probleme und Krisen – Gott sei Dank! – meilenweit entfernt sind. Dennoch: Wehret den Anfängen – und ein zu starker oder gar übertriebener Kapitalschutz ist weit weniger gefährlich als ein vernachlässigter.

Von Cola-Steuern über Fettsteuern bis hin zu Sachwertsteuern

Es muss bei weitem nicht immer sofort die Gold-Verbots-Keule ausgepackt werden. Es geht viel einfacher über Sondersteuern. Dänemark hat unlängst eine »Fettsteuer« eingeführt für bestimmte, fetthaltige Lebensmittel. Frankreich hat eine »Cola-Steuer« auf zuckerhaltige Getränke eingeführt. Beides soll dem Gesundheitsschutz der Bevölkerung dienen. Aber natürlich auch der Genesung des Staatshaushaltes. Warum sollten nicht spezifische Sachwertsteuern auf werthaltige Produkte wie Edelmetalle oder Immobilien eingeführt werden – als Mittel der Haushaltssanierung?

Kapitalschutz-Funktion IV: Reale Werte und vermögensverwaltende Strategien

Sie können Ihren Depotinhalt gezielt und dennoch flexibel – entsprechend der jeweiligen Marktsituation – auf die Sicherungspfeiler der acht Teilstrategien verteilen. Zum Beispiel auf die physischen Edelmetalle Gold und Silber, strategische Metalle, eine Vermögensverwaltungsstrategie auf der Grundlage realer Werte mit dem SafePort Focus Fund. Eine andere Möglichkeit ist die professionelle Trendfolge-Anlagestrategie mit dem Man AHL Trend Fund, der als Basis 400 globale Anlagemärkte abdeckt. Sowohl in Bezug auf steigende Märkte (Long) als auch bei fallenden Märkten (Short).

Ihnen stehen unterschiedliche Anlagestrategien ganz nach Ihren persönlichen Bedürfnissen zur Verfügung. Als Anleger haben Sie dadurch die hohe Flexibilität, selbstständig eine Ihrer Risikoneigung entsprechende Anlagestrategie auszuwählen. Genau dies war der dringende Wunsch zahlreicher Leser.

All das ist unabhängig davon, wie groß Ihre Vermögenswerte sind. Sie sind heute wie in der Zukunft mit dem Gespenst einer nominalen Geldwertkrise konfrontiert. Zahlreiche Staaten erhöhen ihre Schulden und Geldmengen massiv, ohne dass entsprechende reale Güter oder ein reales Wirtschaftswachstum dieser künstlichen Geldschöpfung gegenüberstehen. Je extremer die staatlichen Defizite wachsen, desto stärker wird sich die Kaufkraft der betreffenden Währungen abwerten. Von dieser Entwicklung ist jeder Bürger betroffen, der Geld in seinem täglichen Leben einsetzt, der Kapital besitzt.

Die Kapitalschutz-Funktion der Real-Wert-Police

Kapitalanlagen und Sachwerte mit rechtlichem Domizil in Liechtenstein sind für mich der Garant für ein Höchstmaß an realer Wertgarantie. Das bedeutet: Kapitalschutz vor Geldentwertung – kombiniert mit dem Schutz der Eigentumsrechte des Anlegers vor extremer fiskalischer Belastung und zusätzlich vor möglichen staatlichen Zwangsanlagevorschriften!

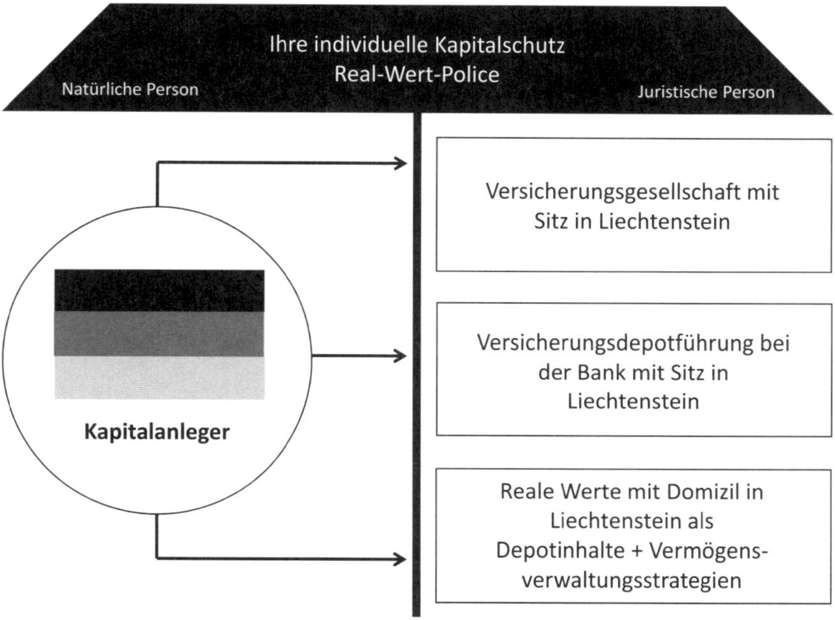

Grundlegende Struktur der Kapitalschutz Real-Wert-Police für deutsche Kapitalanleger, © eigene Abbildung, Quelle: Geheimtipp Alpenfestung

Die Versicherungspolice ist entsprechend den gesetzlichen Rahmenbedingungen Ihres steuerlichen Wohnsitzes ausgestaltet. Da die überwiegende Mehrzahl unter Ihnen Ihren Steuersitz in Deutschland hat, ist dies auch das hier ausgewählte Beispiel für die vertragliche Ausgestaltung. Selbstverständlich ist die Kapitalschutz Real-Wert-Police aber auch für Sie als Kapitalanleger unter den grundlegend gleichen Ausgestaltungen und Bedingungen möglich, falls Sie Ihren Wohnsitz nicht in Deutschland haben. Hier hilft Ihnen die Vienna-Life aus Liechtenstein gerne individuell weiter.

5 Die Versicherungspolice: Das einzigartige Konzept für Selbstentscheider und Verwaltungskunden ab 20.000 Euro!

Die Kapitalschutz Real-Wert-Police besteht aus acht Einzelstrategien, die über entsprechende Ziel-Investments aus Liechtenstein abgebildet werden. Sechs Strategien basieren auf realen Werten wie physischem Gold, Silber, strategischen Metallen oder Agrarrohstoffen. Aufgrund der Globalisierung, der Risiken und Chancen unserer komplexen Welt sind jedoch Wirtschaftszyklen und Marktveränderungen immer schwieriger zu beurteilen.

Klassische Anlagestrategien müssen in kürzeren Intervallen angepasst werden. Die am Markt absolut einzigartige Kapitalschutz Real-Wert-Police ist dafür ideal geeignet: Sie investieren in eine aktive Vermögensverwaltungsstrategie, in eine globale Trendfolgestrategie und in die Multimanager-Strategie aus meiner Best-Buy-Empfehlungsliste.

Gebühren und Kosten	
Einmalige Abschlusskosten	1 Prozent
Jährliche Verwaltungskosten	0,6 Prozent
Kosten der Depotbank	
Depotgebühren	0,1%
Courtagen bei Kauf und Verkauf	0,3%
Kontoführung	spesenfrei

Es handelt sich um eine professionelle und individuelle Lösung – auch ohne großes Portemonnaie. Normalerweise sind professionelle und individuelle Liechtensteiner Versicherungsmodelle ab 100.000 Euro investierbar. Stark eingeschränkte und standardisierte Konzepte erhalten Sie teilweise bereits ab 50.000 Euro. Die Kapitalschutz Real-Wert-Police bietet auch hier eine erfreuliche Ausnahme: Bereits ab 20.000 Euro können Sie diese Investment-Strategie direkt über die Versicherungsgesellschaft Vienna-Life aus Liechtenstein umsetzen!

Sie haben die Wahl zwischen Kapitalauszahlung oder lebenslanger Rentenzahlung

Die Kapitalschutz Real-Wert-Police der Vienna-Life ist eine flexible fondsgebundene Rentenversicherung, die eine lebenslange Rente oder anhand der beinhalteten Kapitalanlagen wahlweise eine Kapitalauszahlung ermöglicht. Sie können hier eine liechtensteinische Versicherungspolice mit dem Wahlrecht der Kapitalauszahlung oder einer Rentenzahlung wählen.

Kontaktdaten – Ansprechpartner
Vienna-Life Lebensversicherung AG
Verwaltungsleitung Alexander Kilga
Industriestraße 2
FL-9487 Bendern
Tel.: (00423) 235 06 60
E-Mail: a.kilga@vienna-life.li

6 Das Versicherungsdepot: Die acht Anlagestrategie-Bausteine im Detail

Sie haben mit der Real-Wert-Police die Möglichkeit, aus einem ausgesuchten Liechtensteiner Anlageuniversum Ihr privates, individuelles Versicherungsportfolio gezielt zusammenzustellen. Bei der Entwicklung der Kapitalschutz Real-Wert-Police wurde Priorität gelegt auf die Zusammenstellung des Versicherungsdepots (Deckungsstock) und auf die absolut flexiblen Kombinationsmöglichkeiten der Strategien. Als Selbstentscheider können Sie im Rahmen der Kapitalschutz Real-Wert-Police von Vienna-Life Ihre ganz persönliche Strategie zusammenstellen.

Sie können ein Ziel-Investment dabei auch zu 100 Prozent gewichten, wenn Sie beispielsweise gezielt rein in Gold, Silber, Multimanager- oder Trendfolge-Fonds investieren möchten. Sie sind bei allen Ziel-Investments absolut flexibel in der Gewichtung zwischen 0 bis 100 Prozent. Ebenso können Sie schnell und unkompliziert Ihr Portfolio an die sich ändernden Marktsituationen anpassen. Das bedeutet, Sie können Ihre Strategie jederzeit verändern und aktiv in die Anlagen Ihrer Versicherungspolice eingreifen.

Darüber hinaus können Sie jeden Investmentfonds oder ETF Ihrer Wahl zusätzlich oder auch ausschließlich in die Kapitalschutz Real-Wert-Police erwerben.

Die Strategie-Investments auf einen Blick		
Name	**ISIN**	**Ihre individuelle Gewichtungsmöglichkeit**
VL GoldInvest Plus Fund	LI0038980699	0–100 %
VL Silver (Plus) Fund	LI0131952017	0–100 %
SafePort Strategic Metals & Energy Fund	LI0103770108	0–100 %
SafePort PM Value Fund	LI0103770116	0–100 %
SafePort Focus Fund	LI0133662929	0–100 %
SafePort Physical Silver 95+	LI0103770090	0–100 %
Man AHL Trend Fund	LU0424370004	0–100 %
H1 Flexible Top Select	DE000A1CXUZ9	0–100 %

Die Strategie-Investments im Detail. Nachfolgend die wichtigsten Grundlagen zu den einzelnen Strategien. Alle weiterführenden Details von Strategie-Beschreibungen über Verkaufsprospekte bis hin zu allen Fact Sheets erhalten Sie direkt bei der Vienna-Life.

6.1 Vienna-Life GoldInvest plus Fund

Bei dieser Strategie wird das Fondsvermögen zu mindestens 80 Prozent in physischem Gold veranlagt. Das erworbene Gold wird in Form von Barren bei der Depotbank oder einer der Depotstellen in der Schweiz oder Liechtenstein physisch hinterlegt. Mit einem aktiven Gold-Hedging-Programm (Absicherungsstrategie) wird die physische Goldanlage abgesichert, was mittel- bis langfristig zu einer höheren Rendite führt – im Gegensatz zu rein passiven Strategien in physischem Gold.

6.2 Vienna-Life Silver (Plus) Fund

Hier wird das Anlagevermögen zu mindestens 50 Prozent in physischem Silber angelegt. Das Silber wird physisch bei der Depotbank oder bei einer der Depotstellen in der Schweiz oder Liechtenstein hinterlegt. Zusätzlich wird in Anlagefonds mit Edelmetallbezug investiert. Mit dieser Investition wird einerseits eine Streuung der Edelmetallwerte erreicht, und andererseits führt diese mittel- bis langfristig zu einer höheren Rendite als rein passive Strategien in physischem Silber.

6.3 SafePort Strategic Metals & Energy Fund

Der Fonds investiert in strategische Metalle in physischer Form, in Energie-Rohstoffe sowie in Beteiligungen von Gesellschaften, die sich mit der Förderung und Weiterverwendung oder Verarbeitung der vorgenannten Rohstoffe und dem Sektor der erneuerbaren Energie wie z. B. Biogas, Solar, Winde etc. befassen. Ausgewiesene Metallurgie-Spezialisten bezeichnen Rhenium als das Metall, das aufgrund der von der Natur vorgegebenen sehr beschränkten Angebotsmöglichkeiten und der kontinuierlich steigenden globalen Nachfrage wahrscheinlich von allen strategischen Metallen die höchste Wertsteigerung erfahren dürfte. Der Fonds kauft, lagert und hält mindestens 80 Prozent des Fondsvermögens in physischem Rhenium.

6.4 SafePort PM Value Fund

Der Fonds investiert einen variablen Anteil des Fondsvermögens in physisch hinterlegte Edelmetalle, sei dies direkt in Gold und Silber oder indirekt über Anlagefonds, welche die Edelmetalle physisch halten.

Zudem werden Aktien von börsennotierten Aktiengesellschaften gekauft, die Güter produzieren (Aktien von Banken und Versicherungen sind somit z. B. nicht Teil des Anlageuniversums). Der Kauf von nachwachsenden Agrargütern (z. B. Weizen, Kaffee, Mais etc.) ist ebenfalls Teil des erlaubten und anvisierten Anlageuniversums.

6.5 SafePort Focus Fund

Diese Strategie ist ideal für Sie als Kunden, wenn Sie eine bequeme Anlagemöglichkeit in realen Werten suchen, ohne dass Sie sich selbst aktiv damit befassen müssen. Die Anlagestrategie des SafePort Focus Fund mit seiner professionellen, aktiven Verwaltung wird ständig dem Marktgeschehen angepasst. Die aktuelle Anlagestrategie ist auf physische Metalle (Gold, Silber, strategische Metalle) sowie Agrarkultur-Kapitalanlagen und Minenaktien fokussiert. Sie müssen nicht ständig Marktpreise und eventuelle Fondswechsel-Aktivitäten beobachten – diese wichtige Aufgabe führt die Vermögensgesellschaft automatisch durch.

6.6 SafePort Physical Silver 95+

Der Fonds kauft, hält und lagert mindestens 95 Prozent des Fondsvermögens in physischem Silber.

6.7 Man AHL Trend Funds

Man AHL ist der Spezialist für systematische Anlagen bei Man. Der Schwerpunkt liegt auf quantitativen Absolute-Return-, Long-only- und momentumbasierten Strategien. Als Pionier im globalen systematischen Handel mit einer eindrucksvollen Historie von über 25 Jahren gehört Man AHL zu den weltweit führenden Akteuren auf seinem Gebiet. Man AHL ist in der Lage, potenzielle Geschäftsgelegenheiten in über 400 Märkten weltweit umzusetzen.

6.8 H1 Flexible Top Select

Der H1 Flexible Top Select ist ein vermögensverwaltender Fonds. Die Philosophie ist darauf ausgerichtet, das Anlegerkapital, unabhängig von der jeweiligen Marktphase, durch professionelle Fondsselektion über sämtliche Anlageklassen zu investieren und ungünstige Marktschwankungen zu begrenzen.

Der H1 Flexible Top Select Fonds bietet Ihnen eine Diversifikation auf mehreren Ebenen: Zum einen erfolgt die Streuung des Anlagevermögens auf unterschiedliche Anlageklassen. Zum anderen erreichen Sie durch Ihre Investition die sinnvolle Verteilung Ihres Kapitals auf das Wissen und die Strategien unterschiedlicher, renommierter Fondsmanager. Zusätzlich zu diesen beiden wichtigen Bausteinen erfolgt ab sofort auch eine Diversifikation über die Zeit mittels Sparplan- oder besser gesagt Investitionsplan-Strategien innerhalb des Fonds.

Praxisstrukturierungsempfehlungen für Ihr Vermögensmanagement

Der auf physische Sachwerte ausgerichtete SafePort Focus Fund sowie die Investmentfonds Man AHL Trend und H1 Flexible Top Select sind innovative und dennoch sehr bequeme Vermögensverwaltungs-Investments. Diese sind gerade dann zu empfehlen, wenn Sie sich nicht fortlaufend selbst um Ihre Versicherungspolice kümmern möchten.

Als Verwaltungskunde können Sie sich an folgenden Strategie-Bausteinen orientieren

Strategie 1: Breite Diversifikation mit Übergewichtung der realen Werte

Name	Gewichtung
VL GoldInvest Plus Fund	10 %
VL Silver (Plus) Fund	20 %
SafePort Focus Fund	20 %
SafePort PM Value Fund	20 %
Man AHL Trend Funds	30 %

Strategie 2: Reine Real-Wert-Vermögensverwaltung

Name	Gewichtung
SafePort Focus Fund	100 %

Strategie 3: Reine Trendfolge-Vermögensverwaltung

Name	Gewichtung
Man AHL Trend Funds	100 %

Strategie 4: Ausgewogene Real-Wert- und globale Trendfolge-Vermögensverwaltung

Name	Gewichtung
SafePort Focus Fund	50 %
Man AHL Trend Funds	50 %

Strategie 5: Reine Multimanager-Strategie

Name	Gewichtung
H1 Flexible Top Select	100 %

Strategie 6: Ausgewogene Trendfolge- und Multimanager-Vermögensverwaltung

Name	Gewichtung
Man AHL Trend Funds	50 %
H1 Flexible Top Select	50 %

Strategie 7: Best-Buy-Strategie aus »Kapitalschutz vertraulich«

Name	Gewichtung
Man AHL Trend Funds	40 %
H1 Flexible Top Select	40 %
SafePort Strategic Metals & Energy Fund	5 %
SafePort Physical Silver 95+	5 %
SafePort Focus Fund	10 %

Strategie 8: Gleichmäßige Allokation

Jeder angebotene Fonds zu exakt gleichem Anteil mit einer Gewichtung von 12,5 Prozent.

Die Vienna-Life koordiniert all Ihre ausgesuchten Strategien und Gestaltungswünsche über die jeweiligen Vertragspartner. Das liechtensteinische Versicherungsunternehmen leitet dabei alle Aufträge über die Depotbank an die entsprechenden Fondsgesellschaften weiter, sodass Sie sich um nichts weiter kümmern müssen. Die Versicherungsdepots werden als Versicherungs-Sondervermögen bei der Bank Frick in Liechtenstein geführt.

7 Kapitalschutz-Management: So einfach bauen Sie Ihre eigene Alpenfestung

Erfolgreiche und vermögende Familien wie die Quandts, Flicks, Krupps oder vor allem Dynastien wie die Rothschilds strukturieren, gestalten, sichern und vermehren genau auf diese Art und Weise seit Jahrzehnten oder gar Jahrhunderten ihr Kapital. Diese Familien verfügen über Vermögenswerte im Milliarden-Euro-Bereich, sodass hier natürlich diversifizierte, gesellschaftsrechtliche Gestaltungen, auch wenn sie mit hohen Kosten und einem enormen Aufwand verbunden sind, völlig o. k. sind. Dafür stehen eigene, sogenannte Family Offices zur Verfügung. Solch ein Büro ist eine Dienstleistung, die sich mit der professionellen Verwaltung von Großvermögen befasst. In der Praxis sind Family Offices ab einem Vermögen von rund 10 Millionen Euro im Boot.

Mit der Kapitalschutz Real-Wert-Police steht Ihnen jedoch bereits ab 20.000 Euro eine professionelle gesellschaftsrechtliche Lösung zur Verfügung. Sie setzt Strukturen um, wie sie Family Offices nutzen, und ist absolut ebenbürtig. Ich wurde nun mehrfach gebeten, diese Schutzfunktion noch anschaulicher an Praxisbeispielen zu verdeutlichen. Das mache ich natürlich sehr gerne.

Milliardär und zurück: Der Fall Anton Schlecker sollte Ihnen eine Warnung sein!

Es gibt in der Historie immer wieder Fälle von Familienvermögen, die vernichtet werden. Die Quelle-Erbin Madeleine Schickedanz oder die Selbsttötung des einstigen Vorzeigeunternehmers Adolf Merckle sind tragische Beispiele. Ich frage mich dann aber doch oft, ob diese Unternehmer keinen professionellen Vermögensverwalter oder Rechtsbeistand an der Seite haben, der ihr Vermögen schützt. Es gibt genügend Möglichkeiten, Vermögenswerte legal gesellschaftsrechtlich zu strukturieren, damit man gar nicht erst in diese unschöne Situation gerät.

Wenn eine gesellschaftsrechtliche Struktur wie eine GmbH in Konkurs geht, dann ist natürlich nicht automatisch der Geschäftsführer oder der Gesellschafter pleite. Im Gegenteil. Diese Rechtsstruktur schützt den Inhaber, weil es eine beschränkte Haftung gibt. Auch bei einer AG ist dies so. Der Neue Markt hat das sehr deutlich gezeigt. Zahlreiche Firmen gingen pleite.

Die ehemaligen Besitzer aber sind auch heute noch vermögend, weil sie rechtzeitig ihr Vermögen in Sicherheit gebracht haben. Firmen wie EM.TV, gegründet von den beiden Haffa-Brüdern, die nach wie vor als Multimillionäre zum internationalen Jetset gehören, sind hierfür gute Beispiele.

Der sehr bodenständige schwäbische Unternehmer Anton Schlecker hat immer darauf verzichtet, sein Unternehmen in eine Gesellschaftsstruktur zu überführen. Die Unternehmensform von Schlecker war seit ihrer Gründung ein sogenannter e. K., ein eingetragener Kaufmann. Das führt dazu, dass Anton Schlecker im Falle der Insolvenz mit seinem gesamten Privatvermögen haftet.

Ein Konkurs des Unternehmens führt dadurch auch zur Privatinsolvenz – oder gefährdet zumindest das Privatvermögen massiv. Es ehrt Anton Schlecker sicherlich als Kaufmann und Mensch, dass er auf Gesellschaftsstrukturen verzichtet hat und immer zu seiner Verantwortung stand. Der Preis des Verlustes der gesamten materiellen Familienexistenz und der darauf folgenden Anklage sowie des öffentlichen Gerichtsverfahrens ist für mich allerdings viel zu hoch. Derartige Gefahren einzugehen, halte ich für nicht intelligent.

Hätte Anton Schlecker für seine Firma frühzeitig eine eigene Rechtsstruktur geschaffen, beispielsweise eine GmbH, dann wäre das Risiko begrenzt gewesen. Eine andere Möglichkeit, das eigene Vermögen zu schützen, ist die Schaffung von geschützten Zellen über gesellschaftsrechtliche Strukturen.

Hätte der Unternehmer für Familienangehörige beispielsweise frühzeitig (lange bevor sich die Insolvenz abzeichnete) eine oder mehrere liechtensteinische Versicherungspolicen abgeschlossen – mit der Regelung, dass bestimmte Familienmitglieder wiederum begünstigt sind –, dann wäre diese Rechtsstruktur der juristischen Person geschützt vor den Ansprüchen Dritter.

Ob Sie wollen oder nicht – auch Sie sind Teil einer Haftungsgemeinschaft!

Vielleicht denken Sie sich nun: »Was interessieren mich Unternehmen oder ehemals reiche Privatpersonen, die in Insolvenz gehen? Das kann mir ja nicht passieren.« Dann sage ich Ihnen: »Sie unterschätzen das mittlerweile massive Risiko für Ihr Kapital.« Als Bürger und Steuerzahler der Bundesrepublik Deutschland befinden Sie sich aufgrund der Entwicklungen innerhalb der EU und des ESM mit all ihren Rettungsschirmen ebenfalls in einer Haftungsgemeinschaft.

Sie sind zwar kein eingetragener Kaufmann, aber ein eingetragener Bürger. Deutschland haftet für Länder wie Griechenland, Portugal, Spanien oder Italien. Für Deutschland haftet aber nicht der Staat, sondern am Ende des Tages wie immer das Volk. Sie als Privatperson und Steuerzahler bürgen für die Bundesrepublik Deutschland in einem Krisenfall auch mit Ihrem Vermögen. Staatsschulden sind nicht die Schulden des Staates, sondern des Volkes. Darum ist Volksvermögen auch Staatsvermögen. Sie sind durch meine Ausführungen bestens gerüstet, um sich Ihre eigenen geschützten Zellen zu schaffen.

Kapitalschutz entsteht durch intelligente Diversifikation

Meine Anlagephilosophie besagt, dass es weniger darauf ankommt, dem besten Investment oder dem ultimativ besten Anbieter hinterherzujagen. Vielmehr kommt es für einen nachhaltigen Anlageerfolg darauf an, die unterschiedlichsten Kapitalanlagen intelligent und individuell zu kombinieren und zu diversifizieren sowie Zugangswege, Handelsmöglichkeiten und Lagerorte zu identifizieren. Das gilt für Ihre indirekten Investitionen über Wertpapierdepots und Finanzinstrumente ebenso wie für direkte Investitionen in reale Werte wie physische Edelmetalle, Edelhölzer, strategische Metalle, Kunstgegenstände oder grundsätzlich alle Sachwerte.

In der nachfolgenden Grafik sehen Sie die breite Verteilung der physisch hinterlegten realen Werte. Je nachdem, welchen Strategie-Baustein bzw. Fonds Sie auswählen, wird Ihr Kapital an unterschiedlichen Orten verwahrt. Auch die Kombination von Banksafes in Liechtenstein mit bankenunabhängigen Hochsicherheitstresoren in Liechtenstein beurteile ich als sehr effiziente Funktion für die Optimierung Ihres Kapitalschutzes.

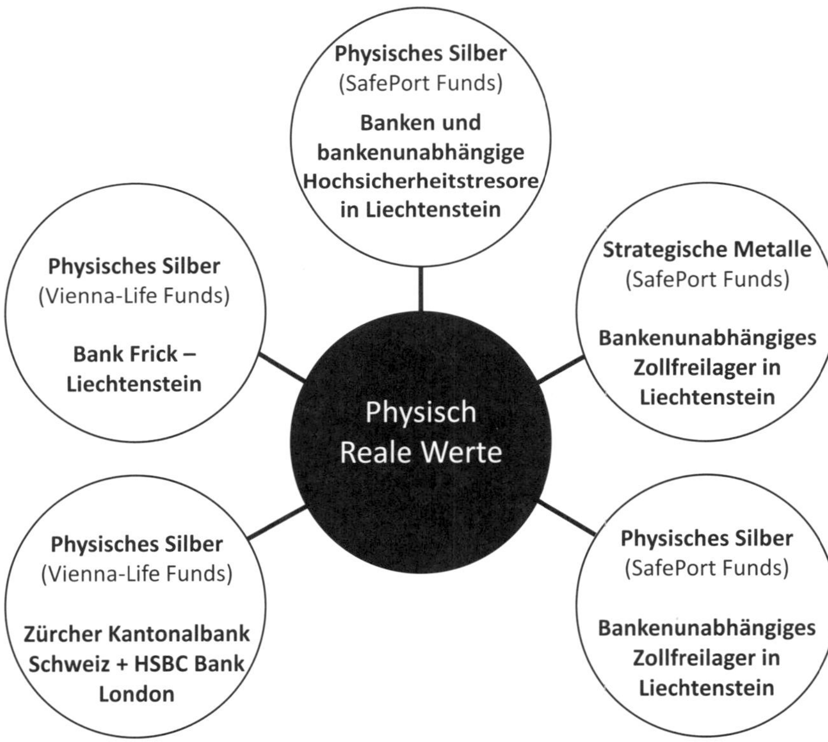

Lagerstellen der Kapitalschutz Real-Wert-Police, © eigene Abbildung, Quelle: Geheimtipp Alpenfestung

8 Gezielte Vermögensstrukturierung: Die Vorteile der Kapitalschutz-Police von der Finanz- bis hin zur Steuerplanung

Der Finanzplatz Liechtenstein mit seinem einzigartigen Versicherungsrecht bietet Ihnen zahlreiche weitere Vorteile. Ein paar Beispiele: gezielte Vermögensübertragung an Familienangehörige oder nahestehende Personen, deren Absicherung und Versorgung, Vermeiden von Erbstreitigkeiten, Optimierung Ihrer Steuerbelastung, Aufbau einer flexiblen Altersvorsorge, Absicherung von Unternehmensvermögen, Einschränkung des Zugriffs durch Erben, Familienmitglieder und Dritte auf Ihre Vermögenswerte.

Die Kapitalschutz Real-Wert-Police berücksichtigt die Vorschriften des deutschen Einkommensteuerrechts beziehungsweise des spezifischen Rechts Ihres steuerlichen Wohnsitzes. Sie kombiniert Vorteile des deutschen Versicherungsvertragsrechts mit den Vorteilen des liechtensteinischen Versicherungsaufsichtsrechts.

In keiner anderen Struktur erreichen Sie eine derart vorteilhafte Kombination von individueller Vermögensverwaltung sowie steueroptimierter Vermögensanlage und -übertragung. Die wichtigsten Vorteile und Möglichkeiten habe ich Ihnen nachfolgend in Kürze zusammengefasst.

Die wichtigsten Vorteile der Police auf einen Blick	
Finanzplanung und Kapitalanlage	**Erbschafts- und Steuerplanung**
• Flexible Auswahl individueller Anlagestrategien mit fortlaufender Wechselmöglichkeit innerhalb der Teilstrategien • Flexibler Vermögensaufbau möglich durch Zuzahlungen • Hohe Flexibilität und Liquidität durch mögliche Teilentnahmen oder Kündigung • Minimale Stornokosten bei Kündigung (1%, max. 5.000 Euro) • Als Versicherungsnehmer können Sie das widerrufliche Bezugsrecht der Versicherungspolice jederzeit ändern. Sie haben dadurch die absolute Entscheidungsfreiheit über Ihr Kapital und können dieses nahezu beliebig verteilen. • Abkürzung der Rentenzahlung durch jederzeitige Auszahlung des Kapitalstocks ist möglich. • Die Entscheidung, ob Renten- oder Kapitalauszahlung kann auch kurzfristig vor Vertragsablauf getroffen werden. • Versorgungslücken können rechtlich wie steuerlich optimiert geschlossen werden. • Elternteile, die in Trennung oder Scheidung leben, können auch minderjährige Kinder gezielt absichern. • Unverheiratete Paare können eine gezielte Absicherung für den anderen Lebenspartner vornehmen.	• Eigenständige juristische Rechtspersönlichkeit • Ein Erbschein oder Testament wird für die Vermögenswerte innerhalb der Versicherungspolice nicht benötigt, was zu einer schnellen Auszahlung führt. Erbstreitigkeiten werden vermieden. Kapital wird dadurch nicht blockiert. • Durch die Gestaltung einer individuellen Todesfallleistung kann die Bezahlung von Pflichtteilsansprüchen sowie Erbschaftsteuer sichergestellt werden. • Reduzierung des Verwaltungsaufwandes Ihrer Kapitalanlagen durch den Wegfall von Erträgnisaufstellungen für die Steuererklärung • Optimierung Ihrer Steuerpflicht durch flexible Entnahmemöglichkeiten aus der Police vor Fälligkeit • Steuerstundung während der gesamten Vertragslaufzeit • Reduktion der Steuerpflicht im Rahmen des sogenannten altersnahen Bezugs. Bei einer Mindestlaufzeit von zwölf Jahren und Entnahme nach dem 62. Lebensjahr ist nur die Hälfte der Erträge steuerpflichtig. • Im Todesfall ist die Auszahlung steuerlich optimiert, da die Todesfallleistung komplett einkommensteuerfrei ausbezahlt wird.

• Als Schenker können Sie weiterhin zu Lebzeiten von den Erträgen aus dem Vermögen profitieren, beispielsweise für Ihren Lebensunterhalt. • Gezielter Schutz von Vermögensteilen für die Familie bei Unternehmern, beispielsweise bei Insolvenz der eigenen Firma • Möglichkeit der Verpfändung der Police zur Hinterlegung als Sicherheit • Weitere individuelle Risikoabsicherungen sind auf Anfrage möglich. • Volle Transparenz, jederzeitiges Informationsrecht!	• Keine Gesundheitsprüfung bei Todesfallschutz gemäß den steuerlichen Vorgaben • Vorteilhafte Besteuerung rein mit dem Ertragsanteil auch bei der Wahl einer Rentenauszahlung • Großeltern können Enkelkinder frühzeitig beschenken, sich aber gleichzeitig zu Lebzeiten Mitspracherechte erhalten. • Die Auszahlung der Versicherungspolice erfolgt seitens der Liechtensteiner Gesellschaft direkt an die bezugsberechtigte Person. • Die Leistung der Police wird auch dann ausgezahlt, wenn die Erbschaft wegen Überschuldung des Nachlasses ausgeschlagen wird.

V.
VOM RECHTS-SCHUTZ ÜBER DEN KAPITALSCHUTZ HIN ZU IHREM EIGENEN GELDSYSTEM

1 Rechtsschutz ist Geld- und Kapitalschutz

60 Prozent der Deutschen waren bereits einmal von einem Rechtskonflikt betroffen. Jährlich gehen rund 20 Millionen Rechtsfälle vor Gericht. Das liegt vor allem daran, dass in den vergangenen Jahren die Konflikte mit Anlageberatern, Vermittlern, Banken, Versicherungen, Fondsgesellschaften, Vermögensverwaltern oder Bausparkassen massiv zugenommen haben.

Ebenso wird zunehmend auch der Rechtsweg beschritten gegen Ärzte, Handwerker, Mieter, Vermieter, Finanzämter oder sonstige Behörden, Unternehmen und Institutionen.

Produkthaftungsklagen schützen Ihre Rechte

Auch Produkthaftungsklagen sind in Europa auf dem Vormarsch. Denken Sie nur an den Abgasskandal bei Volkswagen. Ich spreche jetzt nicht von den zahlreichen Anlegerklagen gegen den VW-Konzern wegen der großen Kursverluste betroffener Aktionäre, sondern von Verbraucherklagen gegen die Volkswagen AG im Hinblick auf die Rückabwicklung von Kaufverträgen.

Im Januar 2017 hat erstmals ein Gericht in Brandenburg ein wegweisendes Urteil gesprochen. Ein VW-Kunde darf seinen mit illegaler Software manipulierten VW-Passat zurückgeben. Er bekommt den vollen Kaufpreis zurückerstattet, ohne Abzüge. Mit einer starken Rechtsschutzversicherung im Rücken können Sie derartigen Konflikten und Prozessen gelassen entgegensehen.

Doppelt empfehlenswert: die zehn besten Rechtsschutzpolicen für Ihren Kapitalschutz

Die Sorge um hohe Kosten hält zahlreiche Kapitalanleger leider davon ab, bei einem Rechtsstreit ihr Recht durchzusetzen. Die Rechtsschutzversicherung leistet wertvolle Dienste für relativ wenig Geld. Durch die Deckungszusage einer leistungsstarken Rechtsschutzversicherung werden in der Regel sämtliche Anwaltskosten, Zeugengelder, Gerichtskosten und Sachverständigenhonorare abgedeckt. Bereits für geringe Mehrkosten können Sie diese wichtige Schutzfunktion auf Ihre ganze Familie ausweiten.

Die Beschreitung des Rechtsweges ist häufig bares Geld wert

Ich kenne mittlerweile eine Vielzahl von realen Fällen von Lesern, die aufgrund von Falschberatungen erfolgreich den Rechtsweg beschritten haben, und zwar mit von mir empfohlenen Anwälten aus meinem Expertennetzwerk – und meist unter Inanspruchnahme ihrer Rechtsschutzversicherung. In fast allen Fällen kam es vollkommen unproblematisch und unbürokratisch zu einer Deckungszusage durch die Versicherung.

Die zehn besten Rechtsschutzversicherungen für Kapitalanleger und Verbraucher

Mit einer Rechtsschutzversicherung und einer Deckungszusage im Rücken können Sie ganz gelassen Ihre Rechte durchsetzen. Auch Ihre Gegenpartei wird dann sehr schnell wahrnehmen, dass Sie sich keine Sorgen um Anwalts- oder Gerichtskosten machen müssen. Dadurch sind Ihre Gegner meiner Erfahrung nach weit aufgeschlossener gegenüber einer außergerichtlichen Streitbeilegung.

Das Analysehaus Franke und Bornberg hat im Januar 2017 erstmalig private Rechtsschutzversicherungen geprüft. Insgesamt wurden 141 Tarife von 38 Versicherern untersucht und bewertet. Streitfragen rund um Kapitalanlagen in Wertpapieren und Beteiligungen wurden dabei als ganz wesentliches Empfehlungskriterium mitberücksichtigt.

Durch mein Anwaltsnetzwerk verfüge ich über umfassende Erfahrungswerte aus der Praxis

Ich selbst führe seit Jahren eine Datenbank mit empfehlenswerten Rechtsschutzversicherungen. Hier fließen persönliche Erfahrungswerte und vor allem die Rückmeldungen meiner Kunden und Informationen von Anwälten aus meinem Expertennetzwerk mit ein. Mich hat es sehr gefreut, dass ohne Ausnahme alle empfehlenswerten Versicherungskonzerne für Rechtsschutzpolicen aus meiner Datenbank auch in der Auswertung von Franke und Bornberg als empfehlenswert aufgeführt sind.

Ich habe nun einen Abgleich gemacht zwischen meiner Datenbank und dem aktuellen Analyseergebnis von Franke und Bornberg. Herausgekommen sind dabei zehn doppelt empfehlenswerte Rechtsschutzversicherer. Nachfolgend finden Sie diejenigen, die sowohl für Familien- als auch für Singletarife empfehlenswert sind.

Holen Sie sich für den Abschluss Ihrer persönlichen Rechtsschutzversicherung mindestens drei unterschiedliche Angebote ein. Vergleichen Sie die Leistungen und Konditionen. Benötigen Sie in einem Konfliktfall eine Anwaltsempfehlung zu den unterschiedlichen Fachbereichen, kommen Sie gerne auf mich zu. Hier stehe ich Ihnen mit meinem Expertennetzwerk und meiner Datenbank sehr gerne zur Seite.

Rechtsschutz-Check: Die zehn besten Versicherer

Versicherung	Telefon	Internet
ADVOCARD Rechtsschutzversicherung AG	(0049) 040 23 73 10	www.advocard.de
Allianz Versicherungs-AG	(0049) 089 3 80 00	www.allianz.de
ARAG SE	(0049) 0211 98 70 07 00	www.arag.de
AUXILIA Rechtsschutz-Versicherungs-AG	(0049) 089 53 98 13 33	www.ks-auxilia.de
DMB Rechtsschutz-Versicherung AG	(0049) 0221 3 76 38 40	www.dmb-rechtsschutz.de
HUK-COBURG-Rechtsschutzversicherung AG	(0049) 0800 2 15 31 53	www.huk.de
Neue Rechtsschutz-Versicherungsgesellschaft AG	(0049) 0621 4 20 40	www.nrv-rechtsschutz.de
RECHTSSCHUTZ UNION (Alte Leipziger Versicherung AG)	(0049) 06171 66 00	www.rechtsschutz-union.de
ROLAND Rechtsschutz-Versicherungs-AG	(0049) 0221 8 27 75 00	www.roland-rechtsschutz.de
Württembergische Versicherung AG	(0049) 0711 66 20	www.wuerttembergische.de

2 Elektronisches Bargeld: So funktioniert die führende digitale Währung Bitcoin

Die heute mit großem Abstand bekannteste kryptografische Währung ist der Bitcoin. Das Konzept von Bitcoin wurde 2008 unter dem Namen Satoshi Nakamoto erstmals beschrieben. Bis heute ist nicht klar, wer hinter dem Namen steckt. Neuere Quellen sprechen von einem australischen Unternehmer. Vermutlich ist Satoshi Nakamoto keine natürliche Person, sondern ein Pseudonym, hinter dem eine ganze Gruppe von Entwicklern steht.

Der Bitcoin ist elektronisches Bargeld. Jeder Benutzer der Bitcoin-Software erhält eine elektronische Geldbörse, in der sich ein öffentlicher und privater Schlüssel befinden. Der öffentliche Schlüsselteil dient dabei als Adresse zum Senden und Empfangen von Bitcoins. Der private Schlüsselteil autorisiert die persönlichen Transaktionen. Aufgrund zufälliger Generierung enthalten die Adressen – wie bei Bargeldscheinen oder Münzen – keinerlei Informationen über den Besitzer.

Daher ist es auch möglich, dass jeder Benutzer theoretisch unendlich viele Konten besitzt, da jede neue Generierung von einem Schlüsselpaar einem neuen Konto gleicht. Somit können Sie für verschiedene Bereiche Ihres alltäglichen Lebens auch verschiedene Bitcoin-Konten benutzen.

Die wichtigsten Vorteile von Bitcoin auf einen Blick

- Bitcoin ist ein freies Geld, es gibt keine Geschäfts- oder Zentralbank, die es schöpft oder herstellt.
- Bitcoin untersteht keiner staatlichen oder privaten Institution. Die virtuelle Währung ist dadurch nicht durch externe Dritte kontrollierbar.
- Bitcoin ist dezentral und frei zugänglich.
- Bitcoin ist immer verfügbar, da Serverausfälle aufgrund der dezentralen Technologie ausgeschlossen sind bzw. keine Auswirkungen haben.
- Bitcoin ist ebenso anonym wie Bargeld, allerdings mit weit mehr Sicherheiten als bei Zahlungsmitteln wie Banknoten oder Kreditkarten.
- Bitcoin ist sicher, da eines der stärksten Verschlüsselungsverfahren angewandt wird, das technisch möglich ist.
- Bitcoin-Transaktionen sind sehr sicher, weil das System automatisch die Gegenseite vor einer Überweisung überprüft.
- Bitcoin-Überweisungen werden innerhalb von Sekunden durchgeführt.
- Der Bitcoin-Zahlungsverkehr ist sehr günstig, da die Transaktionskosten minimal sind und keine Kontoführungsgebühren anfallen.
- Bitcoin ist eine limitierte Währung, die diesbezüglich eine ähnliche Eigenschaft aufweist wie beispielsweise Edelmetalle.

Bitcoins finden immer mehr Anerkennung und Verbreitung

Im Laufe der noch sehr kurzen Bitcoin-Geschichte von rund sieben Jahren wurden bereits zahlreiche Projekte rund um Bitcoin gegründet. Einige davon befassen sich mit dem Tausch von Bitcoins in andere Währungen, beispielsweise in US-Dollar, Japanische Yen oder in Euro.

Des Weiteren bieten immer mehr Online-Shops, stationäre Händler oder Hotels und Restaurants an, ihre Dienstleistungen mit Bitcoins zu bezahlen. Bei großen Unternehmen wie Microsoft, Expedia, Dell und vielen weiteren können Sie beispielsweise als Kunde bereits mit Bitcoins bezahlen.

Starkes Wachstum bei Bitcoin-Geldbörsen und Bitcoin-Geldautomaten

Der Bitcoin-Aufschwung ist nicht nur am zuletzt wieder stark steigenden Wert der kryptografischen Währung zu erkennen, sondern vor allem durch die geradezu explodierende Nutzung von Bitcoin-Wallets.

Mittlerweile gibt es bereits über 1.000 Bitcoin-Geldautomaten, deren Anzahl monatlich weiter ansteigt. Helsinki, Stockholm und Bratislava waren die ersten Städte Europas, in denen diese Automaten installiert wurden. Bitcoin-Geldautomaten bieten die Möglichkeit, die Internetwährung abzuheben oder auch einzuzahlen. Dadurch rückt die führende digitale Währung immer näher an die reale Wirtschaft heran.

Bitcoin ist digital limitiertes Bargeld mit zunehmender Akzeptanz

In Gesprächen stelle ich immer wieder fest, dass beispielsweise zahlreiche Bargeldverfechter oder Goldbefürworter gleichzeitig große Gegner von virtuellen Währungen und digitalen Prozessen sind. Das ist verwunderlich und liegt nach meiner Einschätzung vor allem darin begründet, dass diesen Marktteilnehmern schlicht das Basiswissen zu Bitcoins fehlt.

Ein Goldcoin (coin: engl. für Münze) wie beispielsweise der Krügerrand hat mit einem Bitcoin sehr viel gemein. Von der weltweiten Akzeptanz über die Anonymität bis hin zur natürlichen beziehungsweise technologisch limitierten Verfügbarkeit.

Die Anzahl an verfügbaren Bitcoins ist auf 21 Millionen Münzen begrenzt

Es gibt lediglich 21 Millionen digitale Bitcoin-Münzen. Derzeit sind bereits 15 Millionen Bitcoins in Umlauf. Die restlichen 6 Millionen Bitcoins werden erst über die nächsten Jahrzehnte ausgeschüttet. Der letzte Bitcoin wird voraussichtlich sogar erst im Jahr 2140 erzeugt werden.

Ich bewerte Bitcoin im Gegensatz zu Gold derzeit weniger als Wertaufbewahrungsmittel, sondern vielmehr als virtuelles Währungssystem mit alternativen Zahlungsverkehrsfunktionen.

Bitcoins können Sie weltweit für kostengünstige Zahlungsvorgänge und Überweisungen nutzen. Die Akzeptanzstellen werden weiter zunehmen. Die teuren Bezahldienste der Banken können Sie dadurch – speziell bei Auslandstransaktionen – ganz einfach umgehen.

Bitcoin ist eine anerkannte Währung mit eigenem Währungskürzel

Der Bitcoin hat für mich das Potenzial, ein wichtiges Zahlungsmittel der Zukunft zu werden, vergleichbar mit einer Weltleitwährung wie dem US-Dollar, der jedoch auf einem ungedeckten Papiergeldsystem basiert. Der Bitcoin hat mittlerweile mit BTC ein eigenes Währungskürzel. Die zunehmende Akzeptanz erkennen Sie auch daran, dass auf renommierten Börseninformationsplattformen wie **www.finanztreff.de** mittlerweile der Bitcoinpreis (BTC/USD) bei den Devisenkursen fortlaufend publiziert wird.

Immer mehr Unternehmen, Privatpersonen, Geschäftsbanken und selbst große Zentralbanken befassen sich zunehmend mit der Bitcoin-Technologie. Ihnen rate ich, sich diese Marktteilnehmer zum Vorbild zu nehmen. **Eröffnen Sie jetzt ein Bitcoin-Konto**!

3 Nutzen Sie die Vorteile von Bitcoin-Geldautomaten!

Die praktischen Nutzungsmöglichkeiten des Bitcoins werden auch im realen Zahlungsverkehr zunehmend attraktiver. Mittlerweile gibt es neben Bitcoin-Tresoren zur sicheren Wertaufbewahrung auch immer mehr Bitcoin-Geldautomaten. Außerdem gibt es aufladbare Bitcoin-Kreditkarten, sodass Bitcoins auch im täglichen Leben zur praktischen Nutzung der Zahlungsverkehrsfunktion immer stärker Einzug halten.

Weltweit gibt es mittlerweile über 1.000 Bitcoin-Geldautomaten. Aus zahlreichen Gesprächen und Zuschriften weiß ich, dass vielen Bürgern überhaupt nicht bekannt ist, dass es auch Bitcoin-Geldautomaten gibt. Die meisten davon stehen in den USA (632 Stück), Kanada (140) und Großbritannien (54).

Seit Februar 2017 gibt es einen Bitcoin-Geldautomaten im Fürstentum Liechtenstein. Deutschland ist heute noch ein absolutes Bitcoin-Entwicklungsland. Offiziell gibt es in Deutschland überhaupt keinen Bitcoin-Geldautomaten. Dass es auch anders geht, verdeutlicht der Vergleich mit unseren weit kleineren Nachbarländern Österreich, Schweiz oder Liechtenstein. In Österreichs Landeshauptstadt Wien gibt es bereits neun Bitcoin-Geldautomaten. In Tschechiens Hauptstadt Prag sogar 13. Selbst im kleinen Fürstentum gibt es seit Februar 2017 einen Bitcoin-Geldautomaten.

Nachfolgend habe ich Ihnen einmal die Orte von bestehenden Bitcoin-Geldautomaten in der Reihenfolge Österreich, Schweiz, Liechtenstein sowie weiterer Nachbarländer zusammengestellt.

Ausgewählte Orte mit Bitcoin-Geldautomaten auf einen Blick			
Braunau	Graz	Innsbruck	Linz
Salzburg	Wien	Villach	Basel
Bern	Biel	Genf	Lausanne
Lugano	Luzern	Montreux	Neuchâtel
Zürich	Vaduz	London	Brünn
Ostrava	Prag	Leystad	Oudenbosch
Antwerpen	Brüssel	Gent	Kopenhagen
Warschau	Montpellier	Paris	Toulouse

Welche Möglichkeiten und Vorteile bieten Bitcoin-Geldautomaten? An Bitcoin-Geldautomaten können Sie ganz einfach Geldscheine einzahlen und in Bitcoins umwandeln. In der Schweiz oder Liechtenstein können Sie beispielsweise Schweizer Franken von Ihrem dortigen Bankkonto abheben. Falls Sie kein Bargeld über die EU-Außengrenze bringen möchten, wandeln Sie es einfach vorher in Bitcoins um.

In Österreich oder einem anderen EU-Land können Sie dann über einen Bitcoin-Geldautomaten den umgekehrten Vorgang vornehmen. Sie wechseln also Ihre Bitcoins, die Sie auf Ihr Bitcoin-Wallet (elektronische Geldbörse) geladen haben, wieder in Bargeld, in diesem Fall in Euro-Geldscheine.

Setzen Sie auf Bitcoins als elektronisches Bargeld-Ersatzinstrument

Die zunehmende Bitcoin-Akzeptanz steigert die Einsatzmöglichkeiten von Bitcoins als Bargeld-Ersatzmittel. Ich bin mir absolut sicher, dass die weltweite Anzahl der Bitcoin-Geldautomaten in den kommenden Jahren weiter stark zunehmen wird. Für Sie bieten diese Entwicklungen zahlreiche neue Möglichkeiten. Vor allem vor dem Hintergrund zunehmender Bargeldeinschränkungen oder gar Bargeldverbote. Denken Sie daran, Bitcoins sind ein elektronisches Bargeld, das Sie heute bereits in soliden Ländern fern der EU wie der Schweiz, Liechtenstein oder Kanada nutzen können, beispielsweise in Kombination mit Ihren dortigen Bankkonten.

Hier finden Sie eine fortlaufend aktualisierte Standortübersicht an Bitcoin-Geldautomaten

Über die Internetseite **www.coinatmradar.com** finden Sie eine fortlaufend aktualisierte Übersicht der Anzahl an weltweit installierten Bitcoin-Geldautomaten. Sie finden dort auch die genauen Orte, an denen die Bitcoin-Geldautomaten stehen. Dadurch haben Sie die Möglichkeit, gezielt nach Bitcoin-Geldautomaten in Ihrer Nähe zu suchen, sei es in der Nähe Ihres Wohnortes oder an einem bestimmten Reiseziel, das Sie besuchen möchten.

4 Gibt es auch einfache Investmentmöglichkeiten in Bitcoins?

Bitcoins als alternative digitale Währung habe ich Ihnen schon vor Jahren vorgestellt. Ich habe das Thema seither in vielen Empfehlungen und Tipps immer wieder aufgegriffen: von der Kontoeröffnung bei einer empfehlenswerten Bitcoin-Börse wie beispielsweise www.bitcoin.de bis hin zu den Bitcoin-Verwahrmöglichkeiten über sichere USB-Sticks von www.ledgerwallet.com zur Schaffung Ihres eigenen Bitcoin-Tresors. Oder auch die Kombination kryptografischer Währungen mit Edelmetallen, wie es von www.goldmoney.com mit BitGold angeboten wird.

Ihre Fragen zu den Themenbereichen digitales Geld, kryptografische Währungen, Blockchain-Technologie und natürlich allen voran zu Bitcoins als der führenden Digitalwährung nehmen immer mehr zu. Mich freut dieses Interesse sehr, weil ich davon überzeugt bin, dass die Zukunft unseres Geldes auf diesen Systemen basieren wird.

Mittlerweile haben mich mehrere Leser darauf angesprochen, dass der Kurs für einen Bitcoin mit rund 1.000 Euro doch viel zu teuer sei für den normalen Zahlungsverkehr in der Praxis. Sie fragten mich, ob hier ein Split zu erwarten ist. Ich denke, dass ein Split nicht zu erwarten ist, weil ein derartiger Schritt weder vorgesehen noch notwendig ist.

Die kleinste Einheit eines Bitcoins sind 0.00000001 BTC

In unserem derzeitigen Geldsystem kennen wir die Recheneinheiten Euro und Cent. Die größte Bargeldeinheit ist dabei derzeit noch der 500-Euro-Schein, der allerdings zukünftig abgeschafft wird. Die kleinste Recheneinheit ist 1 Cent, sowohl als physische Münze als auch als gebräuchliche Recheneinheit bei Banken oder im Handel.

Auch bei Bitcoins gibt es Recheneinheiten. Allerdings folgt die Bitcoin-Berechnung einem anderen System, nämlich dem von Bruchteilen. Das Währungskürzel von Bitcoin ist BTC. Die kleinste Bitcoin-Recheneinheit trägt den Namen »Satoshi«, benannt nach dem vermuteten Begründer von Bitcoin bzw. dessen Pseudonym Satoshi Nakamoto. Ein Satoshi entspricht 0.00000001 BTC.

Das bedeutet: Im Zahlungsverkehr ist es in der Praxis problemlos möglich, mit Bitcoins auch kleinere Zahlungen zu tätigen, die umgerechnet im Centbereich liegen. Selbst wenn sich der Kurs des Bitcoins in der Zukunft weiter vervielfacht, wird es aufgrund dieser sehr niedrigen Einheitsgröße eines Satoshis überhaupt keine praktischen Probleme im Zahlungsverkehr geben. So viel einmal heute zum Bitcoin in seiner Funktion als Medium für den Zahlungsverkehr und als Recheneinheit. Nun zum Bitcoin als Wertaufbewahrungsmittel und als Anlageklasse.

Praxisfall: 100 Prozent Wertsteigerung durch Bitcoin-Investments

Viele Leser sind meinem Rat mittlerweile gefolgt und haben ein Bitcoin-Konto eröffnet. Die meisten haben dabei zunächst einmal kleinere Summen investiert, um sich mit den technischen Systemen und Möglichkeiten vertraut zu machen. Einer meiner Leser hat hingegen im zweiten Quartal des letzten Jahres die sehr hohe Summe von 100.000 Euro ganz gezielt in Bitcoins als Wertspeicher investiert. Mit sehr großem Erfolg, da er zu einem Bitcoin-Kurs von rund 520 Euro eingestiegen ist. Innerhalb von rund 9 Monaten hat er dadurch eine Buchwertsteigerung von rund 100 Prozent erzielt.

Aus den zahlreichen Gesprächen im Rahmen meiner Sprechstunde weiß ich allerdings auch, dass viele Leser zwar in Bitcoins investieren möchten, aber die Eröffnung eines Bitcoin-Kontos scheuen. Hauptsächlich aus Sorge vor den technischen Herausforderungen, weil ein Bitcoin-Konto als komplizierter oder einfach nur als fremder eingestuft wird als ein normales Bankkonto oder ein Wertpapierdepot. Das ist aber überhaupt nicht der Fall!

Diese zahlreichen, aus meiner Sicht überhaupt nicht notwendigen Vorbehalte haben dazu geführt, dass mir in den letzten Wochen und Monaten sehr oft die Frage gestellt wurde, ob es nicht eine einfachere Möglichkeit gibt, in Bitcoins zu investieren? Beispielsweise über ein Finanzprodukt, das ein Anleger dann ganz einfach in sein Wertpapierdepot kaufen kann. Diese Frage kann ich mittlerweile mit ja beantworten, da sich der Bitcoin auch als eigenständige Anlageklasse zunehmend etabliert.

Die Schweizer Bank Vontobel hat als erster Emittent ein Bitcoin-Zertifikat an den Markt gebracht

Die Schweizer Bank Vontobel hat bereits zum 15.07.2016 das erste Partizipations-Zertifikat auf die digitale Währung Bitcoin emittiert bei einem Bitcoin-Kurs von 680,65 US-Dollar. Zu Jahresbeginn 2017 kostet ein Bitcoin mehr als 1.000 US-Dollar. Dieses Zertifikat, das rechtlich eine Schuldverschreibung der Bank Vontobel ist (mit einem entsprechenden Emittentenrisiko), ermöglicht dadurch die einfache Investition in Bitcoins. Sie können das Zertifikat über Ihre Bank oder Ihren Discountbroker über die Schweizer Börse in Ihr Wertpapierdepot kaufen.

Das Finanzprodukt mit dem Namen »Voncert Bitcoin« bildet den Bitcoin-Kurs in US-Dollar eins zu eins ab. Das Zertifikat trägt die ISIN-Nr.: CH0327606114 und hat eine festgelegte Laufzeit von zwei Jahren, also bis zum 16.07.2018. Am 23.07.2018 werden die Investoren ausbezahlt. Bis dahin ist es börsentäglich handelbar. Beim Kauf fallen Gebühren in Höhe von 2,5 Prozent an, die Vontobel erhält.

Das Zertifikat ist nur bedingt empfehlenswert: Setzen Sie besser auf Bitcoin-Direktinvestments

Die Verwaltungskosten des Bitcoin-Zertifikates werden durch den Aufschlag zwischen An- und Verkaufskurs in Höhe von 2,5 Prozent bezahlt. Das ist teuer, falls Sie Ihre Bitcoins häufiger an- und verkaufen möchten. Ein Bitcoin-Konto ist hier weit vorteilhafter, da hier teilweise überhaupt kein Aufschlag anfällt.

In jedem Fall sind die Unterschiede auf empfehlenswerten Handelsplattformen wie bitcoin.de zwischen den An- und Verkaufskursen massiv geringer. Das Bitcoin-Zertifikat empfehle ich Ihnen somit nur, falls Sie auf einen weiteren Kursanstieg des Bitcoins in den nächsten Monaten bzw. bis zum Laufzeitende des Zertifikates setzen möchten und gleichzeitig die Eröffnung eines Bitcoin-Kontos scheuen.

Ausblick: Die britische Börse hat 2016 den ersten Bitcoin-Fonds genehmigt. Der Bitcoin-Boom führt verstärkt zur Entwicklung weiterer Finanzprodukte. Im Dezember 2016 hat in Großbritannien der Global Advisors Bitcoin Investment Fonds (GABI) als erster börsennotierter und regulierter Bitcoin-Fonds nach jahrelangen Prüfprozessen der Finanzmarktaufsicht grünes Licht von den Behörden erhalten.

Mein grundlegender Rat: Keine Angst vor der Technik, es ist viel einfacher, als Sie vermutlich denken: Eröffnen Sie jetzt ein Bitcoin-Konto. Meine beiden Favoriten sind **www.bitcoin.de** und **www.bitpanda.com**

5 So einfach schaffen Sie sich Ihren eigenen, sicheren Bitcoin-Tresor

Die dramatische Bargeldreform vom 09.11.2016 in Indien führte nicht nur zu geschockten Bürgern. Vor Banken und Geldautomaten kam es zu panikartigen Szenen. Es gab Tumulte und sogar Tote! Die indische Regierung wollte mit dieser drastischen Zwangsmaßnahme – der vollkommen überraschenden Geldentwertung über Nacht – die Korruption und Steuerhinterziehung im Land konsequent bekämpfen.

Für mich ist dieser Vorgang wieder einmal ein Warnsignal, das Sie dafür sensibilisieren sollte, wie schnell vertraute Dinge über Nacht durch Staatsgewalt verändert werden können. Wer kann ausschließen, dass das, was im November 2016 in Indien passierte, nicht eines nahen Tages auch bei uns passiert?

Bargeldbegrenzungen und Bargeldverbote sind europaweit auf dem Vormarsch

Bargeldbegrenzungen oder gar Bargeldverbote rücken in Europa immer stärker in den Fokus. In Deutschland ist für die Zukunft eine Barzahlungsobergrenze von 5.000 Euro geplant. In Portugal, Italien oder Frankreich gibt es heute bereits eine Bargeldobergrenze für Zahlungen in Höhe von nur noch 1.000 Euro.

Skandinavien ist auf dem Weg zu einer bargeldlosen Gesellschaft

Skandinavische Länder wie Dänemark oder Schweden begründen die Abschaffung von Bargeld hingegen mit den hohen Produktions-, Zähl- und Bearbeitungskosten. In den nordischen Ländern Europas hat das elektronische Bezahlen das Zahlen mit Bargeld bereits weitestgehend verdrängt.

Die Notenbank Dänemarks hat beispielsweise angekündigt, ab 2017 keine neuen Banknoten mehr zu drucken.

Der 500-Euro-Schein wird 2018 abgeschafft

Ein weiterer Mosaikstein dieses Trends der Bargeldeinschränkungen ist die Abschaffung der 500-Euro-Banknote. Im Mai 2016 hat der EZB-Rat beschlossen, die Ausgabe der größten Euro-Banknote gegen Ende des Jahres 2018 komplett einzustellen. In der Praxis bedeutet das, dass rund 600 Millionen 500er-Banknoten aus dem Verkehr genommen werden.

Was wäre in Europa los, wenn wie in Indien die Banknoten ab 5 Euro über Nacht gesetzlich für wertlos erklärt werden würden? Ich kann mir das derzeit schwer vorstellen, aber ich konnte mir auch den 11. September und viele weitere Entwicklungen vorher nicht vorstellen.

Der Bitcoin ist eine der stabilsten Währungen der Gegenwart

Der Bitcoin als führende kryptografische Währung hat sich längst weltweit als digitale Bargeld- und Fremdwährungsalternative etabliert. Die Kursentwicklung der letzten Wochen und Monate ist dabei von einer hohen Stabilität gekennzeichnet. Die Inflation des Bitcoins ist seit 2011 von 30 bis 50 Prozent auf mittlerweile nur noch 4 Prozent gefallen.

Grund ist die fortlaufende Limitierung. Insgesamt wird es eines Tages die maximale Zahl von 21 Millionen Bitcoins geben. Ungefähr alle vier Jahre wird die Anzahl der täglich ausgeschütteten Bitcoins, das ist der sogenannte Mining-Prozess, der mathematisch durch einen unveränderbaren Algorithmus festgelegt ist, halbiert.

Praxistipp: Der sichere Bitcoin-Speicher für Ihren Safe oder Ihr Schließfach

In der jüngeren Vergangenheit gab es wiederholt Betrugs- und Schadensfälle im Zusammenhang mit Bitcoin-Handelsplattformen. Durch externe Hackerangriffe in Kombination mit zu schwachen Sicherheitsvorkehrungen der betroffenen Anbieter wurden hierbei Bitcoins von Kundenkonten gestohlen. Das ist vergleichbar mit einem Banküberfall. Allerdings mit dem großen Unterschied, dass die Kunden hier häufig zu großen Teilen den Schaden selbst tragen mussten.

Aus diesem Grunde rate ich, auf europäische Bitcoin-Handelsplattformen zu setzen, deren Sicherheitsvorkehrungen und Datenschutzbestimmungen weit klarer und aus meiner Sicht besser sind als bei Anbietern aus Asien oder Übersee. Einem meiner Leser war das jedoch nicht genug. Er wollte unbedingt eine größere Summe, nämlich 100.000 Euro, in Bitcoins sicher investieren.

Der Leser hatte aber das Problem, dass er überhaupt kein Vertrauen in die Technik und Sicherheitsvorkehrungen der Bitcoin-Handelsplattformen mit ihren elektronischen Geldbörsen (Wallets) zur Verwahrung seiner Bitcoins hat. Seine durchaus nicht unbegründete Sorge war, dass auch er Opfer eines Hackerangriffs und Bitcoin-Diebstahls werden könnte. Auch für diesen Leser gab es eine einfache Lösung, die seine persönlichen Bedürfnisse bestens befriedigte.

Der Leser hat vor einigen Monaten tatsächlich die Summe von 100.000 Euro in Bitcoins investiert. Gleichzeitig hat er seine elektronische Geldbörse mit seinem Bitcoin-Vermögen nicht auf einem Datenspeicher bei einer Bitcoin-Handelsplattform belassen oder auf seinem PC oder Smartphone abgelegt, sondern offline auf einen externen Datenspeicher übertragen.

Ein Offline-Wallet schützt Ihr Bitcoin-Vermögen einfach und günstig vor Online-Zugriffen

Auf dieser externen Festplatte (Offline-Wallet), die nicht größer ist als ein 100-Gramm-Goldbarren oder in Form eines USB-Sticks kleiner als ein Feuerzeug, hat er nun seine elektronische Geldbörse angelegt und seine Bitcoins abgespeichert. Den Datenspeicher hat er dann gemeinsam mit seinen Goldbarren, Silberbarren und Diamanten in sein Schließfach im Fürstentum Liechtenstein gelegt. Ein elektronischer Hackerangriff oder auch ein Diebstahl des Speichermediums bei einem möglichen Einbruch in seinem Haus ist somit ausgeschlossen.

Diese Strategie kann noch optimiert werden, indem der Leser die Bitcoins auf unterschiedliche externe Speicher lädt. Diese können dann in unterschiedlichen sicheren Safes oder Schließfächern an verschiedenen Orten und Ländern gelagert werden.

Der Leser sieht seine Bitcoins wie seine Edelmetalle und Diamanten als Wertspeicher und somit als Wertaufbewahrungsmedium. Nicht als Zahlungsmittel. Diese Strategie beurteile ich als sehr intelligent und ich bin mir sicher, das wird auch für jene unter Ihnen eine interessante Möglichkeit sein, die ebenfalls Vorbehalte gegen die Tücken und Fallstricke der Online-Technologie haben.

Derartige externe Festplatten oder auch herkömmliche USB-Sticks können Sie im Elektronik-Fachhandel günstig erwerben. Ich empfehle Ihnen allerdings den Kauf eines speziellen USB-Sticks mit zusätzlichen Sicherheitsfunktionen namens »Ledger Wallet«. Dieser ist nur wenig teurer als ein herkömmlicher USB-Stick.

Meine drei Top-Empfehlungen für den Bitcoin-Handel

Bitcoin-Handelsplattformen und Bitcoin-Anbieter sind in den letzten Jahren wie Pilze aus dem Boden geschossen. Leider gibt es dabei auch zahlreiche fragwürdige Anbieter, allen voran im außereuropäischen Ausland, denen ich weder Geld überweisen noch meine Bitcoins anvertrauen würde. Mit den nachfolgenden soliden Bitcoin-Handelsplattformen habe ich hingegen seit Jahren sehr gute Erfahrungen gemacht.

Kontaktdaten

Unternehmen	Sitz	Internet
Bitcoin Deutschland AG	Deutschland	www.bitcoin.de
Phoenix Payments BV	Niederlande	www.anycoindirect.eu
Bitcoin Suisse AG	Schweiz	www.bitcoinsuisse.ch
Coinimal GmbH	Österreich	www.bitpanda.com

Das Ledger Wallet ist Ihr persönlicher Bitcoin-Tresor

Der Anbieter, über den mein Leser seine Bitcoins »offline« verwaltet, nennt sich Ledger Wallet. Die Funktionsweise des Ledger Wallet ist sehr einfach und kostengünstig. Die Ledger SAS ist ein französisches Unternehmen mit Sitz in Paris. Über die Internetseite **www.ledgerwallet.com**, die auch in deutscher Sprache auswählbar ist, können Sie sich einen sogenannten Ledger Nano USB-Stick bestellen, den Sie als sicheres Bitcoin-Wallet mit Passwortschutz nutzen können, also als sichere Börse für Ihre Bitcoins. Der Preis beträgt derzeit rund 35 Euro.

Ledger Wallet, © ledgerwallet

6 Nutzen Sie E-Geld-Institute statt Banken

Die Europäische Union hat bereits vor einigen Jahren durch die sogenannte »E-Geld-Richtlinie« die rechtlichen Rahmenbedingungen dafür geschaffen, dass auch Nichtbanken Girokonten und Zahlungskarten anbieten können. Diese werden – analog zu den Kreditinstituten – E-Geld-Institute genannt.

Die Entwicklung ist meines Erachtens ein weiterer Mosaikstein auf dem Weg zu einer bargeldlosen Gesellschaft. E-Geld-Institute sind heute aber noch ein absoluter Geheimtipp.

E-Geld-Institute sind Banken-Alternativen

Nach meinen aktuellen Recherchen ist den meisten Bürgern derzeit noch überhaupt nicht bekannt, dass es diese Banken-Alternative der E-Geld-Institute überhaupt gibt. Ich habe einige dieser E-Geld-Institute mit ihren innovativen, kostengünstigen und sicheren Dienstleistungen untersucht und betrachte sie als sehr empfehlenswert.

Als sicher bewerte ich E-Geld-Institute vor allem deswegen, weil diesen Unternehmen keine klassischen Bank-Haftungsrisiken innewohnen. Sie vergeben keine Kredite und sind nicht Teil der Haftungsgemeinschaft der EU-Bankenunion. Zwei empfehlenswerte E-Geld-Institute mit sehr vorteilhaften Angeboten stelle ich Ihnen nachfolgend vor.

Diese beiden recht unbekannten E-Geld-Institute bieten Ihnen viele Vorteile

Bereits am 01.03.2011 wurde vom Deutschen Bundestag die EU-E-Geld-Richtlinie (2009/110/EG) umgesetzt. Selbst in der Finanzbranche hat dies bisher aber kaum eine nennenswerte Beachtung gefunden.

E-Geld-Institute benötigen durch diese Gesetzesänderung keine aufwändige und teure Zulassung mehr als Kreditinstitut und sind in Deutschland und Europa dadurch deutlich attraktiver geworden. Die »Erlaubnis zur Erbringung von E-Geld-Dienstleistungen« wird in Deutschland durch die Bundesanstalt für Finanzdienstleistungsaufsicht BaFin erteilt.

E-Geld ist ein gigantischer Wachstumsmarkt

Elektronisches Geld ist digitales Bargeld, das auf einem elektronischen Gerät oder räumlich entfernt auf einem Server gespeichert ist. Experten erwarten, dass bereits im Jahr 2017 rund 10 Prozent des weltweiten bargeldlosen Zahlungsverkehrs über E-Geld- oder Prepaid-Produkte abgewickelt werden. In Form von Zahlungskarten, NFC-Chips (Nahfeldkommunikation), E-Vouchers (Online-Gutscheinen), Smartphones oder Online-Zahlungskonten.

Das derzeit noch am häufigsten verbreitete E-Geld-Zahlungsverfahren ist die »Elektronische Geldbörse« in Form einer Zahlungskarte oder einer anderen Chipkarte, die Sie als Kunde mit Euros, oder auch einer Fremdwährung, ganz einfach aufladen können. Zukünftig werden diese Zahlungsfunktionen in Smartphones integriert, sodass diese immer stärker zu Ihrem eigenen mobilen Geldautomaten werden.

E-Geld ist Netzgeld oder Kartengeld

So wie Bargeld und Buchgeld lässt sich auch E-Geld ganz grundsätzlich in zwei verschiedene Varianten unterteilen: in Kartengeld, bei dem ein Guthaben auf Zahlungskarten geladen wird, sowie in Netzgeld, das aus Guthaben auf Online-Konten bei E-Geld-Instituten besteht.

Die Vorteile von E-Geld-Unternehmen stelle ich Ihnen nachfolgend vor, außerdem zwei attraktive E-Geld-Unternehmen, die sowohl Netzgeld als auch Kartengeld anbieten.

Vorteile von E-Geld-Instituten

Kreditinstitute wie Online-Banken nehmen bei jeder eingehenden Kontoeröffnung eine zweistufige Bonitätsprüfung des potenziellen Neukunden vor. Dazu werden personenbezogene Informationen bei Auskunftsdiensten eingeholt und gleichzeitig an diese übermittelt. Allen voran an die SCHUFA, die Schutzgemeinschaft für allgemeine Kreditsicherung. Diese Datenweitergabe und Datenspeicherung bedeutet ganz grundsätzlich einen massiven Eingriff in die Privatsphäre von Bankkunden.

Bei E-Geld-Instituten findet hingegen dieser Datenaustausch nicht statt. Es gibt keine Bonitätsprüfung. Deswegen werben zahlreiche E-Geld-Institute mit SCHUFA-freien Online-Konten und Prepaid-Kreditkarten, die rein auf Guthabenbasis geführt werden. Kredite werden dort nicht vergeben, es gibt daher im Gegensatz zum Bankensystem auch schlicht keine Kreditrisiken. Das ist neben dem hohen Datenschutz ein ganz grundlegender Vorteil eines E-Geld-Kontos gegenüber einem herkömmlichen Bankkonto.

Monatlich gibt es in Deutschland 300.000 bis 350.000 Kontopfändungen!

Ein weiterer ganz wesentlicher Vorteil ist der Pfändungsschutz. In Deutschland gibt es pro Monat die fast schon unglaubliche Zahl von 300.000 bis 350.000 Kontopfändungen. Die Hälfte dieser Kontopfändungen fällt übrigens auf öffentlich-rechtliche Forderungen wie Abgaben, Beiträge, Steuern oder Gebühren.

Dabei gibt es zwei Arten von Kontopfändungen, den Pfändungs- und Überweisungsbeschluss sowie die Einziehungsverfügung. Beide werden mit Zustellung an das Kreditinstitut rechtswirksam. Pfändbare Kontoguthaben werden dann ganz einfach beschlagnahmt und abgebucht. Seit dem Jahr 2009 gibt es die gesetzliche Möglichkeit, dass Sie Ihr bestehendes Girokonto bei Ihrer Bank in ein Pfändungsschutzkonto (P-Konto) umwandeln. Dadurch wird ein Grundfreibetrag in Höhe von 1.073,88 Euro pro Kalendermonat vor Pfändungsmaßnahmen geschützt.

E-Geld-Konto als Pfändungsschutzkonto (P-Konto)

In der Praxis zeigt sich, dass Banken sehr häufig versuchen, Konten, die von Pfändungsmaßnahmen betroffen sind, zu kündigen. Nicht selten werden von einer Pfändung betroffene Konten sogar gesperrt. Gleiches gilt für Kreditkarten, die auf das betroffene Konto gezogen sind. Zudem wird eine

Kontopfändung bei einer Bank umgehend wieder der SCHUFA gemeldet, was zu einer gravierenden Bonitätsverschlechterung führt.

Das hat wiederum negative Auswirkungen auf die Vergabe eines Kredites oder die Höhe der Zinsen von zukünftigen Krediten. Bei einem E-Geld-Institut können Sie Ihr Konto umgehend in ein Pfändungsschutzkonto umwandeln. Somit ist es bis zur Pfändungsfreigrenze geschützt, eine Sperrung des Kontos oder der Prepaid-Kreditkarte erfolgt nicht.

Privat- und Geschäftskonten bei E-Geld-Instituten sind kostengünstig

In der Vergangenheit konnten viele Banken preisgünstige oder kostenlose Girokonten nur deswegen anbieten, weil diese quersubventioniert wurden. Den so angelockten Kunden wurden später teure Kredite, Anlageprodukte wie unrentable Banksparpläne oder sonstige für die Bank lukrative Zusatzleistungen aus dem Bauspar- und Versicherungsbereich verkauft. E-Geld-Institute sind erfreulicherweise frei von diesen Methoden.

Die Gebühren bei den E-Geld-Instituten sind transparent und klar nach Aufwand und Leistung kalkuliert. E-Geld-Institute verdienen ihr Geld – außerhalb des Bankensystems – nicht durch verdeckte Produktverkäufe an ihre Kunden, sondern rein durch die Kontoführungs- oder Kreditkartengebühren. Sie zahlen nur für in Anspruch genommene Leistungen.

Konten bei E-Geld-Instituten sind nicht nur für Privatpersonen sehr attraktiv, sondern gerade auch für Geschäftskonten, deren Kontoführung bei Banken zunehmend teurer wird. Sie erhalten bei meinen beiden E-Geld-Favoriten wie bei einer Bank ein Online-Konto mit eigener IBAN und BIC und eine Kreditkarte. Dadurch sind SEPA-Überweisungen und -Lastschriften möglich. Ihr Geschäftskonto oder Privatkonto ist zudem in wenigen Minuten eröffnet.

Setzen Sie auf bereits etablierte und erfolgreiche E-Geld-Institute

Ich rate Ihnen: Eröffnen Sie jetzt ein kostengünstiges Zusatzkonto bei einem der führenden E-Geld-Institute. Dadurch schaffen Sie sich ein weiteres Standbein und eine Bankkonto-Alternative. Die Online- und Kartenkonten haben nämlich keine Verbindung zu einem Bankkonto.

Die Zahl der E-Geld-Institute nimmt immer mehr zu. Jeden Monat treten neue Anbieter in den lukrativen E-Geld-Markt. Wenn Sie sich für ein Konto oder eine Zahlungskarte bei einem E-Geld-Institut entscheiden, rate ich Ihnen zu Unternehmen, die sich bereits mit einem funktionierenden Geschäftsmodell längerfristig erfolgreich am Markt bewährt haben.

Onlinekonto.de und Viabuy.de sind meine beiden E-Geld-Favoriten

Auf meine beiden Top-Empfehlungen treffen diese Voraussetzungen zu. Die Plattform **www.onlinekonto.de** ist eine Dienstleistung der PayCenter GmbH, des größten E-Geld-Instituts Deutschlands, das schon seit Jahren erfolgreich tätig ist.
Gleiches gilt auch für **www.viabuy.de** Viabuy ist die bekannteste Marke des Unternehmens PPRO Financial Limited, eines E-Geld-Instituts mit Sitz in Großbritannien, das mittlerweile seit Jahren auch in Deutschland erfolgreich ist. Eröffnen Sie Ihr E-Geld-Konto bei einem dieser beiden Anbieter.

7 Die drei Top-Plattformen für Fest- und Tagesgelder im In- und Ausland

Trotz Niedrigzinsen oder gar Null- und Negativzinsen haben Geldwerte nach wie vor ihre Berechtigung. Wenn Sie als Anleger all Ihre Geldwerte liquidieren und in Sachwerte umschichten, schaffen Sie sich gigantische Klumpenrisiken im Sachwertbereich. Beispielsweise falls eine langanhaltende oder tiefe Deflationsphase kommt, die niemand ausschließen kann.

Vermögenspreise, also Sachwerte, sind in derartigen Zeiten von Verlusten betroffen. Bargeld beziehungsweise Geldwerte bleiben hingegen stabil und sorgen für genügend Liquidität, um wiederum Chancen zu nutzen und Sachwerte günstig einzukaufen.

Halten Sie bei keiner Bank mehr als 20.000 Euro Liquidität!

Durch das gemeinsame Haftungssystem bieten auch andere europäische Banken sicherheitsbewussten, konservativen Anlegern attraktive Zinsen. Das Paradoxe dabei ist, dass solide Banken und Staaten für unsolide Banken grundsätzlich mithaften. Die gesetzlich festgelegte europäische Einlagensicherung sorgt für den europaweiten Schutz aller Bankeinlagen bis zu 100.000 Euro.

Sie als deutscher, österreichischer oder auch Schweizer Sparer können deshalb von höheren Zinsen im europäischen Ausland profitieren, ohne dass Sie größere Risiken eingehen müssen. Ich empfehle Ihnen allerdings nicht, die 100.000-Euro-Grenze auszureizen, außer Sie sind Multimillionär. Veranlagen Sie bei keiner Bank signifikant mehr als 20.000 Euro im Sichteinlagenbereich, ganz nach dem Motto aus meiner schwäbischen Heimat: »Wer streut, rutscht nicht aus.«

Savedo, WeltSparen und Zinspilot bieten Ihnen Top-Dienstleistungen

Die Plattformen www.savedo.de, www.weltsparen.de und www.zinspilot.de bieten Ihnen mit diesen Rahmenbedingungen hervorragende Dienstleistungen zur Optimierung Ihrer Tages- und Festgelder. Diese Plattformen erweitern Ihr Anlagespektrum und schaffen für Sie die Möglichkeit, höhere Zinsen zu erzielen. Auch mögliche Negativzinsen in der Zukunft können dadurch weit flexibler umgangen werden.

Die von Ihnen bei Savedo, WeltSparen oder Zinspilot auswählbaren Partnerbanken aus den unterschiedlichsten Ländern legen für Sie wie gewünscht Tages- oder Festgelder zu hervorragenden Konditionen im In- und Ausland an. Am Ende der Laufzeit können Sie diese verlängern, Sie können sich für ein anderes Tages- oder Festgeldangebot entscheiden oder Ihr Guthaben auszahlen lassen. Ganz einfach und bequem, ohne dass Sie eigenständig und somit aufwändig ein Konto bei den jeweiligen Banken eröffnen oder mit diesen direkt kommunizieren müssen.

Optimieren und diversifizieren Sie Ihre Bankeinlagen

Die Nutzung von Savedo, WeltSparen oder Zinspilot ermöglicht Ihnen auf Knopfdruck die Kontoeröffnung bei einer Vielzahl von Banken im In- und Ausland. Sie können darüber auch Finanzinstitute außerhalb des Euroraumes nutzen. Beispielsweise in Großbritannien oder Norwegen.

Meine favorisierte Tages- und Festgeldplattform ist WeltSparen

Mein Favorit unter den genannten Anbietern ist WeltSparen. Im nächsten Beitrag gebe ich Ihnen hierzu einen detaillierten Praxistipp. Das sehr breite Angebot an Banken aus mittlerweile zwölf unterschiedlichen Ländern überzeugt. Gerade auch die angeschlossenen Banken außerhalb des EU-Raumes sind hier zusätzlich attraktiv. Beispielsweise die BN Bank aus Norwegen.

Hier haben Sie die Möglichkeit, ein Fremdwährungsfestgeldkonto in Norwegischen Kronen zu eröffnen. Dadurch diversifizieren Sie Ihre Geldwerte zusätzlich. Nutzen Sie diese einfach umsetzbaren und flexiblen Möglichkeiten. Verteilen Sie Ihr Geld noch breiter als bisher. Ich erwarte, dass künftig weitere attraktive Auslandsbanken mit den drei Tages- und Festgeld-Plattformen kooperieren.

Kontaktdaten

Plattform	Telefon	Internet
Savedo	www.savedo.de	(0049) 030 2 08 49 51 90
WeltSparen	www.weltsparen.de	(0049) 030 7 70 19 12 91
Zinspilot	www.zinspilot.de	(0049) 040 21 03 13 73

8 Norwegens Notenbank-politik ist solide

Die Norwegische Krone mit dem Währungskürzel NOK ist eine der ältesten noch bestehenden Währungen weltweit. Eingeführt wurde sie bereits 1875. 100 Norwegische Kronen entsprechen derzeit einem Gegenwert von rund 11 Euro. Die Untereinheiten der Krone werden als Öre bezeichnet. 100 Öre sind eine Krone.

Münzen gibt es im Wert von 1, 5, 10 und 20 Kronen. Norwegische Banknoten gibt es zu 50, 100, 200, 500 und 1.000 Kronen. Alle Banknoten haben eine unterschiedliche Größe. Diese nimmt sowohl in der Länge als auch in der Breite mit steigendem Geldwert zu. Verantwortlich für die Geldpolitik ist die eigenständige – und selbstverständlich von der EZB vollkommen unabhängige – Zentralbank Norwegens mit dem Namen Norges Bank, die bereits 1816 gegründet wurde. Norwegens Geldpolitik folgt dabei Werten und Wegen, die EU-Europa längst verlassen hat.

Gesundes Geld: Norwegens Notenbankpolitik ist grundlegend solide

So definiert die Regierung Norwegens ein Inflationsziel für die Geldpolitik, das derzeit bei 2,5 Prozent liegt. An dieser Größe orientiert sich die norwegische Notenbank, um über eine solide Geldpolitik optimale Rahmenbedingungen für Produktion und Beschäftigung zu gewährleisten. Im Gegensatz zur EZB versucht die Notenbank Norwegens dabei nicht, durch eine expansive Geldpolitik die Fehler der Politik zu kaschieren oder gar einzelne Staaten durch verdeckte Finanzierungen über Anleiheaufkaufprogramme zu retten.

Seit dem Jahr 1999 hat die Norges Bank beispielsweise nicht mehr in die Devisenmärkte eingegriffen. Aufgrund der gesunden Fundamentaldaten und der soliden Notenbankpolitik ist das Geld der Norwegischen

Kronen auch als weit gesünder zu beurteilen als der Euro. Das ist einer der Gründe, warum eine gezielte Investition und Diversifikation von Euro-Geldern in Norwegische Kronen sinnvoll ist.

Gesunde Staatsfinanzen: Moderate Verschuldung bei hohem Staatsvermögen

Ein weiterer Grund ist die moderate Verschuldungsquote des Königreichs Norwegen. Deutschlands Verschuldungsquote liegt – ohne EU-Haftungsrisiken – derzeit bei rund 69 Prozent. Frankreich bei 96 Prozent. Spanien bei 100 Prozent, Italien gar bei 133 Prozent und Griechenland bei rund 180 Prozent.

Der EU-Schnitt liegt bei hohen 86 Prozent. Die aktuelle Staatsverschuldung in Relation zum Bruttoinlandsprodukt (BIP) liegt in Norwegen hingegen bei moderaten 27,94 Prozent. Zusätzlich abgesichert durch den größten Staatsfonds der Welt mit einem Volumen von rund 885 Milliarden US-Dollar.

9 Das Norwegen-Bankkonto, mit dem Sie Ihre Einlagensicherung mehr als verdoppeln

Die Rechtssicherheit ist eine absolute Grundlage des Kapitalschutzes. Ein starker Schutz von privatem Eigentum und Vermögen hat einen positiven Einfluss auf die wirtschaftlichen Entwicklungen von Staaten. Länder, die das physische Eigentum ihrer Bürger maximal schützen, weisen ein rund neunmal höheres Bruttosozialprodukt pro Kopf auf als Staaten ohne einen ausreichenden Eigentumsschutz.

Das EU-Bankensystem ist im Falle einer Krise eine Haftungsgemeinschaft und Umverteilungsunion

Leider ist mittlerweile festzustellen, dass die Eigentumsrechte der EU-Bürger wegen der enormen Verschuldungen einzelner Länder immer weiter eingeschränkt werden. Dies beginnt bei der Erhöhung von Kapitalsteuern und geht bis hin zu Verboten sowie Umverteilungs- und Enteignungsrisiken. Dazu wird auch das Bankensystem missbraucht. Die Folge: Die EU-Bankenunion wird im Krisenfall zu einer Haftungs- und Umverteilungsgemeinschaft werden.

Deshalb ist es sinnvoll, dass Sie Ihre Vermögenswerte nicht nur durch reale Investments außerhalb des Bankensystems wie Gold, Silber, strategische Metalle, Diamanten, Uhren, Spirituosen oder Bitcoins schützen, sondern auch auf Banken außerhalb der EU-Bankenunion verteilen. Ideale Länder sind dafür die Schweiz, Liechtenstein und Kanada, aber auch Norwegen. Allerdings ist es für Ausländer in Norwegen noch weit schwieriger ein Bankkonto zu eröffnen als beispielsweise in Kanada.

In der Schweiz können Sie als Ausländer ganz einfach ein Konto online und über den Postweg eröffnen. Beispielsweise bei meinem Favoriten, der Swissquote Bank www.swissquote.ch Im Fürstentum Liechtenstein können Sie bei der Liechtensteinischen Landesbank www.llb.li ein Konto zwar online beantragen, müssen für die endgültige Eröffnung aber zumindest einmal persönlich vor Ort erscheinen. Gleiches gilt für Kanada. Bei der Royal Bank of Canada in Halifax www.royalbank. com erhalten Sie auch als Ausländer ohne Wohnsitz ein Konto, müssen die Eröffnung aber persönlich vor Ort vornehmen.

Eine Kontoeröffnung in Norwegen ist eigentlich nur mit Wohnsitz oder Arbeitserlaubnis möglich

Die Eröffnung eines Bankkontos direkt bei einer Bank in Norwegen hat sich in der Praxis als sehr schwierig bis fast unmöglich herausgestellt. Ausnahme: Sie verfügen über eine Arbeitserlaubnis oder einen Wohnsitz in Norwegen. Für die Kontoeröffnung benötigen Sie einen Reisepass, den Registrierungsnachweis der norwegischen Polizei sowie die Personennummer (P-Nummer), die Sie erst nach Bestätigung einer Aufenthaltserlaubnis beantragen können.

Ein Leser, der im Zuge eines Norwegenurlaubes ein Konto bei einer norwegischen Bank eröffnen wollte, hat mir darüber hinaus berichtet, dass diese Bank für die Kontoeröffnung eine sogenannte D-Nummer verlangte. Das wäre eine persönliche norwegische ID-Nummer, die nur durch die Bank beim norwegischen Finanzamt beantragt werden kann.

Dadurch wird ein Konto bei einer norwegischen Bank in der Praxis nur dann umsetzbar, wenn Sie gleichzeitig einen Aufenthalt oder Wohnsitz in Norwegen begründen. Es gibt allerdings einen Geheimtipp, mit dem Sie dennoch zu einem Konto direkt bei einer norwegischen Bank kommen.

Der Geheimtipp für Norwegen: Eröffnen Sie Ihr Konto bei der BN Bank über WeltSparen

Ich spreche von der norwegischen BN Bank. Diese Direktbank gehört zur norwegischen SpareBank 1-Gruppe. Die im Jahre 1961 gegründete Bank hat ihren Sitz in Trondheim. Eine weitere Niederlassung gibt es in Oslo. Das Mutterinstitut, die SpareBank 1, ist die größte Vereinigung von norwegischen Sparkassen mit insgesamt 350 Filialen und über 6.300 Mitarbeitern im gesamten Land.

Die BN Bank betreut rund 60.000 Kunden mit klassischen Bankprodukten für den täglichen Bedarf, wie Konten, Festgelder, Kredite und Baufinanzierungen, zu sehr guten Konditionen. Die Marktführerschaft in diesen Bereichen will die Bank durch eine hohe Kapitalausstattung, effiziente Prozesse und ihre Ausrichtung ausschließlich auf das Online-Geschäft erreichen. Dazu erschließt die BN Bank mittlerweile auch ausländische Märkte.

Zu diesem Zweck hat die BN Bank eine Kooperation mit der sehr empfehlenswerten Bank-Vermittlungsplattform von WeltSparen getätigt. Über diese Plattform haben Sie als ausländischer Anleger die Möglichkeit, ein Festgeldkonto mit einer Laufzeit von einem Jahr in Norwegischen Kronen (NOK) bei der BN Bank zu eröffnen. Ganz einfach online, ohne weiteren bürokratischen Aufwand.

Die norwegische Einlagensicherung ist mehr als doppelt so hoch!

WeltSparen wird rein als Vermittler Ihres Kontos bei der BN Bank in Norwegen tätig, das erleichtert Ihnen die Organisation und Abwicklung. Für die Festgelderöffnung wird nach norwegischem Recht der Festgeldantrag im Original sowie ein gültiges Ausweisdokument mit Adressnachweis benötigt. Diese Abwicklung übernimmt WeltSparen für Sie.

Die Kontoführung erfolgt hingegen direkt in Norwegen nach norwegischem Recht. Das norwegische Bankensystem ist sehr gut durch die internationale Finanzkrise gekommen. Der Bestand an ausfallgefährdeten Krediten liegt bei norwegischen Banken mit 1,31 Prozent deutlich unter dem Durchschnitt von 10,71 Prozent der anderen europäischen Länder. Die Profitabilität des norwegischen Bankensektors war über die letzten Jahre hinweg stabil. Die sehr niedrigen Kreditausfallraten ermöglichten es den Banken, ihre Gewinne zur Stärkung ihres Eigenkapitals zu nutzen.

Die negativen EU-Regelungen der gemeinschaftlichen Haftung und möglichen Umverteilung im Krisenfall, die Sie bei Banken innerhalb der EU-Bankenunion in Kauf nehmen müssen, kommen in Norwegen nicht zum Tragen. Im Gegenteil: Sie kommen sogar in den Genuss der vorteilhaften Regelungen der soliden norwegischen Einlagensicherung.

Denn alle Einlagen in Norwegen sind bis zu einer Höhe von 2.000.000 Norwegischen Kronen (221.000 EUR) zu 100 Prozent durch den norwegischen Einlagensicherungsfonds gesichert. Diese Absicherung gilt auch für ausländische Kontoinhaber. Im Gegensatz zur gesetzlichen Einlagensicherung von 100.000 Euro bei deutschen bzw. EU-Banken oder auch Schweizer Banken (100.000 CHF) ist diese damit mehr als doppelt so hoch.

Die BN Bank bezahlt Ihnen derzeit 1,5 Prozent Zinsen für ein Jahr Laufzeit auf Ihr Festgeldkonto

Weiterer Vorteil: Während bei europäischen Banken mittlerweile Negativzinsen auf Einlagen auf der Tagesordnung stehen, bietet Ihnen das von der BN Bank über WeltSparen angebotene Festgeldkonto über die einjährige Laufzeit einen Zinssatz von 1,5 Prozent.

Die Mindesteinlage beträgt 10.000 Euro, genauer: dessen Gegenwert in NOK, die maximale Einlage beträgt 200.000 Euro pro Person. Die Kontoführung ist kostenlos, allerdings werden für den Währungstausch 0,12 Prozent des Gesamtbetrags von der BN Bank berechnet, was die Zinszahlung um diesen Prozentsatz schmälert. Das ist absolut vertretbar.

Fazit: Ein Festgeldkonto bei der BN Bank schlägt mehrere Fliegen mit einer Klappe!

Durch das Festgeldkonto bei der BN Bank schlagen Sie mehrere Fliegen mit einer Klappe: Sie haben die Möglichkeit, Teile Ihrer Spareinlagen ganz gezielt in einer anderen Währung außerhalb des Euro zu veranlagen, nämlich in der soliden Norwegischen Krone NOK.

Im nächsten Beitrag erfahren Sie mehr zu den Grundlagen der norwegischen Landeswährung. Darüber hinaus diversifizieren Sie Teile Ihrer Geldwerte mittels einer Bank außerhalb der fragwürdigen EU-Bankenunion. Gleichzeitig nutzen Sie die Einlagensicherung in doppelter Höher und profitieren von einem alternativen Einlagensicherungssystem außerhalb der EU.

Zur Eröffnung eines Kontos bei WeltSparen und für den Abschluss des Festgeldkontos bei der BN Bank registrieren Sie sich ganz einfach über **www.weltsparen.de**

10 Geld & Zins durch Privatkredite: So werden Sie selbst zur Bank

Die »Dreigroschenoper« von Bertolt Brecht beinhaltet die bekannte Feststellung: Was ist der Einbruch in eine Bank gegen die Gründung einer Bank? Banken haben in einigen Geschäftsbereichen nach wie vor gigantische Gewinnmargen. Gleichzeitig hat die Finanzkrise gezeigt, dass hohe Risiken, mit denen diese Gewinne erkauft werden, im Ernstfall durch den Steuerzahler aufgefangen werden.

Die Bank gewinnt immer bei Privatkrediten

Daher scheint für zahlreiche Finanzinstitute auch die Maxime der Spielbanken »Die Bank gewinnt immer« zu gelten. Augenscheinlich wird das nicht nur bei den im internationalen Investmentbanking tätigen Großbanken. Jede kleine Sparkasse oder Raiffeisenbank hat mit der Vergabe von Raten- und Dispokrediten ein Geschäftsfeld mit einer gigantischen Gewinnmarge.

Selbst im aktuellen Niedrigzinsumfeld, in dem die Banken von der EZB mit billigem Geld nahe der Null-Prozent-Grenze zugeschüttet werden, bewegen sich zahlreiche von Banken zur Verfügung gestellte Dispokredite in astronomischen Höhen zwischen 9 bis 12 Prozent. Das sind Gewinnmargen von über 1.000 Prozent für die kreditgebenden Banken. Vor allem auch deswegen, weil die Ausfallraten der Kredite in Relation zu den verrechneten Risikoaufschlägen über die hohen Zinssätze verschwindend gering sind.

Sie müssen keine Bank gründen, um von diesem Prinzip zu profitieren. Banken investieren sehr erfolgreich in Privatkredite. Hinter jedem dieser Kredite steht eine reale Person als Schuldner. Dieser ist bestrebt, seine Verbindlichkeiten wieder zu tilgen. Die hohen Zinsaufschläge lassen dabei die Zahlungsausfälle einzelner Schuldner problemlos verkraften.

Wissen Sie, dass Sie als Privatperson mittlerweile die Möglichkeit haben, genau nach diesem erfolgreichen Prinzip der Banken selbst Kredite zu vergeben? Sie müssen dafür keine eigene Bank gründen, sondern ganz einfach spezielle Crowdfunding-Investmentplattformen nutzen. Die auxmoney GmbH, der deutsche Marktführer für die Vergabe von Privatkrediten, ist dabei mein Favorit.

Crowdlending: Privatkredit-Investments als eigenständige Anlageklasse

Über die Online-Plattform **www.auxmoney.com** können Sie gezielt in eine Vielzahl unterschiedlicher Privatkredite investieren. Das Prinzip der Kreditvergabe nennt sich Crowdlending. Eine Vielzahl von Anlegern leiht Privatpersonen unterschiedlichster Bonität Geld als Alternative zu einem Bankkredit. Die Renditen dieser Privatkredite liegen dabei weit über den Tagesgeld- und Anleihenzinsen ebenso wie den Aktiendividenden. Darüber hinaus sind diese Einnahmen stabil und weitestgehend unabhängig von politischen Entwicklungen an den Börsen.

Von der Grundkonzeption her ist dieses Geschäftsmodell das klassische Bankgeschäft, nur eben ohne Bank. Die »Bank« sind Sie als Kreditgeber. Dadurch ist es nicht verwunderlich, dass Sie als Privatperson die hohen Zinsgewinne vereinnahmen können, die normalerweise den Banken zugutekommen. Die durchschnittliche Rendite einer Investition in Kreditprojekte auf der Online-Plattform von auxmoney liegt mit 5,5 Prozent deutlich über den Renditen vergleichbarer Anlageklassen.

Wie funktioniert die Online-Plattform?

Die Online-Plattform von auxmoney ist ein Kreditmarktplatz für Privatpersonen. Bonitätsstarke Kreditsuchende werden dabei direkt mit Investoren zusammengeführt. Die traditionelle Bank als Vermittler und massiver Kostenfaktor fällt dadurch zum Vorteil aller Beteiligten weg. Auf auxmoney sind mittlerweile über zwei Millionen Mitglieder registriert.

Dem Diversifikationsaspekt kommt auch bei Investitionen in Privatkredite eine große Bedeutung zu. Sie können Ihre Geldanlage in viele verschiedene angebotene Kreditprojekte anlegen. auxmoney prüft die Bonität der Kreditsuchenden mittels eines mehrstufigen Bewertungssystems. Anschließend werden die Kreditnehmer mit einer Bonitätsnote, dem auxmoney-Score, bewertet oder aber abgelehnt. Anhand dieser Bonitätseinstufung können Sie individuell abgestimmt auf Ihre persönliche Risikoneigung Ihre Investments vornehmen.

Nachfolgend sehen die acht unterschiedlichen Bonitätsklassen, die Anlegern auf auxmoney zur Verfügung stehen, mit den entsprechenden Zins-Bandbreiten in den jeweiligen Risikostufen.

Die Bonitätsklassen und Zins-Bandbreiten auf einen Blick

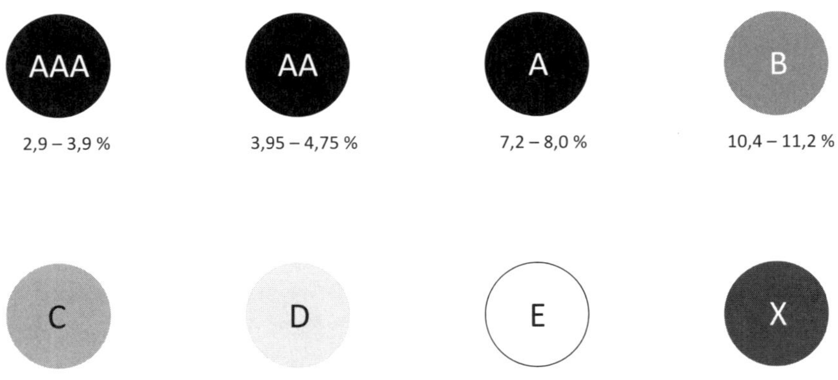

Die Bonitätsklassen und Zins-Bandbreiten von auxmoney, © eigene Darstellung, Quelle: auxmoney

Testen Sie die Plattform von auxmoney und sammeln Sie Erfahrungen

Wie bei allen neuen und innovativen Empfehlungen rate ich Ihnen, die Plattform von auxmoney zunächst ausgiebig mit überschaubaren Beträgen von 500 Euro zu testen. Die Mindestinvestitionssumme beträgt dabei lediglich 25 Euro, sodass Sie auch in unterschiedliche Bonitätsklassen investieren können. Haben Sie entsprechende Erfahrungen mit den Funktionalitäten und dem System der Investitionsmöglichkeiten gesammelt, können Sie anschließend höhere Geldbeträge gezielt investieren.

Die Registrierung auf **www.auxmoney.com** ist kostenlos. Für Ihre Investments fällt lediglich eine einmalige Gebühr in Höhe von 1 Prozent der Investitionssumme an. Diese Gebühr wird erst bei der Rückzahlung der ersten Rate auf Ihr Konto einbehalten.

Kontaktdaten
auxmoney GmbH
Königsallee 60F
D-40212 Düsseldorf
Tel.: (0049) 0211 54 24 32 22
www.auxmoney.com

11 Bargeld-Alternative: Der elektronische Reisescheck

Als Bankkaufmann habe ich vor allem während meiner Ausbildung auch am Schalter gearbeitet. Häufig habe ich dabei Reiseschecks des US-Unternehmens American Express ausgestellt.

Das Prinzip der Reiseschecks war einfach und sicher. Diese Reiseschecks waren wegen ihrer einfachen und sicheren Funktionsweise bei unseren Kunden sehr beliebt. Heute sind Schecks so gut wie gar nicht mehr anzutreffen. Auch die Akzeptanz von Reiseschecks ist massiv gesunken. Ich höre sogar immer wieder von großen Problemen beim Einlösen von Reiseschecks.

Das hat dazu geführt, das American Express zum Jahresende 2015 den Verkauf von Reiseschecks in Deutschland komplett eingestellt hat. Visa und MasterCard hatten das Geschäft mit Reiseschecks bereits vorher aufgegeben.

Eine aktuelle und sinnvolle Alternative zu Reiseschecks sind Prepaid-Kreditkarten. Das sind aufladbare Kreditkarten auf Guthabenbasis. Hier gibt es aktuell eine sehr attraktive Marktneuheit.

Die TravelCard der ReiseBank erlaubt als Multiwährungskarte das Bezahlen in acht verschiedenen Währungen. Zusätzlich bietet Ihnen diese Prepaidkarte die Sicherheit eines elektronischen Reiseschecks. Die ReiseBank hat mit ihrer TravelCard eine neue, kontoungebundene Prepaid-Kreditkarte auf den Markt gebracht, die keinen Namensaufdruck enthält. Dadurch eignet sie sich als perfekte Alternative für die früher so beliebten Reiseschecks. Zumal sie Ihnen die Möglichkeit bietet, in acht unterschiedlichen Währungen zu bezahlen. Selbst die Funktion als anonymes Zahlungsmittel bleibt erhalten.

Euro	Britische Pfund	US-Dollar	Australische Dollar
Kanadische Dollar	Neuseeländische Dollar	Südafrikanische Rand	Japanische Yen

Die acht Währungen der ReiseBank-TravelCard

Die Karte ist unkompliziert. Sie können sie ganz einfach mit Euros aufladen. Per Internet oder Smartphone-App können Sie das Kartenguthaben dann bei Bedarf jederzeit in eine der anderen sieben Währungen konvertieren.

Dafür fällt zwar eine Gebühr in Höhe von 1,5 Prozent vom transferierten Betrag an, das liegt aber in der Regel unter den Gebühren, die Sie für gewöhnlich bei Auslandszahlungen mit Ihrer normalen Kreditkarte entrichten müssen.

Die Vorteile der ReiseBank-TravelCard auf einen Blick

- Kontoungebundene und namenlose MasterCard, erhältlich ab 18 Jahren.
- Der maximale Guthabenbetrag beträgt 8.000 Euro pro Karte.
- Es erfolgt keine SCHUFA-Abfrage, kein Gehaltsnachweis ist notwendig.
- Sofort einsatzbereit, guthabenbasiert und wieder aufladbar
- Bezahlmöglichkeiten in acht verschiedenen Währungen
- Der Währungswechsel ist online oder per App möglich.
- Schnelle Zusendung einer Ersatzkarte; im Notfall gibt es Bargeld vom weltweit tätigen Anbieter Western Union.
- Möglichkeit der Ausstellung einer namenlosen Zweitkarte

»Emergency Cash«-Funktion bietet Ihnen weltweit schnellen Ersatz

Der große Vorteil der TravelCard: Sie ist durch eine Geheinummer (PIN) gesichert. Falls es mal besonders dringend ist, können Sie sich Ihr Guthaben auch ganz einfach über Western Union ausbezahlen lassen. Diese

Funktion nennt sich »Emergency Cash«, also Notfallbargeld. Sie können sich aber auch vorsorglich eine Zweitkarte ausstellen lassen, die Sie an einem anderen, sicheren Ort deponieren.

Die RBTC ist eine flexible Alternative zu Bargeld und Fremdwährungskonten

Die ReiseBank-TravelCard, © ReiseBank AG

Die TravelCard der ReiseBank ist in dieser Form bislang einmalig. Sie ist eine sinnvolle Alternative zu herkömmlichen Kreditkarten, Bargeld und Reiseschecks, aber auch Fremdwährungskonten.

Bestens geeignet ist die Karte für Sie, wenn Sie häufiger in einen der acht Währungsräume reisen. Ebenso ist die Karte sehr gut geeignet, falls Sie in ausländischen Internetshops einkaufen.

Attraktive Leistungen zu moderaten Preisen: Die TravelCard kostet einmalig 30 Euro. Die Zweitkarte 15 Euro. Der Monatspreis beträgt 1 Euro, also jährlich nur 12 Euro. In Relation zum Leistungspaket, das Sie dafür erhalten, beurteile ich die Gebühren als günstig. Die Umsatz- und Guthabenabfrage ist online, per App oder auch telefonisch möglich.

Die TravelCard können Sie deutschlandweit in jeder der 90 Geschäftsstellen der ReiseBank erwerben. Die Filialen sind überwiegend an Flughäfen, Bahnhöfen, Grenzübergängen und in gut erreichbaren Innenstadtlagen zu finden. Alle Niederlassungen und Öffnungszeiten finden Sie auf der Internetseite der ReiseBank.

Kontaktdaten
ReiseBank AG
Eschborner Landstraße 42–50
60489 Frankfurt/Main
Tel.: (0049) 069 9 78 80 76 55
www.reisebank.de

12 Versichern Sie Ihre Online-Konten und digitalen Geldbörsen

Ich bin sicher, Ihnen geht es wie mir: Sie haben bestimmt auch schon einmal Ihre Geldbörse samt Bargeld verloren. Oder sie wurde Ihnen gestohlen. Heute führe ich kaum noch Banknoten mit mir, allerdings sieben verschiedene Bank- und Kreditkarten. Beim Verlust meiner Brieftasche gilt somit meine Sorge längst nicht mehr dem Bargeld, sondern einem möglichen Missbrauch meiner Karten. Das gilt auch für den Verlust meines Smartphones.

Das Smartphone wird die Brieftasche verdrängen

Mein Smartphone nutze ich längst über Applikationen als digitale Geldbörse. Zukünftig werden meine Plastikkarten in mein Smartphone integriert, sodass meine Brieftasche noch leerer wird.

Ebenso nutze ich mein Handy als bequemen Online-Zugang zu verschiedenen Banken und Brokern. Im Gegensatz zu meiner Geldbörse kommt bei meinem Smartphone allerdings eine weitere Gefahr hinzu: Auch ohne Diebstahl könnten sich kriminelle Hacker einen Zugang zu meinen Daten und Konten verschaffen. Eine kostengünstige Möglichkeit, diese Risiken für Sie und Ihre Familienangehörigen umfassend zu reduzieren, ist die Finanz-Schutz-Police.

Nutzen Sie die Finanz-Schutz-Police gegen die Risiken des bargeldlosen Zahlungsverkehrs

Den Risiken unseres zins- und schuldenbasierten Geldsystems müssen Sie auf den unterschiedlichsten Ebenen eigenverantwortlich entgegensteuern. Beispielsweise dadurch, dass Sie Teile Ihrer Vermögenswerte in physische, reale Werte investieren. Allen voran durch den Kauf von Edelmetallen als strategische Versicherung.

Zusätzlich können Sie diese physischen Werte über Rechtsstrukturen im Ausland, beispielsweise mittels Investmentfonds oder Versicherungspolicen aus Liechtenstein, verwahren. Hierfür habe ich Ihnen bereits zahlreiche Analysen und Empfehlungen an die Hand gegeben. Die Risiken unseres bargeldlosen Geldsystems, allen voran in Bezug auf den Zahlungsverkehr, sollten Sie ebenfalls versichern.

Mobile Banking ist das Bezahlsystem der Zukunft

Immer mehr Menschen nutzen vor allem mobile Endgeräte wie Tablets, Handys (Smartphones) und mittlerweile auch Uhren (Smart Watches) und sogar Brillen (Smart Glasses) für den bargeldlosen Zahlungsverkehr. Eine aktuelle Studie des Marktforschungsunternehmens Juniper Research geht davon aus, dass sich die Nutzerzahl beim Smartphone-Banking in den nächsten fünf Jahren mehr als verdoppeln wird. 800 Millionen Menschen weltweit nutzen heute bereits ihr Handy beziehungsweise ihr Smartphone für Bankdienstleistungen. Bis zum Jahr 2020 wird diese Zahl auf über 1,75 Milliarden Menschen ansteigen. Jeder dritte Erwachsene weltweit wird dann Mobile Banking nutzen.

Bei der Bank of America nutzen bereits heute mehr Kunden mobile Finanzdienstleistungen als Onlinebanking über PCs. Ich bin davon überzeugt, dass in den kommenden fünf Jahren alle Banken in Deutschland von diesem Trend erfasst werden. Sie als Bankkunde müssen somit diesem Trend zwangsläufig folgen, ob Sie möchten oder nicht. Die Risiken müssen Sie allerdings reduzieren.

Die Risiken des bargeldlosen Zahlungsverkehrs sind versicherbar

Hierfür gibt es eine neue Absicherungsmöglichkeit, die aus meiner Sicht jeder Bürger haben muss, der online ein Bankkonto führt, Überweisungen tätigt, ein Wertpapierdepot verwaltet oder Bank- und Kreditkarten nutzt. Ich bin mir sicher, dass trifft auch auf Sie zu.

Schützen Sie sich jetzt vor den Tricks der Kriminellen, die immer raffinierter werden

Der renommierte und kostengünstige Direktversicherer CosmosDirekt hat eine Versicherungspolice entwickelt mit dem Namen FinanzSchutz. Diese Versicherung bezahlt Ihren Schaden bis zu einer Höhe von 10.000 Euro für den Fall, dass Ihre Zugangs- oder Kontodaten gestohlen werden und Geld von Ihrem Konto entwendet wird.

Die Vorteile der FinanzSchutz-Police auf einen Blick

- Schutz bis zu einer Schadenhöhe von 10.000 Euro, falls Ihre Bank den Schaden nicht bezahlt
- Erstattung aller Schäden im Zahlungsverkehr, beim Onlinebanking inklusive des Telefon-, Telefax- und E-Mail-Bankings
- Erstattung aller Schäden durch Missbrauch im Zahlungsverkehr beim Online-Shopping auch bei der Nutzung sonstiger Online-Bezahlsysteme (E-Payment wie zum Beispiel PayPal oder giropay)
- Erstattung aller Schäden durch Phishing sowie Missbrauch Ihrer Kredit- und Bankkarten oder sonstigen Debitkarten inklusive des Kartennummernmissbrauchs im Internet
- Erstattung aller Schäden bei Missbrauch Ihrer Lastschriften, Überweisungen, Scheckeinlösungen und bei Barabhebungen
- Die Versicherung bezahlt selbst bei grober Fahrlässigkeit!
- Absicherung der gesamten Familie
- Weltweiter Schutz: online und offline
- Kostengünstiger Jahresbeitrag von lediglich 7,90 Euro!

Nutzen Sie die einzigartige FinanzSchutz-Police, die selbst bei grober Fahrlässigkeit bezahlt

Der Hauptvorteil der FinanzSchutz-Police ist für mich eindeutig der Aspekt, dass die Versicherung selbst bei grober Fahrlässigkeit bezahlt. Banken tun das nicht, hier sind Sie auf deren Kulanz angewiesen. Neben Ihnen sind auch Ihr Lebens- oder Ehepartner und alle weiteren mit Ihnen dauerhaft im selben Haushalt lebenden Familienangehörigen abgesichert.

Das gilt selbst für Ihre bereits volljährigen Kinder, solange sie in Ihrem Haushalt leben und dort mit Hauptwohnsitz gemeldet sind.

Die FinanzSchutz-Versicherung ist mit einem Jahresbeitrag von lediglich 7,90 Euro aus meiner Sicht zusätzlich auch eine ideale Empfehlung oder ein Geschenk für Ihre Eltern, Großeltern oder Enkelkinder, um auch sie vor den Risiken des bargeldlosen Zahlungsverkehrs abzusichern.

Hoher psychologischer Wert

Für mich hat die FinanzSchutz-Police vor allem auch einen sehr hohen psychologischen Wert. Sie reduziert die Sorge vor finanziellen Schäden aus einem Datenmissbrauch im Zusammenhang mit Online-Bankgeschäften oder Online-Shopping. Der Betrag von jährlich 7,90 Euro ist dafür bestens angelegt. Der einzige Wermutstropfen ist für mich der verständliche Passus, dass die FinanzSchutz-Versicherung nur für Inlandsbanken gilt, also für Ihre deutschen Bankverbindungen.

Ich teile nicht die Meinung von »Welt« und »Stiftung Warentest«

In der Zeitung »Die Welt« und bei der »Stiftung Warentest« sind Beiträge erschienen mit dem Fazit, dass die FinanzSchutz-Police verzichtbar sei, weil die Banken in der Praxis umfassend haften oder aus Kulanz bezahlen, um negative Imageeffekte zu vermeiden. Ich teile diese Einschätzungen überhaupt nicht, da diese Argumente werbewirksame Pauschalaussagen der Banken und somit Scheinsicherheiten sind.

Die FinanzSchutz-Police geht weit über die Haftungsleistungen hinaus, die einige Banken mittlerweile im Onlinebanking garantieren. Kulanz ist kein juristischer Vertragsbestandteil. Ein niedriger Jahresbeitrag von 7,90 Euro für einen derart wichtigen Zusatzschutz ist für mich aus diesem Grunde mehr als nur empfehlenswert.

Nutzen Sie die Möglichkeit des bequemen Online-Abschlusses

Weiterführende Informationen zur FinanzSchutz-Police, die Sie auch ganz bequem online abschließen können, finden Sie auf der Internetseite **www.cosmosdirekt.de** Die Versicherungsgesellschaft hat zusätzlich eine 24-stündige Service- und Beratungshotline zum Ortstarif für weitere Detailfragen.

Kontaktdaten
Cosmos Versicherung AG
Halbergstraße 50–60
66121 Saarbrücken
Tel.: (0049) 06819 66 66 66
www.cosmosdirekt.de

13 Geld-Innovation: So tätigen Sie Online-Einkäufe ohne Kreditkarte oder Überweisung durch Barzahlung

Datenmissbrauch, Eingabe- und Abwicklungsfehler oder gar Betrug halten viele Bürger von Interneteinkäufen ab. Weitgehend unbekannt ist, dass Online-Konsum und Barzahlen sich nicht ausschließen. Meine Prognose – nicht mein persönlicher Wunsch – ist es, dass neue Zahlungsverkehrssysteme geschaffen werden, bei denen kryptografische Schlüssel die Geldfunktion des Münz- und Papiergeldes in der Zukunft übernehmen werden.

Davon bin ich überzeugt. Die rasanten Entwicklungen in der Politik, Wirtschaft und Gesellschaft hin zum bargeldlosen Zahlungsverkehr bestätigen mich in meiner Einschätzung, bei allen Risiken, die mit der zunehmenden Digitalisierung unseres Lebens und unserer Daten verbunden sind.

Verlassen Sie sich nicht auf die Politik und den Schutz durch den Staat

Verlassen Sie sich nicht auf den Schutz durch den Staat, sondern werden Sie eigenverantwortlich aktiv und schaffen Sie sich Ihre persönlichen Schutzräume. Angefangen bei kontoungebundenen Prepaid-Kreditkarten über private Datensafes und Schließfächer im Ausland, bankenunabhängigen Finanzdienstleistern außerhalb unseres Geldsystems, wie beispielsweise Goldmoney, bis hin zu ausländischen Rechtsträgern für die Verwaltung und Strukturierung Ihres Geldes.

Deutschland ist ein Land der Barzahler

Der Bargeldanteil in Deutschland ist nach wie vor sehr hoch. Bargeld wird als das sicherste Bezahlmittel geschätzt, das überall und für jeden verfügbar ist. Deutsche Bürger bezahlen rund die Hälfte ihrer Ausgaben für Waren und Dienstleistungen in bar. Dennoch ist jeder zweite Deutsche davon überzeugt, dass Bargeld spätestens im Jahr 2050 aus den Portemonnaies verschwunden sein wird.

In den liberalen Ländern Skandinaviens hingegen wird der Bargeldanteil immer geringer, ohne dass die Bürger dort Angst vor dieser Entwicklung haben. Sie schätzen die Vorteile, die damit einhergehen.

In einer Leserzuschrift wurde mir einmal die Frage gestellt, ob Bettlern zukünftig dann Naturalien geschenkt werden sollen oder ob diese auch über ein Kartenlesegerät verfügen werden. Auch wenn diese Frage vielleicht etwas ironisch oder provokant gemeint ist, glaube ich in der Tat, dass selbst das Betteln in Zukunft vor der Digitalisierung steht. In Schweden werden beispielsweise die Kollekten in zahlreichen Kirchen mittlerweile direkt in elektronischer Form vor Ort gespendet.

Digitalisierung, Online-Konsum und Barzahlen schließen sich nicht aus

Im Rahmen unseres letzten Lesertreffens in Stuttgart haben wir das Für und Wider unseres zunehmend bargeldlosen Geldsystems sehr intensiv beleuchtet. Eine Leserin sagte mir in diesem Zusammenhang, dass sie sehr gerne bequem online einkaufen würde. Allerdings möchte sie keinerlei private Daten übermitteln, sei es über Online-Überweisungen, Lastschrifteinzüge oder Bank- und Kreditkarten. Selbst eine aufladbare Prepaid-Kreditkarte kommt für sie nicht infrage.

Diese Leserin konnte ich darüber informieren, dass ihr Wunsch in Deutschland so oft vorkommt, dass mit www.barzahlen.de eine neue Dienstleistung entwickelt wurde. Abgestimmt auf das Bedürfnis zahlreicher, vor allem älterer Menschen, nach sicheren Online-Einkäufen ohne sensible Datenübermittlung.

Nach einiger Zeit hat mich die Leserin übrigens wieder angerufen und mir berichtet, dass sie von meiner Empfehlung absolut begeistert sei. Sie nutzt das System von barzahlen.de mittlerweile wöchentlich. Endlich kann sie ihre Online-Einkäufe ganz bequem und beruhigt von zu Hause aus erledigen, ohne Sorge haben zu müssen vor Datenmissbrauch, Eingabe- und Abwicklungsfehlern oder gar Betrug.

Barzahlen.de schützt bei Online-Einkäufen Ihre Privatsphäre

Barzahlen.de ist eine Zahlungsart, die in Deutschland derzeit noch ebenso unbekannt wie einzigartig ist. Sie können rund 7.500 Online-Shops nutzen und bezahlen Ihre Einkäufe dennoch bar in einer der Partnerfilialen von barzahlen.de Derzeit gibt es bereits rund 10.000 dieser Bezahlfilialen. Dazu gehören alle dm-Drogeriemärkte, die real-Supermärkte und die Filialen der Deutschen Telekom.

Kontaktdaten
Cash Payment Solutions GmbH
Wallstr. 14a
10179 Berlin
Tel.: (0049) 030 3 46 46 16 00
www.barzahlen.de

14 Evolution oder Revolution? Die Zukunft der FinTechs

Der Begriff FinTech umfasst Technologien, die den Finanzdienstleistungssektor revolutionieren können. Das beginnt bei etablierten Banken oder Technologie-Firmen, die neue Lösungsansätze vorantreiben, bis hin zu neu gegründeten Unternehmen, die mit innovativen Ideen und Geschäftsmodellen vollkommen neue Maßstäbe setzen.

Werden Sie Teil der Banken-Revolution: Ihr Geld dankt es Ihnen

In der Finanzindustrie wird der Begriff FinTech gewöhnlich als technologische Innovation bezeichnet in Bezug auf Bankberatungen, Zahlungssysteme und Transaktionen, digitale Brieftaschen, mobiles Banking, Handel, Kreditvermittlung (Crowdlending) und Schwarmfinanzierungen (Crowdfunding) oder Sicherheit, Privatsphäre und Datenschutz.

Das Bankenmonopol bricht – Die Finanzindustrie wird demokratisch

Die Kunden kehren den klassischen Banken zunehmend den Rücken. Und sie werden massenhaft abwandern, sollten sich die Banken nicht grundlegend verändern. Angebote, die es bislang nur für institutionelle Investoren gab, sind zukünftig auch privaten Anlegern zugänglich. Das betrifft sowohl die reine Verfügbarkeit als auch die Beratung und nicht zuletzt die Produktauswahl.

Die wesentlichen Entwicklungen werden dabei stark technologiegetrieben sein. Damit meine ich beispielsweise die neuen Sicherheitsstandards, die – auch mobile – Transaktionen über das Internet erst möglich gemacht haben. Zudem werden die Datenverbindungen immer schneller. Das ist ebenfalls ein Grund für den rasanten Wandel.

Hinzu kommt, dass immer mehr Bankkunden das Internet intensiv nutzen werden. Diese Kunden werden sich dabei in sozialen Netzwerken bewegen – zum Beispiel bei XING, Facebook, Twitter, LinkedIn oder YouTube. Dadurch werden neuartige Finanzprodukte noch viel stärker nachgefragt werden, weil das Beratungsmonopol der Banken gebrochen wird. Die Finanzindustrie wird demokratisch!

Die Bank- und Finanzdienstleistungsbranche befindet sich im größten Veränderungsprozess ihrer Geschichte

Die globale Systemkrise verdeutlicht vor allem die ineffizienten Strukturen der etablierten Bank- und Finanzindustrie in zahlreichen Bereichen. Aus meiner Sicht befindet sich der gesamte Finanzsektor in einem historischen, sehr schmerzhaften Veränderungsprozess. Ich bin davon überzeugt, dass wir hier nach wie vor erst am Beginn einer gigantischen Entwicklung stehen, die für Sie als Privatanleger eine Vielzahl an Möglichkeiten und enorme Vorteile mit sich bringen wird, vor allem bessere und individuellere Dienstleistungen bei gleichzeitig geringeren Kosten.

Der 05. März 2014 war ein Meilenstein für die FinTech-Branche in Deutschland

Ein ganz entscheidendes Datum für die FinTech-Branche war der 5. März 2014. Seither erlaubt es die Bundesanstalt für Finanzdienstleistungsaufsicht (BaFin), dass sich Kunden per Videotelefonat über Computer oder Smartphones einfach online identifizieren

Ein Trend: Computer statt Bankfilialen, Roboter statt Banker

Klassische Bankgeschäfte sind stark rückläufig. Bereits 73 Prozent der Deutschen nutzen ihren Computer oder ihr Smartphone fürs Onlinebanking. Auch ältere Menschen nehmen zunehmend die Online-Vorteile in Anspruch. Gleichzeitig schließen aufgrund dieser Entwicklung immer mehr Bankfilialen.

Kennen Sie Robo-Advice und Hybrid Banking?

Neben dem klassischen und dem Onlinebanking entwickeln sich derzeit zwei völlig neue Banking-Methoden, die selbst den meisten Experten noch unbekannt sind. Ich spreche von Robo-Advice und Hybrid Banking. Beim Robo-Advice werden Sie quasi vom Roboter beraten, beim Hybrid Banking sitzt, bildlich gesprochen, noch ein Bankberater daneben.

Auch in Deutschland wird es zu einem FinTech-Sterben kommen

Die FinTech-Branche befindet sich derzeit in einer absoluten Boom-Phase. Derzeit gibt es in Deutschland bereits mehr als 200 FinTech-Unternehmen. Bei aller Euphorie sollten Sie sich als Anleger und Nutzer auch der Risiken bewusst sein. Ich erwarte, dass rund 80 Prozent der noch jungen Unternehmen in naher Zukunft scheitern werden. Erste FinTechs haben ihren Betrieb wieder eingestellt. Klassische Banken und FinTechs werden in der Zukunft kooperieren oder verschmelzen

Bill Gates sagte bereits im Jahr 1994: »Banking is necessary, Banks are not.« Dieses Zitat würde nur Gültigkeit erlangen, wenn die Bankenbranche vollkommen dereguliert würde. Das Gegenteil ist aber seit der letzten Finanzkrise der Fall. Die regulatorischen Vorschriften an Banken wurden massiv verschärft. Banken werden in der Zukunft nicht durch FinTechs ersetzt werden. Im Gegenteil: Banken werden eigene FinTech-Lösungen entwickeln, deren Lösungen integrieren oder sich an FinTech-Unternehmen beteiligen, bis hin zu einer kompletten Übernahme.

15 FinTech: Haben Sie schon ein Konto bei der Smartphone-Bank N26?

Sie kennen mich. Ich bin seit langer Zeit ein großer Kritiker unseres derzeitigen Geld- und Finanzsystems. Ebenso bin ich als gelernter Bankkaufmann, der lange Jahre für Privatbanken im In- und Ausland tätig war, der Ansicht, dass die Bankdienstleistungs- und Vermögensberatungsbranche vor unglaublichen Herausforderungen und gravierenden Umbrüchen steht. Der Grund sind die sogenannten FinTechs. Ich bin davon überzeugt, dass wir hier nach wie vor erst am Beginn einer gigantischen Entwicklung stehen, die für Sie als Privatanleger eine Vielzahl an Möglichkeiten mit enormen Vorteilen mit sich bringen wird. Vor allem durch bessere und individuellere Dienstleistungen, bei gleichzeitig geringeren Kosten.

Das FinTech, das mich dabei mit am meisten begeistert ist N26 (NUMBER26) aus Berlin. Diese Bank ist für jeden Bürger bzw. Bankkunden, der eine moderne und innovative Bankkonto-Alternative sucht, absolut empfehlenswert.

Was ist N26 und wer steht dahinter?

2013 von Valentin Stalf und Maximilian Tayenthal gegründet, hat N26 mittlerweile 200 Mitarbeiter und seit dem Start vor zwei Jahren über 200.000 Kunden gewinnen können. Seit Dezember 2016 ist N26 in 17 europäischen Ländern zugänglich. In Belgien, Deutschland, Estland, Finnland, Frankreich, Griechenland, Irland, Italien, Lettland, Litauen, Luxemburg, Niederlande, Österreich, Portugal, Slowenien, Slowakei und Spanien. Die beeindruckendsten Zahlen der neuen Märkte: N26 hat bereits über 30.000 Kunden in Frankreich und über jeweils 10.000 in Spanien und Irland.

Der Anspruch: N26 digitalisiert alle Bereiche einer klassischen Bank

Im Januar 2015 bei Markteintritt bot N26 ein Girokonto mit MasterCard. Heute ist das Unternehmen eine vollwertige Bank, die einen Echtzeit-Überziehungsrahmen sowie internationale Überweisungen in 19 Währungen, Investmentprodukte und Echtzeit-Kredite bis zu 25.000 Euro anbietet. N26 digitalisiert alle Facetten einer traditionellen Bank.

Anstatt alle Produkte selbst zu entwickeln, arbeitet die mobile Bank mit ausgewählten Partnern aus den innovativsten FinTechs und Finanzdienstleistern der Welt zusammen. So bietet N26 seinen Kunden Zugang zu den besten Produkten mit nur einem Klick direkt in der App und entwickelt sich zur One-Stop-App (Alles aus einer Hand) für alle finanziellen Bedürfnisse seiner Nutzer.

N26 bietet Ihnen die Kontoeröffnung innerhalb von acht Minuten

N26 ist Europas erste mobile Bank mit europäischer Vollbanklizenz und setzt neue Standards im Banking. N26 hat Banking fürs Smartphone entwickelt: einfach, schnell und zeitgemäß. Ein Konto können Sie in nur acht Minuten und komplett am Smartphone eröffnen. Als Kunde können Sie Geld in derselben Sekunde mit wenigen Klicks an Freunde und Kontakte per E-Mail oder SMS senden.

N26 ist grundlegend kostenlos mit umfassenden Möglichkeiten

Alle Konto- und Kartenfunktionen können Sie direkt von der N26-App durchführen. Beispielsweise Karte sperren und entsperren, neue Karte bestellen, die PIN ändern, einen Dispokredit beantragen, Abhebe- und Zahlungslimits anpassen oder Geld in derselben Sekunde an andere N26-Kunden schicken.

N26 konzentriert sich auf Echtzeit-Banking und bestätigt beispielsweise Push-Benachrichtigungen über sämtliche Kontobewegungen und Kartenzahlungen im Bruchteil einer Sekunde, nachdem sie stattgefunden haben. Die wesentlichen Dienstleistungen von N26 sind dabei grundsätzlich kostenlos zugänglich!

Kontaktdaten
N26 GmbH
Klosterstraße 62
10179 Berlin
Tel.: (0049) 030 3 64 28 50 82
www.n26.com

16 Sieben InsurTechs, die Sie heute schon ausprobieren sollten

Nicht nur Währungen werden zunehmend auf eine elektronische Basis gestellt, die gesamte Finanzbranche befindet sich längst in einem der größten Transformationsprozesse ihrer Geschichte. Niedrige Zinsen, ein verändertes Kundenverhalten und ein großer Kostendruck durch verschärfte Regulierungen und neue Mitbewerber setzen den etablierten Banken mittlerweile dramatisch zu.

Die angestaubte Versicherungsbranche steht vor der Digitalisierung

Der Begriff FinTech umfasst Technologien, die den Finanzdienstleistungssektor revolutionieren können. Dieser Trend kommt nun auch in der Versicherungsbranche an. Zahlreiche neue InsurTech-Unternehmen werden in naher Zukunft die angestaubte Welt der Versicherungen aufmischen.

Mittlerweile gibt es in Deutschland nach meinen Recherchen bereits rund 40 solcher InsurTechs. Sieben ausgesuchte stelle ich Ihnen nachfolgend vor. Ich habe deren Dienstleistungen teilweise schon selbst in Anspruch genommen.

Sieben empfehlenswerte InsurTechs

1. AppSichern – www.appsichern.de

Das ist einer der wenigen Internetversicherungsvertreter mit Spezialisierung auf den Online-Abschluss situationsbezogener Versicherungslösungen. Bei AppSichern erhalten Sie Versicherungsschutz für vorübergehende Ereignisse und ausgefallenere Hobbys oder Situationen, wie das Golfspielen, Carsharing oder Ausflüge ins Stadion. Die Versicherung endet mit Ablauf der vereinbarten Zeit und muss nicht gekündigt werden.

2. Clark – www.clark.de

Mit Clark können Sie Versicherungen bequem und übersichtlich online verwalten und von wertvollen Spartipps profitieren. Wenn Sie nicht sicher sind, ob Sie die passenden Versicherungen haben, nutzen Sie einfach den Clark-Bedarfs-Check, basierend auf Expertenempfehlungen. Das Angebot umfasst Bedarfsanalyse, Beratung, Versicherungsvergleich, Abschluss und Verwaltung.

3. Community Life – www.communitylife.de

Community Life ist ein Versicherungsvertreter, der sich auf den Online-Abschluss von Berufsunfähigkeits- und Risikolebensversicherungen spezialisiert hat. Hinter Community Life steht ein Team aus Versicherungsexperten mit langjähriger Erfahrung im deutschen und internationalen Lebensversicherungsmarkt.

4. Coverdoo – www.coverdoo.com

Die Coverdoo-Versicherungsberatung basiert auf anerkannten Beratungsgrundsätzen und folgt den Empfehlungen von Verbraucherschutzzentralen.

5. Covomo – www.covomo.de

Covomo ist ein Vergleichsportal und registrierter Versicherungsmakler rund um das Thema Reiseversicherungen. Der Vergleichsrechner liefert Ihnen schnell und übersichtlich passende Angebote. Auch aktuelle Testergebnisse der Stiftung Warentest fließen mit in die Bewertung ein.

6. WeFox – www.wefox.de

Bei diesem digitalen Versicherungsmakler werden Versicherungen aller Art in einer App zentralisiert. Als Kunde erteilen Sie dem Unternehmen eine Maklervollmacht. Mit über 200 Versicherungsgesellschaften bietet Ihnen WeFox ein breites Angebot, um für Sie den richtigen Versicherungsschutz festzulegen.

7. Friendsurance – www.friendsurance.de

Bei Friendsurance schließen Sie sich mit anderen Versicherten zu kleinen Gruppen zusammen. Von den gezahlten Versicherungsbeiträgen fließt ein Teil in einen Topf. Wenn kein Schaden passiert, bekommt jeder einen Teil aus dem Topf als Bonus wieder. Bislang erhielten über 80 Prozent der Nutzer eine Rückzahlung.

Optimieren Sie Ihre Versicherungen durch Nutzung von InsurTechs

InsurTechs sind für mich ein weiterer wichtiger Zukunftstrend in der Finanzbranche. Sie als Verbraucher und Versicherungskunde erhalten dadurch die Möglichkeit, Ihr persönliches Versicherungsportfolio deutlich und nachhaltig zu optimieren. Nutzen Sie diese neuen, für viele noch vollkommen unbekannten Möglichkeiten heute schon.

17 Risiko Schicksalsschlag: Diese sieben Versicherungen bieten Ihnen einen guten Schutz

Kapitalbildende oder Lebens- oder Rentenversicherungen basierend auf Anleihen haben für mich längst keine Berechtigung mehr. Dennoch gibt es gute und wichtige Versicherungsprodukte, die Ihr Geld vor allem vor den biometrischen Risiken schützen, die Sie und Ihre Familie haben.

Aus zahlreichen Gesprächen weiß ich, dass viele Anleger mit dem Begriff »biometrische Risiken« nach wie vor nichts anfangen können. Das ist bedenklich, da die Risiken der Biometrie für jeden Bürger weit wichtiger sind in ihren möglichen Auswirkungen als beispielsweise Staatsschulden, Börsen-, Emittenten- oder Währungsrisiken.

Die Biometrie ist eine messende und auswertende Wissenschaft an Lebewesen

Die Biometrie ist eine Wissenschaft, die sich mit Messungen an Lebewesen und den dazu erforderlichen Auswertungsverfahren beschäftigt. Ursprünglich stammt der Begriff der biometrischen Risiken aus dem Bereich der Lebensversicherungen. Allerdings sind biometrische Risiken weit umfassender als das reine Todesfallrisiko. Unter biometrischen Risiken versteht man individuelle Gefahren, die unmittelbar mit dem Leben einer zu versichernden Person und ihrem Lebensunterhalt verknüpft sind.

Darunter fallen neben dem nicht zu kalkulierenden Risiko des Todes das zunehmende Risiko eines langen Lebens, die Invalidität oder Berufsunfähigkeit, die Pflegebedürftigkeit sowie die Gefahr, von einer schweren Erkrankung (Dread Disease) betroffen zu sein.

Die wichtigsten biometrischen Risiken auf einen Blick

- (vorzeitiger) Tod
- Langlebigkeit
- Berufs- bzw. Erwerbsunfähigkeit, Invalidität
- schwere Erkrankungen (Dread Disease)
- Pflegebedürftigkeit

Das Todesfallrisiko ist heute ebenso einfach wie kostengünstig abzusichern

Nicht durch eine kapitalbildende Lebensversicherung, sondern durch Abschluss einer Risikolebensversicherung. Hier können bei überschaubaren Beiträgen bereits sehr hohe Versicherungssummen für den Todesfall erreicht werden. Für das biometrische Risiko der Langlebigkeit gilt das leider nicht. Vor allem dann, wenn ein hohes Alter nicht bei gleichzeitig guter Gesundheit erreicht wird.

Eine Langlebigkeit in Krankheit und Pflege ist ein vernachlässigtes Risiko

Die Menschen in Deutschland werden immer älter, was ganz grundsätzlich sehr erfreulich ist. Eine der größten Herausforderungen ist dabei jedoch die Tatsache, dass einhergehend mit dieser Entwicklung zwei biometrische Risiken immer stärker ansteigen: der Eintritt einer schweren Krankheit sowie die dadurch bedingte Gefahr der Pflegebedürftigkeit. Die grundlegende Absicherung und Versicherung gegenüber biometrischen Risiken ist nicht nur eine notwendige Vorsorge, sondern ein ganz wesentlicher Kapitalschutz – vor allem wegen der mittlerweile geltenden Sozialgesetze.

Die Kosten für Altenheime und Pflege übersteigen das Einkommen und Vermögen vieler

Die Sozialämter springen zunächst ein, möchten aber auf diesen Ausgaben nicht sitzen bleiben. Immer häufiger werden dann die Kinder zur Kasse gebeten. Die stark steigenden Fälle von Alzheimer- und Demenzerkrankungen sind beispielsweise sehr betreuungs- und kostenintensiv. Diese schweren Krankheiten können sich über viele Jahre oder gar Jahrzehnte erstrecken.

Die staatlichen Renten- und Sozialversicherungskassen sind immer stärkeren Belastungen ausgesetzt

Die Hauptgründe liegen in der zunehmenden Staatsverschuldung, verbunden mit den negativen demografischen Entwicklungen in Deutschland. Auch die Zuwanderung in unsere Sozialsysteme stellt eine zunehmende Belastung dar. Ihre Ersparnisse und Ihr privates Vermögen ebenso wie das Ihrer Familienmitglieder (Eltern, Kinder oder Ehepartner) werden zur Finanzierung von Versorgungslücken in Zukunft verstärkt herangezogen.

Eltern haften mit ihrem Vermögen und Kinder haften für ihre Eltern

Der Gesetzgeber hat das Sozialgesetzbuch SGB bereits auf die notwendigen Zahlungsverpflichtungen von Angehörigen vorbereitet. Der Bundesgerichtshof (BGH) hat in seinen ersten Urteilen diese Gesetze bereits bestätigt. Es wird hier sehr deutlich, dass Eltern mit ihrem gesamten Vermögen für die Kosten einer schweren Krankheit und Pflegebedürftigkeit haften. Gleichzeitig haften Kinder für ihre Eltern für den Fall, dass die Eltern kein Kapital mehr haben.

So steht es im SGB. Hier gibt es den § 2 SGB XII. Dieser besagt, dass der Staat bei der Pflegefinanzierung erst dann zahlen muss, wenn alle eigenen privaten Mittel, wie Einkommen, Rente und Vermögen, aufgebraucht sind. In der Praxis bedeutet das, dass die staatlichen Leistungen erst dann erfolgen, wenn Sie oder Ihr Angehöriger ein Sozialfall sind.

Das SGB führt im Falle von Krankheit und Pflegebedarf zu Ihrer Enteignung

Dass Eltern ihr Vermögen frühzeitig unter Ausnutzung hoher Freibeträge (400.000 Euro pro Kind) an ihre Kinder verschenken, bringt natürlich auch nichts mehr, denn Kinder und Verwandte in gerader Linie werden nach dem BGH-Urteil (Aktienzeichen: XII ZR 148/09) aus dem Jahr 2010 zur

Pflegefallfinanzierung mit herangezogen. Die Regelungen des SGB führen dadurch zu einer Enteignung aufgrund von Krankheit und Pflegebedarf.

Die Haftung der Kinder für ihre Eltern ist weitreichend. So wurde ein Sohn zur Pflegekostenübernahme verurteilt, obwohl sein mittlerweile verstorbener Vater den Kontakt zu ihm vor mehr als 30 Jahren abgebrochen hatte. Nicht nur die Lebensqualität des Sohnes leidet unter diesen finanziellen Ausgaben, auch der eigene Aufbau seiner privaten Altersvorsorge wird dadurch massiv gefährdet.

Schwere Krankheiten und Pflege sind Risiken, die auch junge Menschen treffen können!

Der tragische Unfall von Michael Schumacher, der Schlaganfall der Star-Komikerin Gabi Köster, die Alzheimer-Diagnose beim Fußballmanager Rudi Assauer oder Gerd Müller, dem ehemaligen Bomber der Nation, und allen voran zahlreiche Krebsdiagnosen bei zahlreichen bekannten Personen führen uns deutlich vor Augen, dass Dread-Disease-Versicherungen bereits für junge Menschen sehr wichtig sind.

Im Rahmen meiner Vor-Ort-Recherchen auf der Versicherungsmesse DKM in Dortmund treffe ich Jahr für Jahr auf sehr viele unsinnige Versicherungsangebote, vor allem im Bereich klassischer Lebens- und Rentenversicherungen.

Zwei wichtige Grundlagen müssen Sie beim Thema »Versicherung« beachten

1. Nicht auf allem, was Sie gegen etwas versichert, muss »Versicherung« draufstehen

Beim Thema »Versicherung« denken wir viel zu häufig an klassische Versicherungen. Limitierte Sachwerte wie Gold, Silber und Diamanten, aber auch limitierte Währungen wie Bitcoins sind auch eine effiziente Art der Versicherung gegen Systemrisiken. Eine Wohnsitzverlagerung oder zumindest eine Auswanderungsoption im Hinblick auf ein zweites Standbein im Ausland ist beispielsweise eine Versicherung gegen die massiv zunehmenden, großen Gefahren der unkontrollierten Massenmigration nach Europa, explizit nach Deutschland. Eine Auslandsversicherung aus dem Fürstentum Liechtenstein ist ebenso eine Versicherung gegen die mögliche Instabilität oder den Kollaps des deutschen Inlands-Versicherungssystems.

2. Nicht Euro oder Terror, sondern Pflege und schwere Krankheiten sind die größten Risiken

Die hohe Eintrittswahrscheinlichkeit eines Pflegefalls oder einer schweren Krankheit tritt – vor den globalen und oftmals abstrakten Terrorgefahren, Eurokrisen oder Staatsüberschuldungen – häufig vollkommen in den Hintergrund.

Sie schützen durch entsprechende Versicherungen sich selbst und Ihre Kinder zumindest vor den finanziellen Folgen einer schweren Krankheit oder Pflegebedürftigkeit.

Die private Pflegeversicherung ist eine grundlegende Kapitalschutz-Strategie

Die vigo Krankenversicherung VVaG, die im Jahr 1985 als Düsseldorfer Versicherung gegründet wurde, hat ein einzigartiges Produkt am Markt, von dem ich mich im Rahmen der DKM in Gesprächen überzeugen konnte. VVaG bedeutet Versicherungsverein auf Gegenseitigkeit. Die vigo Krankenversicherung ist dadurch nicht gewinnorientiert, sondern arbeitet kostendeckend. Alle Überschüsse kommen den Kunden zugute.

Das Produkt »Düsseldorfer Pflegegeld« der vigo ist aus meiner Sicht sehr empfehlenswert. Mit dieser neuen Lösung zur Absicherung des Pflegerisikos sind die neuen gesetzlichen fünf Pflegegrade zusätzlich individuell und flexibel versicherbar. Interessant ist vor allem, dass diese Pflegeversicherung weltweit gilt. Es gibt kein Höchstalter für die Aufnahme und die Gesundheitsfragen sind altersunabhängig.

Kontaktdaten
vigo Krankenversicherung VVaG
Düsseldorfer Pflegegeld
Tel.: (0049) 0211 35 59 00 50
www.vigo-krankenversicherung.de

Das sind meine Top-Anbieter für Dread-Disease-Versicherungen

Dread-Disease-Versicherungen schützen Patienten, aber auch ihre Angehörigen vor dem Eintritt von schweren Krankheiten, wie beispielsweise Alzheimer-Demenz, Multiple Sklerose, Krebs, Herzinfarkt oder Gehirnschlag.

500.000 Menschen erkranken jährlich in Deutschland an Krebs. 300.000 erleiden einen Herzinfarkt und 200.000 einen Schlaganfall. Nachfolgend finden Sie meine Favoriten für den Abschluss einer Dread-Disease-Versicherung. Ich empfehle Ihnen, zumindest drei unterschiedliche, individuelle Angebote einzuholen.

Empfehlenswerte Dread-Disease-Versicherungen

Versicherung	Produktname	Telefon	Internet
Canada Life	Schwere Krankheiten	(0049) 06102 3 06 18 00	www.canadalife.de
Cardea Life	Cardea Moments	(00423) 237 00 00	www.cardealife.com
Die Bayerische	Premium Protect	(0049) 089 6 78 70	www.diebayerische.de
Gothaer	Perikon	(0049) 0221 3 08 00	www.gothaer.de
Nürnberger	Ernstfallschutz Comfort	(0049) 0911 53 15	www.nuernberger.de
Zurich Life	Krankheits-Schutzbrief	0800 1 80 23 92	www.zurich-irland.de

18 TransferWise: So einfach, schnell und kostengünstig verlässt Ihr Geld Europa

Ich gewinne immer die besten und wertvollsten Erkenntnisse durch persönliche Erfahrungen oder persönliche Berichte und qualifizierte Empfehlungen von Dritten, die mir ihre Erfahrungen berichten. Auf einem exklusiven Immobilienevent in meiner Wahlheimat Mallorca kam ich mit einem Hamburger Unternehmer ins Gespräch, der bereits mehrere Konten außerhalb der Eurozone eröffnet hat.

So überweisen Sie am günstigsten ins Nicht-Euro-Ausland

Ich fragte ihn, wie er denn Geld auf seine Konten transferiert, weil Auslandsüberweisungen bei Banken ja unglaublich teuer sind. Er sagte mir, dass es dafür eine einzigartig einfache wie günstige Möglichkeit namens »TransferWise« gibt. Ich hatte davon bislang noch nie gehört und nahm mir vor, dass ich dieses System mit meinem neuen Konto bei der Royal Bank of Canada umgehend testen würde. Das habe ich mittlerweile ausgiebig gemacht.

TransferWise ist ein innovatives Unternehmen mit Sitz in London, das im Jahr 2011 gegründet wurde. Zu den Investoren gehören beispielsweise die bekannten Unternehmer Richard Branson oder Peter Thiel. Seit Oktober 2013 sind die Dienstleistungen auch in Deutschland und in deutscher Sprache verfügbar.

Besser als jede Bank: TransferWise hat weder versteckte Kosten noch ungünstige Wechselkurse

Bei TransferWise beträgt die Umrechnungsgebühr für Geldtransfers in Fremdwährungen pauschal 0,5 Prozent. Darüber hinaus gibt es keine versteckten Kosten oder ungünstige Wechselkursabrechnungen. Das Unternehmen liegt mit diesen Konditionen deutlich unter den Durchschnittsgebühren der meisten Banken und Kreditkartenanbieter.

Der Umtausch orientiert sich dabei stets am aktuellen Wechselkurs des Devisenmarktes und nicht an irgendwelchen Phantasiekursen, die sich die Banken aussuchen zur meist verdeckten Optimierung ihrer Einnahmen.

Wie sicher ist TransferWise?

TransferWise ist in Großbritannien sowohl bei der Steuerbehörde HMRC, der Datenschutzbehörde ICO sowie der Finanzaufsichtsbehörde FCA als vollständig autorisierter Finanzdienstleister für internationale Überweisungen registriert. Damit unterliegt das Unternehmen denselben Sicherheitsanforderungen wie eine Bank.

TransferWise ist einzigartig für alle Überweisungen außerhalb des Euroraumes

Um TransferWise zu nutzen, müssen Sie sich einmalig auf **www.transferwise.com** registrieren. Eine Identitäts- und SCHUFA-Prüfung oder sonstige Umwege sind dabei nicht notwendig. Alle Vorgänge funktionieren ganz einfach, unkompliziert und in deutscher Sprache.

Neben den positiven Erfahrungsberichten, die mir mitgeteilt wurden, habe ich TransferWise bislang mehrfach selbst erfolgreich in der Praxis getestet.

Einmal beispielsweise für eine Überweisung von 1.000 CAD und einmal für eine Überweisung von 10.000 CAD auf mein Konto bei der Royal Bank of Canada. Die Eurobeträge habe ich ganz einfach und vor allem kostenlos von einem Eurokonto auf das deutsche Treuhandkonto von TransferWise mittels IBAN und BIC in Euro überwiesen. Zu Testzwecken habe ich auch Überweisungen auf Konten in der Schweiz und im Fürstentum Liechtenstein (obwohl das SEPA-Länder sind) gemacht.

TransferWise ist solide, flexibel, kostengünstig, transparent und schnell

TransferWise leitet dann automatisch nach meinen Angaben, die ich auf **www.transferwise.com** gemacht habe, die Überweisung auf mein Konto in Kanadische Dollar weiter. Jeweils innerhalb von vier Tagen wurde mein überwiesenes Geld auf meinem kanadischen Bankkonto gutgeschrieben. Der Abzug von pauschal 0,5 Prozent Gebühren stimmte in beiden Fällen ganz genau.

Neben einer Überweisung sind auch Kreditkartenzahlungen oder Lastschrifteinzüge auf das Treuhandkonto von TransferWise möglich. Ich bin absolut begeistert von diesen Möglichkeiten. Ich empfehle Ihnen die Dienstleistungen von TransferWise für alle Ihre Überweisungen außerhalb des Euroraumes und alle Fremdwährungstransfers.

Kontaktdaten
TransferWise Ltd
Tel.: (0049) 030 2 24 03 02 08
www.transferwise.com

19 Kreditkarten-Gold: Physische Edelmetalle werden zur digitalen Währung

Zum Abschluss dieses Buches ganz bewusst einer meiner langjährigen Top-Favoriten, den ich schon seit Jahren selbst sehr aktiv nutze. Im Mai 2015 hat das kanadische Unternehmen BitGold Inc. die Übernahme von Goldmoney mit Sitz auf der britischen Kanalinsel Jersey bekanntgegeben. Durch diesen Zusammenschluss ist ein hochattraktiver neuer Konzern entstanden mit einzigartigen Möglichkeiten.

Durch Goldmoney schaffen Sie Ihren eigenen Goldstandard für den Alltag

BitGold ist ein Zahlungssystem, das Ihnen zusätzlich zu der Tauschmittelfunktion von Geld eine Wertaufbewahrungsfunktion basierend auf physischen Edelmetallen bietet. Sie schaffen dadurch Ihren eigenen Goldstandard, da Sie Ihr Geld in Gold aufbewahren können. Gleichzeitig können Sie bei Bedarf über eine Kreditkarte damit auch bezahlen. Zum Kaufzeitpunkt einer Ware oder einer Dienstleistung wird Ihr Goldguthaben ganz einfach in die entsprechende Währung konvertiert.

Virtuellem Geld in Kombination mit einer realen Hinterlegung von Buchungswerten durch die Rückdeckung mittels physischer Edelmetalle, wie das bei Goldmoney umgesetzt wird, gehört für mich die Zukunft. Weil hier die Wertaufbewahrungs-, Zahlungsmittel- und Wertmessfunktion des Geldes vorteilhaft kombiniert werden.

Dadurch können Sie Ihr Geld auf Knopfdruck in diverse konventionelle oder auch virtuelle Währungen und »Geldformen« umwandeln, vom Euro über den Schweizer Franken oder den Kanadischen Dollar bis hin zu Edelmetallen oder auch den Bitcoins. Je nachdem, welchen Bedarf beziehungsweise welche Zukunftserwartungen Sie gerade aufgrund der vorherrschenden Rahmenbedingungen haben.

Nutzen Sie die kostenlose MasterCard-Kreditkarte mit Goldhinterlegung

Sie erhalten als Kunde von Goldmoney eine kostenlose MasterCard-Kreditkarte, mit der Sie ganz normal Einkäufe oder auch Bargeldabhebungen tätigen können. Ihre Ausgaben werden dabei von Ihrem Goldkonto oder Silberkonto abgebucht. Sie erhalten bei Goldmoney ein Konto mit neun unterschiedlichen Fremdwährungen in Kombination mit einem Edelmetallkonto für Gold, Silber, Platin und Palladium.

So einfach nutzen Sie das Alternative Geldsystem von GoldMoney und BitGold!

Die Themen Administration, Organisation und Diversifikation von Kapitalanlagen sind die strategischen Dreh- und Angelpunkte meiner Vermögens-Strukturierungsempfehlungen.

Seit 2001 nutzen tausende Privatpersonen und Firmen GoldMoney, um Edelmetalle zu kaufen und so ihr Vermögen vor finanziellen Risiken zu schützen. Ich halte das patentierte Verfahren von GoldMoney für Zahlungen in digitaler Goldwährung für eine ideale Zahlungsmethode im Online-Geschäft. GoldMoney wurde von Branchenexperten gegründet, die Gold als finanzielles Anlagegut verstehen und es als weltweit gültiges Zahlungsmittel schätzen.

Das Konto mit 9 Fremdwährungen + Edelmetalldepot!

Zu den Investoren und Teilhabern von GoldMoney zählt unter anderem das öffentlich gehandelte Goldminenunternehmen IAMGOLD aus Kanada. Der Hauptsitz von GoldMoney liegt auf Jersey, der britischen Insel im Ärmelkanal nahe der nordwestlichen Spitze Frankreichs. Dort befinden sich ebenfalls das gesicherte Datenzentrum, das dem neuesten Stand der Technik entspricht, und die Datenbank-Server. GoldMoney und BitGold sind mittlerweile ein Unternehmen, so dass sich umfassende Möglichkeiten für Sie ergeben. Nutzen Sie das!

Die aufladbare Kreditkarte (Prepaidkarte) von Goldmoney, Screenshot http://www.geopolitical.biz/alternativgeldsystem.html

Die Vorteile der goldhinterlegten MasterCard auf einen Blick

- Die Karte ist hochgeprägt, was ein Zeichen für eine echte Kreditkarte ist mit entsprechender Anerkennung in Geschäften und Hotels (Kreditkarten ohne Hochprägung werden dort gelegentlich abgelehnt). Die Hochprägung ist deswegen wichtig, da derartige Kreditkarten auch ohne Online-Verbindung über sogenannte Imprinter eingesetzt werden können, die umgangssprachlich »Ritsch-Ratsch-Geräte« genannt werden.
- Die MasterCard ist für jeden BitGold- oder Goldmoney-Kunden erhältlich.
- Sie können die MasterCard nicht nur als Plastikkarte bestellen, sondern auch als Metallkarte. Das bedeutet: Ihre Kreditkarte besteht wahlweise aus physischem Gold oder Silber.
- Die Beantragung der MasterCard ist einfach und online möglich.
- Das Konto und die MasterCard sind pfändungssicher für deutsche Gläubiger.
- Hohe Diskretion
- Ihr Kartenguthaben wird in physischem Gold in bankenunabhängigen Hochsicherheitstresoren in Singapur, Hongkong, Zürich oder Toronto sicher verwahrt.
- Als Kartenwährung sind derzeit wahlweise die Währungen Euro oder US-Dollar möglich.

Goldmoney konvertiert Ihr physisches Gold in ein tägliches Zahlungsmittel

Durch die Nutzung von Goldmoney haben Sie die Möglichkeit, sich monetär abzusichern. Sie tauschen Ihr eingezahltes Papiergeld in physisches Gold oder Silber. Goldmoney ist die erste mir bekannte Plattform, der es gelingt, physisches Gold als reguläres Zahlungsmittel für den täglichen Alltagsgebrauch weltweit nutzbar zu machen.

Goldmoney kombiniert damit erstmalig die Wertaufbewahrungsfunktion von Gold mit einer weltweit anerkannten Zahlungsverkehrsfunktion über Ihren PC, Ihr Smartphone oder die Goldmoney MasterCard.

Zusätzlich können Sie von anderen Goldmoney-Nutzern gebührenfrei Gold empfangen oder auch selbst versenden. Sie können sich Ihr Gold auch in Barrenform physisch ausliefern lassen. Als Kleinanleger können Sie sich Würfel aus Feingold zu je 10 Gramm liefern lassen. Größere Investments können über handelsübliche 1-Kilo-Goldbarren ausgeliefert werden. Sie haben auch die Möglichkeit, Ihr Gold persönlich an den Tresorstandorten in Singapur, Zürich, Hongkong oder Toronto abzuholen.

Die handelbaren Fremdwährungen				
US-Dollar (USD)		Kanadische Dollar (CAD)	Hong Kong Dollar (HKD)	
Britische Pfund (GBP)		Schweizer Franken (CHF)	Neuseeland-Dollar (NZD)	
Euro (EUR)		Australische Dollar (AUD)	Japanische Yen (JPY)	
Die physischen handelbaren Edelmetalle				
Gold (XAU)	Silber (XAG)	Platin (XPT)	Palladium (XPD)	
Die auswählbaren Lagerstätten für Ihre Werte				
Zürich (Schweiz)	London (UK)	Toronto (Kanada)	Hong Kong (China)	Singapur

Goldmoney: Das zukunftsfähige Geldsystem der Gegenwart!

Als langjähriger Goldmoney-Kunde bin ich begeistert von den neuen zusätzlichen Möglichkeiten, die der Zusammenschluss der beiden Unternehmen mit sich bringt. Ebenso bin ich sehr gespannt auf die weiteren Entwicklungen in der Zukunft.

Geplant ist beispielsweise, dass es zukünftig auch möglich ist, Rechnungen über Goldmoney zu schreiben, zu bezahlen und Zahlungen aller Art über Goldmoney entgegenzunehmen. Bereits heute ist es möglich, Zahlungen über BitGold-Konten abzuwickeln. Dadurch können Sie schnell und kostengünstig internationale Überweisungen durchführen.

Die Kontoeröffnung bei Goldmoney ist einfach und schnell online möglich

Die kostenlose Kontoeröffnung bei Goldmoney ist online in wenigen Minuten erledigt, ohne lästige Papierformulare. Sie benötigen lediglich eine Ausweiskopie sowie einen Adressnachweis in Form einer Verbrauchsrechnung, beispielsweise Ihrer Stromrechnung. Diese Dokumente können Sie einscannen und online im Rahmen der Kontoeröffnung hochladen. Bereits nach wenigen Minuten können Sie dann Geld auf Ihr neues, goldgedecktes Konto einbezahlen.

Ein- und Auszahlungen sind auf unterschiedlichen Wegen möglich

Ihr Goldmoney-Konto laden Sie ganz bequem per Überweisung, über Ihr Bitcoin-Konto oder über eine Kreditkarte auf. Die Aufladung über Bitcoin ist für mich am attraktivsten, weil sie in Echtzeit erfolgt und relativ anonym ist. Auszahlungen sind derzeit auf ein Bankkonto Ihrer Wahl möglich, auf ein Kreditkartenkonto und zukünftig auch auf Ihr Bitcoin-Konto.

Kontaktdaten
Goldmoney Inc.
Tel.: (0044) 1534 6 33 90
www.goldmoney.com

20 Geldsysteme der Zukunft: Mit dieser Bitcoin-Kreditkarte wird Ihr digitales Geld alltagstauglich

Ich bin, wie Sie mittlerweile wissen dürften, ein Freund der elektronischen Währung Bitcoin. Neben Bitcoin-Handelsplattformen für eine Kontoeröffnung, Bitcoin-Tresoren und Bitcoin-Geldautomaten gibt es auch Bitcoin-Kreditkarten mit vielfältigen und vorteilhaften Einsatzmöglichkeiten in der Praxis.

Der Bitcoin erfüllt alle Grundfunktionen des Geldes

Geld hat drei Grundfunktionen: Die Wertmessfunktion als Recheneinheit, die Zahlungsmittelfunktion für Tausch gegen Dienstleistungen oder Waren und die Wertaufbewahrungsfunktion. Damit eine alternative Währung zu einem neuen Geld oder zumindest einem Geldersatzmittel wird, müssen diese drei Grundfunktionen erfüllt werden. Bitcoin leistet diese Grundvoraussetzungen, wenn auch aktuell noch überwiegend in der Online-Welt.

Bitcoin-Kreditkarten ermöglichen den praktischen Bitcoin-Einsatz im täglichen Leben

Allerdings ändert sich dies zunehmend. Das zeigt zum Beispiel die ansteigende Zahl an Bitcoin-Geldautomaten, die es auf der ganzen Welt gibt. Ein weiterer wichtiger Schritt, der die Akzeptanz von Bitcoin als realem Zahlungsmittel weiter steigern wird, sind die sogenannten Bitcoin-Kreditkarten.

In der Praxis erhalten Sie dadurch die Möglichkeit, Ihre persönlichen Einkäufe mit Bitcoins zu bezahlen, und zwar in jedem Geschäft, das Kreditkarten akzeptiert. Online stellt sich das Bezahlen mit Bitcoin über eine elektronische Geldbörse (Online-Wallet) für viele Menschen als eher schwierig dar, den Umgang mit Kreditkarten ist heutzutage aber fast jeder gewohnt.

Wie funktioniert eine Bitcoin-Kreditkarte?

Bei der Bitcoin-Kreditkarte handelt es sich um eine Prepaidkarte, die man wie jede andere Prepaid-Karte auch mit einem Guthaben aufladen kann – mit dem Unterschied, dass man die Karte mit Bitcoin und nicht z. B. mit Euro auflädt. Der Ladevorgang erfolgt dabei ganz unkompliziert über Ihr Bitcoin-Konto.

Nutzen Sie Bitcoin-Kreditkarten als Bargeldersatz

Durch den Einsatz einer Bitcoin-Kreditkarte stellen Sie sicher, dass Sie Ihre Bitcoins zu 100 Prozent im Alltag nutzen können, falls Sie das wünschen. Mit einer Bitcoin-Prepaidkarte von Visa können Sie beispielsweise bei jedem Händler, der Visakarten akzeptiert, offline oder online bezahlen. Außerdem können Sie so das aufgeladene Guthaben an jedem Geldautomaten der Welt abheben. Sie benötigen also keine speziellen Bitcoin-Geldautomaten.

Es gibt mittlerweile eine ganze Reihe von Anbietern, die Bitcoin-Prepaidkarten anbieten. Mit 20 dieser Anbieter habe ich mich bei meinen Recherchen für diesen Bericht intensiver befasst. Die Dynamik der Innovationen hat mich dabei stark beeindruckt. Aber ich muss auch feststellen, dass mir manche Angebote einfach zu kompliziert waren und andere mangels ausreichender Informationen nicht vertrauenswürdig genug.

Bitwala ist mein Top-Favorit für Bitcoin-Prepaidkarten

Insgesamt hat mich von allen Anbietern das Unternehmen Bitwala mit Sitz in Berlin am meisten überzeugt. Das Unternehmen unterhält auch eine Kooperation mit meiner favorisierten Bitcoin-Handelsplattform www.bitcoin.de, was meine positive Einschätzung zusätzlich verstärkt. Die Plattform von Bitwala bietet einzigartige Vorteile, wie ich bei meinen Praxistests feststellen konnte. Normale SEPA-Überweisungen können beispielsweise hier mit Bitcoins durchgeführt werden.

Die Prepaid-Kreditkarte von Bitwala, © Bitwala

Die Konditionen von Bitwala sind außergewöhnlich attraktiv

Die englischsprachige Internetadresse von Bitwala ist **www.bitwala.io**. Hier finden Sie auch das komplette Preisverzeichnis. Die Bitcoin-Prepaidkarte kostet regulär einmalig 8 Euro plus einer monatlichen Gebühr von 1 Euro. Es gibt zur Bestellung der Karte auch eine deutschsprachige Unterseite (Kurzlink: **www.goo.gl/6VGCyB**) mit vielen Informationen und einer kostenlosen Bestellmöglichkeit, solange der Vorrat von 2.000 Karten reicht.

Kontaktdaten
Bitwala GmbH
Tel.: (0049) 030 74 92 79 85
www.bitwala.io

21 Meine zehn Basis-Strategien für Ihr Vermögensmanagement

13 Billionen US-Dollar! So hoch ist das Volumen aller weltweit ausstehenden Anleihen, deren Renditen bei weniger als 0 Prozent liegen. Das sind bereits rund 30 Prozent des Gesamtvolumens an Anleihen. Neben den ungedeckten Finanzderivaten sind diese Schwundanleihen die Mutter aller Blasen. –1,1 Prozent beträgt derzeit die niedrigste negative Rendite der Welt, und zwar bei einer Schweizer Staatsanleihe mit einer Laufzeit von drei Jahren. In diesem Umfeld der künstlichen Notenbankverzerrungen haben Sie als Kapitalanleger drei grundlegende Möglichkeiten:

- **Truthahnanleger**
  Sie haben Vertrauen in die Maßnahmen der Notenbanken. Diese Investoren gleichen frei nach Dr. Flossbach einem immer fetter werdenden Truthahn, der sich auch am Vorabend von Thanksgiving wie gewohnt zum Futternapf bewegt, um dort feststellen zu müssen, dass er geschlachtet wird. Truthahnanleger denken kurzfristig und vernachlässigen die langfristigen Risiken. Der größte Teil ihres Vermögens steckt in Geldwerten mit Renditen nahe null oder darunter, womit auch unbewusst ein immer größer werdendes Gegenpartei- und Systemrisiko akzeptiert wird.

- **Crashanleger**
  Sie setzen alles auf die nächste Krise des Finanzsystems. Diese Investoren sind das Gegenteil der Truthahnanleger, sie spekulieren auf den Untergang, wissen aber nicht, wann und ob dieser Crash eintritt. Eine solche Strategie ist sehr kostenintensiv. Der Crashanleger muss bereit sein, über unbestimmte Zeit kleinere Verluste oder durchaus auch höhere zu erdulden, die zu beträchtlichen Gesamtverlusten anwachsen

können. Je länger das erwünschte Ereignis auf sich warten lässt, umso teurer wird diese Strategie. Seit jeher warne ich davor, Vermögenswerte auf einen Finanzweltuntergang auszurichten.

- **Ausgewogener Investor**
  Partizipation an Aufwärtsbewegungen – Risikoreduktion bei Börsenkrisen. Ausgewogene Investoren wählen unterschiedliche Anlageklassen und Anlagestrategien, um Krisen einigermaßen schadlos zu überstehen, ohne dabei den Großteil des Renditepotenzials zu opfern. Diese Strategie verlangt von Kapitalanlegern Vertrauen in die Qualität der Anlagen, Geduld und Disziplin. Die Liquidität der Investitionen ist dabei wichtig, um flexibel auf Veränderungen reagieren zu können. Diese Strategie ist langfristig ausgerichtet, daher muss auch ein ausgewogener Anleger zwischenzeitlich Kursschwankungen akzeptieren.

Speziell von neuen Lesern werde ich immer wieder nach den wichtigsten Schritten bei der Umsetzung meiner Kapitalschutz-Konzepte gefragt. Meine grundlegenden zehn Basis-Strategien habe ich Ihnen daher nachfolgend zusammengefasst.

Zehn Kapitalschutz-Basis-Strategien für Ihr Geld

1. Vermögen verteilen

Verteilen Sie Ihre liquiden Vermögenswerte auf noch mehr Banken und Länder als bisher. Nutzen Sie dafür die hilfreichen Möglichkeiten der Kontoeröffnung bei unterschiedlichen Banken über Plattformen wie www.weltsparen.de 100.000 Euro können Sie dort beispielsweise ganz einfach auf zehn Banken in zehn Ländern zu jeweils 10.000 Euro verteilen, was Renditen optimiert und gleichzeitig Systemrisiken von Bankausfällen, Zwangsmaßnahmen bis hin zu Negativzinsbelastungen diversifiziert und somit reduziert.

2. Depot diversifizieren

Schaffen Sie sich ein ausgewogenes Wertpapierportfolio. Kein reines Aktien-Schönwetterdepot, aber auch kein Weltuntergangsdepot. Schaffen Sie sich die Grundlagen für ein Wertpapierdepot, das auf die kommenden großen Herausforderungen und auch auf mögliche Verwerfungen vorbereitet ist, durch die strategische Ausgestaltung Ihrer Investmentmöglichkeiten in Kombination mit einer hohen Flexibilität in den anwendbaren Anlagestrategien.

3. Fremdwährungen kaufen

Bauen Sie sich als Notvorrat ein Bargeldportfolio mit Fremdwährungen in Euro, CHF, GBP, NOK, CAD, physischem Gold und Silber.

4. Ausländische Bankschließfächer nutzen

Nutzen Sie Bankschließfächer im Ausland oder bankenunabhängige Tresore und Schließfächer in Ländern außerhalb der EU für die Verwahrung von Wertgegenständen.

5. In Ersatzwährungen investieren

Investieren Sie in alternative Sachwerte, die auch als weltweit anerkannte Ersatzwährungen dienen können, wie Diamanten, edle Spirituosen oder edle Anlageuhren.

6. Digitales Geld nutzen
Schaffen Sie sich einen Zugang zu elektronischem Bargeld und alternativen Zahlungsverkehrswegen durch die Eröffnung eines Bitcoin-Kontos.

7. Kreditkartengold besorgen
Nutzen Sie elektronisch handelbares physisches Gold über Goldmoney, auf das Sie zusätzlich über eine Kreditkarte für tägliche Zahlungszwecke weltweit Zugriff haben.

8. Systemfremdes Depot und Konto eröffnen
Eröffnen Sie mindestens ein Konto- und Depotstandbein außerhalb der Systeme von EU, Euro, ESM und EU-Bankenunion in Ländern wie der Schweiz, Liechtenstein, Norwegen oder Kanada.

9. Edelmetalle mit liechtensteinischen Fonds ummanteln
Ummanteln Sie reale Werte wie Gold, Silber und strategische Metalle, in die Sie gezielt als physisches Wertaufbewahrungsmedium investieren, durch Fondsstrukturen aus dem Fürstentum Liechtenstein. Das schützt Sie vor steuerlichen oder rechtlichen, aber auch möglichen politischen Repressionen, weil Sie formaljuristisch beispielsweise kein Gold besitzen, eigentumsrechtlich aber sehr wohl.

10. Stiftungsähnliche Vorteile genießen
Schützen Sie einen Teil Ihres Vermögens über die Vorteile der eigenständigen Rechtspersönlichkeit einer Versicherungspolice aus Liechtenstein. Dadurch erreichen Sie stiftungsähnliche Vorteile für Ihre eingebrachten Vermögenswerte. Absolut rechts- und steuerkonform!

SCHLUSSWORT

Die Millers, © privat

Gezielte private Diversifikation ist die Antwort auf staatlichen Protektionismus

Protektionismus, abgeleitet vom lateinischen Wort »protectio«, bedeutet Schutz. In unser fragilen Welt, in der staatliche Systeme ebenso wie unser derzeitiges Geldsystem zunehmend zu hinterfragen sind, ist es Ihre Aufgabe, Ihren eigenen Protektionismus umzusetzen. Mit Ihnen und Ihrer Familie als Mittelpunkt.

Ich bin der festen Überzeugung, dass Sie mit diesem Buch, basierend auf meinen langjährigen Erkenntnissen und Erfahrungen, eine grundlegende Gebrauchsanweisung mit zahlreichen Praxisempfehlungen für Ihre persönlichen Protektionsmaßnahmen zur Hand haben. Zum vorbeugenden Schutz Ihrer individuellen Werte, wie Geld, Kapital, Freiheit und Lebensqualität.

Die wertvollsten Währungen der Welt: Lebensqualität und Lebenszeit

Die umfangreichen Recherchen und Analysen zu diesem Buch haben mir sehr viel Freude bereitet, aber natürlich auch sehr viel Zeit in Anspruch genommen. Zeit ist im wahrsten Sinne des Wortes Geld. Lebenszeit und Lebensqualität sind für mich die wertvollsten Währungen eines jeden Menschen. Die Lebenszeit, die ich für die Erstellung dieses Buches verwendet habe, ging vor allen Dingen zu Lasten meiner Familie.

Dieses Buch widme ich daher der besten »Anlage«, die ich jemals getätigt habe und in die ich fortlaufend weiter investiere. Den wertvollsten Werten und Menschen, die ich habe. Meiner Frau Julia sowie unseren beiden wunderbaren Kindern Jasmina und Marc. Ihnen gehört die Zukunft!

Markus Miller
Mallorca im März 2017

MARKUS MILLER – ÜBER DEN AUTOR

Markus Miller (Jg. 1973) ist Gründer des spanischen Medien- und Beratungsunternehmens GEOPOLITICAL. BIZ S.L.U. mit Sitz auf der Baleareninsel Mallorca, dem Betreiber der Informations- und Consultingplattform **www.geopolitical.biz**. Er koordiniert als Geschäftsführender Gesellschafter ein internationales Informations- und Kommunikations-Netzwerk von Steuerberatern, Rechtsanwälten, Wirtschafts- und Finanzexperten.

Autor – Analytiker – Consultant – Dozent – Medienunternehmer – Networker – Wirtschaftsjournalist, © privat

Fundierte Ausbildung und internationale Praxiserfahrung

Der ausgebildete Bankkaufmann hat an der Universität Freiburg Vermögensmanagement studiert. Danach war Markus Miller für verschiedene renommierte Privatbanken tätig, u. a. in den Bereichen Private Banking, Internationales Vermögensmanagement, Discount Brokerage, Treasury, Asset Management, Wertpapierhandel, Business Development sowie Erforschung und Entwicklung von innovativen Produkt-, Anlage- und Dienstleistungskonzepten. Neben dem Bankplatz Deutschland hat der diplomierte Vermögensmanager und Vertriebsleiter Erfahrungen bei international tätigen Banken und Beratungsfirmen in Österreich, Liechtenstein sowie der Schweiz gesammelt.

Markus Miller: »Kommunikation ist die Antwort auf Komplexität!«

Markus Miller ist langjähriges Mitglied des Deutschen Fachjournalisten-Verbands DFJV und steht neben seiner Funktion als Medienunternehmer für freiheitlichen, unabhängigen und investigativen Journalismus in Form fundierter Recherchen und Analysen. Als offizieller Markenbotschafter (Ambassador) und Branchen-Insider für Geopolitik, Ökonomie und Geld der Hamburger XING AG ist Markus Miller ein gefragter und renommierter Social-Media-Experte mit weit über 100.000 Followern allein auf der Business-Plattform XING.

Chefanalyst und Chefredakteur von »Kapitalschutz vertraulich«

Markus Miller ist seit dem Jahr 2006 Chefanalyst und Chefredakteur des renommierten Anleger- und Wirtschaftsmagazins »Kapitalschutz vertraulich«, **www.kapitalschutz.me** Der Wirtschaftsexperte ist ein gefragter Autor, Blogger, Berater und Dozent für internationale und innovative Finanz-, Rechts-, und Steuermodelle auf höchstem Niveau.

Markus Miller: »Das Steuern ist wichtiger als die Steuern!«

Mit seinem ersten Buch »Geopolitische Vermögenssteuerung« leistete er Pionierarbeit im Segment der internationalen Vermögensstrukturierung. Ebenso mit seinem Realwert-Standardwerk: »Der große Strategie- und Edelmetall-Guide«.

Nutzen Sie das Internetportal von GEOPOLITICAL.BIZ

Screenshot Startseite von www.geopolitical.biz